Schiller
Johann Sebastian Bach
H. Zille
192
Albert Einstein

Reise ich durch

Deutschland …

Die 100 schönsten

Kulturschätze neu entdeckt

Impressum

Umschlagfotos

Vorderseite: Bode-Museum, Berlin
Rückseite: Lübeck, Holstentor (Route 1), Wartburg (Route 2), Dreikönigsschrein im Dom zu Köln (Route 3), Blick auf Heidelberg (Route 4), Wallfahrtskirche zur »Wies« (Route 5).

Bildnachweis

Umschlag, vorne: Ernst Wrba, Wiesbaden
Umschlag, hinten: Route 1: Bildagentur Huber/Kreder, Route 2: Huber/Schmid, Route 3: Picture-Alliance/AKG/Bock), Route 4: Huber/Schmid, Route 5: Bildagentur Huber. Der ausführliche Bildnachweis für den Innenteil befindet sich auf Seite 191.

Alle Angaben dieses Bandes wurden von den Autoren sorgfältig recherchiert und vom Verlag auf Stimmigkeit und Aktualität geprüft. Allerdings kann keine Haftung für die Richtigkeit der Informationen übernommen werden. Für Hinweise und Anregungen sind wir dankbar. Zuschriften an den:
Bruckmann Verlag, Produktmanagement
Postfach 400209, D-80702 München
E-Mail: lektorat@bruckmann.de

Produktmanagement: Joachim Hellmuth
Textlektorat: Dr. Ulrike Kretschmer
Umschlaggestaltung: Studio Schübel, München
Grafisches Konzept und Umsetzung Innenteil: graphitecture book, Rosenheim
Kartografie: Thomas Vogelmann, Mannheim
Herstellung: Bettina Schippel
Repro: Repro Ludwig, Zell am See
Printed and bound in Spain, by Tallers Grafics Soler, S. A.

Die Deutsche Nationalbibliothek verzeichnet diese Publikation in der deutschen Nationalbibliografie; detaillierte bibliografische Daten sind im Internet über http://dnb-nb.de abrufbar.

ISBN 978-3-7654-5421-9

Reise ich durch Deutschland ...

Die 100 schönsten Kulturschätze neu entdeckt

Edda und Michael Neumann-Adrian
Florian Heine
Thomas Bickelhaupt
Ulrike Ammermann
Ingo Swoboda
Jürgen Zichnowitz

BRUCKMANN

17 Schwedenstraße
41 Straße der Romanik
61 Deutsche Weinstraße
79 Der Limes
100 Deutsche Märchenstraße
Kiel
Lübeck
Rostock
Bremerhaven
HAMBURG
Schwerin
Oldenburg
Bremen
Müritz
Elbe
Havel
Weser
BERLIN
20-22
Potsdam
Frankfurt an der Oder
Wolfsburg
Hannover
Braunschweig
Osnabrück
Bielefeld
Hildesheim
Salzgitter
Magdeburg
Münster
Ems
Recklinghausen
Hamm
Paderborn
Cottbus
Neiße
Duisburg
Dortmund
Essen
Ruhr
Göttingen
Halle
Leipzig
Wuppertal
Kassel
Düsseldorf
Mönchengladbach
Leverkusen
Saale
Spree
Dresden
Köln
Bergisch Gladbach
Erfurt
Gera
Chemnitz
Aachen
Siegen
Bonn
Koblenz
Lahn
Frankfurt am Main
Wiesbaden
Offenbach
Main
Aschaffenburg
Mosel
Mainz
Darmstadt
Trier
Würzburg
Erlangen
Ludwigshafen
Mannheim
Kaiserslautern
Heidelberg
Fürth
Nürnberg
Saarbrücken
Heilbronn
Rhein
Regensburg
Karlsruhe
Neckar
Ludwigsburg
Pforzheim
Stuttgart
Ingolstadt
Donau
Reutlingen
Ulm
Augsburg
Inn
MÜNCHEN
Freiburg
Ammersee
Chiemsee
Starnberger See
Bodensee

Einleitung 6

Route 1: Norddeutschland 8
1 Seehafenstadt Emden 10
2 Die historische Altstadt von Leer 12
3 Bremens Freiheitsstatue und Rathaus 14
4 Worpswede – mehr als ein schöner Traum 17
5 Der Hamburger »Michel« 18
6 Hafen- und Hansestadt Hamburg 19
7 Emil-Nolde-Museum, Seebüll 21
8 Schloss Gottorf, Schleswig 22
9 Kalkberg Bad Segeberg 24
10 Lübecks Tore, Kirchen, Gassen und Gänge 25
11 Wismar – Hansestadt im Wiederaufbau 28
12 Residenzstadt Schwerin 30
13 Seebad Heiligendamm 32
14 Hansestadt Rostock 34
15 Renaissance-Schloss Güstrow 36
16 Hansestadt Stralsund 37
17 Die Schwedenstraße 40

Route 2: Deutschlands Mitte 42
18 Wechselvolles Neubrandenburg 44
19 Das Kloster Chorin 45
20 Berlins Museumsmitte 46
21 Berliner Wohnreformer 49
22 Berlin – das Jüdische Museum 51
23 Unterwegs im Spreewald 52
24 Im Pückler-Muskau-Park 53
25 Barockjuwel Dresden 54
26 Die Wartburg und ihre Besucher 56
27 Die Porzellanstadt Meißen 57
28 Leipzig – Handelsplatz und Musikstadt 58
29 Der Naumburger Dom 60
30 Die Dornburger Schlösser 61
31 Weimar, Damen und Dichter 62
32 Erfurt – Domberg und Bürgerstadt 65
33 Bad Frankenhausen 68
34 Die Lutherstadt Eisleben 69
35 Halle an der Saale 70
36 Die Königsresidenz Quedlinburg 71
37 Das Bauhaus in Dessau und Weimar 73
38 Das Wörlitzer Gartenglück 75
39 Wittenberg: Luther überall 76
40 Potsdams preußisches Arkadien 77
41 Die Straße der Romanik 80

Route 3: Westdeutschland 82
42 Kassels Wilhelmshöhe 84
43 Goslar und 3000 Jahre Rammelsberg 85
44 Braunschweig, die Welfenstadt 88
45 Herrenhäuser Gärten 90
46 Stadtjuwel Celle 91
47 Hildesheim und die frühe Romanik 92
48 Zu Wilhelm I. an der Porta Westfalica 94
49 Münster im schönen Münsterland 95
50 Zeche Zollverein Essen 96
51 Die Altstadt Düsseldorfs 98
52 Ewige Baustelle Kölner Dom 100
53 Schlösser und Gärten von Brühl 102
54 Aachens Kaiserdom im Herzen Europas 104
55 Museumsmeile Bonn 106
56 Limburger Dom 107
57 Am Oberen Mittelrheintal 108
58 Kloster Eberbach 110
59 Mathildenhöhe Darmstadt 111
60 Europastadt Frankfurt am Main 112
61 Die Deutsche Weinstraße 114

Route 4: Südwestdeutschland 116
62 Trier und die Porta Nigra 118
63 Die Völklinger Hütte 119
64 Worms und seine Winzer 121
65 Mannheim und sein Barockschloss 123
66 Torhalle Kloster Lorsch 124
67 Traumort Schloss Heidelberg 126
68 Dom und Kaiserkrypta zu Speyer 128
69 Fächerstadt Karlsruhe 130
70 Maulbronn und Hermann Hesse 131
71 Winzerkraft am Kaiserstuhl 133
72 Das Freiburger Münster 135
73 Reiche Insel Reichenau 137
74 Rottweil – Römergründung, Stauferstadt 139
75 Am Neckar – Horb und Tübingen 140
76 Stuttgart – Weißenhofsiedlung 141
77 Schillerstadt Marbach 142
78 Schwäbisch Hall – Salz und mehr 143
79 Obergermanisch-Raetischer Limes 144

Route 5: Süddeutschland 146
80 München – barocke Kleinodien 148
81 München – die Kunststadt 151
82 Augsburg – Stadt der Renaissance 153
83 Schloss Herrenchiemsee 155
84 Buchheims Museum in Bernried 157
85 Die Wieskirche 158
86 Kempten im Allgäu 160
87 Ulm – zwischen Schwaben und Bayern 161
88 Rokokoresidenz Ansbach 163
89 Die Würzburger Residenz 164
90 Glücksfall Bamberg 167
91 Festspiel- und Universitätsstadt Bayreuth 170
92 Geschichtsträchtiges Nürnberg 172
93 Regensburg – Altstadt vom Schönsten 174
94 Kloster Weltenburg 177
95 Römerschatz Straubing 179
96 Klosterbibliothek der Abtei Metten 181
97 Kulturbrücke Passau 182
98 Die gotische Stadt Landshut 183
99 Der Domberg Freising 185
100 Die Deutsche Märchenstraße 186
Register 188
Touristische Hinweisschilder 191
Die Autoren 192

REISEN DURCH ZEIT UND RAUM

Mehr als 2000 Jahre

An die 2000 Jahre steht sie an ihrem Platz: Triers Porta Nigra, die »schwarze Pforte«. Mit den kräftigen architektonischen Halbrundeffekten und den offenen Arkadereihen war und ist sie eines der schönsten Stadttore des Römischen Reichs. Sieht man dem Tor doch an, wie es zugleich sichert und einlädt. Ein kluger Kaiser namens Konstantin ließ Trier erbauen, einen lebensfreundlichen Ort mit Arena und Thermen. Damals war nördlich der Alpen städtisches Leben noch eine Rarität. Klug war Konstantin, weil er den Bogen seiner Macht nicht überspannte. So gab er den Christen von Staats wegen das Recht auf ihre Religion. Selbst aber bekannte er sich nicht zum Christentum – das machte es den Nicht-Christen leichter, die Christen zu akzeptieren. Keiner seiner Nachfolger konnte dem Römischen Reich noch einmal so viel Zusammenhalt sichern wie Konstantin der Große.

Jede Reise in diesem Buch ist eine Reise durch Raum und Zeit. Wohin man auch kommt – mit eigenen Augen sieht man den Status quo der Gegenwart, nimmt aber, genauer hinsehend, an jedem Gegenstand auch die Spuren der Zeit wahr. An den Formen der Bauten erkennt man, welche Stile die Bauherren und Architekten bevorzugten. Oder man liest an Resten von Stadttoren und Stadtmauern ab, wie noch vor wenigen Hundert Jahren jede größere Stadt und auch die Mehrzahl der kleinen Städte ihr eigenes Sicherheitsprogramm gegen Eroberer und Plünderer entwarf – und zum Teil kostenintensiv verwirklichte.

Wo Deutschland fast zugrunde ging

Berlin bietet seinen Gästen unendlich viel. Doch nur an einem Platz drängen sich täglich lange Warteschlangen: am 1933 abgebrannten, inzwischen rekonstruierten Reichstagsgebäude. Die hoch gewölbte gläserne Kuppel zieht Zehntausende magisch an und ist von innen auf breiten Rampen zu ersteigen, mit bestem Ausblick. Der lang gestreckte Flügelbau der Abgeordneten vor dem Spreebogen samt dem scheinbar über seine ganze Frontfassade hin offenen Kanzleramt – das ist Architektur vom Feinsten, das sieht jeder.

Der Ausblick aus der Glaskuppel erstreckt sich vom Tiergarten über die Dachlandschaft von Berlin-Mitte und vom Brandenburger Tor bis zum Alexanderplatz. Nicht jeder kann sich vorstellen, wie der Kern Berlins samt Schloss und Gendarmenmarkt, Dom und Museumsinsel als ein Trümmerfeld ausgebrannter Ruinen zu erleben war. Und der Tiergarten als ein fast baumloser Kahlschlag. Das ist nun über 60 Jahre her. Keine der großen europäischen Hauptstädte, nicht einmal das jahrelang von der deutschen Wehrmacht eingeschlossene St. Petersburg – damals Leningrad – ist derart zerstört worden wie Berlin.

Zu erinnern ist an einen deutschen Kaiser, der nicht klug, sondern unfähig zum Weitblick und dazu noch unbelehrbar arrogant war. Wilhelm II., der vor 100 Jahren in Berlin regierte, und die deutsche Generalität trugen nicht allein die Schuld am Ersten Weltkrieg; doch im hemmungslosen Militärkult war ihnen der gesunde Menschenverstand und die Wahrnehmung von Kräfteverhältnissen abhanden gekommen. Das politische Experiment von 1870, die Vereinigung der deutschen Bundesstaaten unter der Kaiserkrone der Hohenzollern, zeigte seine Kehrseite beim grausamen, millionenfachen Sterben in den Schützengräben.

Links: Berlins beliebtester Aussichtsort: die gläserne Kuppel des Reichstages. **Rechts oben:** Der Bamberger Reiter im Bamberger Kaiserdom, eines der frühesten Reiterdenkmale nachrömischer Zeit.

Beim Reichskanzler Adolf Hitler schlug die arrogante Selbstüberschätzung in Cäsarenwahn um. Fast alle größeren deutschen Städte erlitten im Bombenkrieg schwere Zerstörungen – mit Hunderttausenden von waffenlosen Toten – von Frauen und Kindern. Die ganze Nation erlitt 1948 die Teilrücknahme der deutschen Einigung von 1870, bis zum Zusammenbruch des Ulbricht-Honecker-Staates 1989.

Rasches Aufbauwunder

Wie solche Brüche, Fehlwege und Zerstörungen auch starke Energien freisetzen, zeigte der Aufstieg der deutschen Wirtschaft auf Weltniveau in den 1950er-Jahren. Das »Wirtschaftswunder« brachte den Städten die Chance des Wiederaufbaus und der Erneuerung. Die Stadtväter nutzten diese Chance in unterschiedlichen Variationen: vom Versuch der Wiederherstellung bis zum Neuentwurf. Kirchen, Rathäuser und Schlösser, die generationenlang als Identitätsmonumente der Deutschen gedient hatten, wurden aufwendig erneuert. Das half den Bundesbürgern der jungen Republik über die Entfremdung im eigenen Land hinweg.

Reisen wir durch Deutschland, finden wir viele solche Rettungsbauten: ob Kölner Dom oder die Kernstadt Lübecks, ob Frankfurts »Römer« oder das Stadtzentrum Münchens. Dass es damals gelang – wenn auch nicht überall überzeugend –, schien vielen sogar selbstverständlich. Von einem Wiederaufbauwunder war nicht die Rede.

Die DDR und ihre ungelenk von Moskau ferngesteuerte Planwirtschaft blieben da weit zurück. Mit Schrecken stellten die westdeutschen Besucher nach dem Fall der Berliner Mauer fest: Ganze Altstädte drohten buchstäblich zu zerfallen, architektonische Kostbarkeiten wie die Stadt Quedlinburg mit ihren sehenswerten Fachwerkbauten, die alte Hafenstadt Stralsund und die Lutherstadt Wittenberg. Gorbatschows Auflösung der Sowjetunion und damit das Ende der deutschen Teilung kamen gerade noch rechtzeitig.

Ostseewellen und Königswinkel

Seither ist das Rettungswerk historischer Architektur an den alten deutschen Städten weit vorangekommen, auch östlich der einstigen Mauer. Und zugleich wuchs neue Architektur: neben zu vielen fensterlosen Warenhauskästen an historischen Plätzen entstand auch eine Fülle architektonisch interessanter öffentlicher und privater Bauten. Wenn Sie an die Küste reisen wollen, macht es in puncto gastlicher Architektur keine allzu großen Unterschiede mehr, ob Sie sich auf Route 1 dieses Bandes (siehe Seite 8) für Schleswig-Holstein oder für Mecklenburg-Vorpommern entscheiden.

In Berlin kann man ein Quartier besuchen, das von der Honecker-Verwaltung zum Abriss bestimmt war, noch kurz vor der Wende. Plattenbauten sollten an der Stelle der altersgrauen, von Geschossspuren zernarbten Fassaden entstehen. Heute ist der Prenzlauer Berg mit seinen farbig und licht erneuerten Fassaden, mit Restaurants und Spielplätzen sowie viel Platz für Fußgänger rund um den Kollwitzplatz ein Wunschziel junger Familien – und ein Musterbeispiel wohnfreundlicher Stadtarchitektur.

Dieser Band präsentiert rechts und links nah den Autobahnen noch viel mehr als die verheißenen »100 schönsten Kulturschätze«. Denn neben den Kapiteln über einzelne Schlösser, Dome und Museen schlagen andere Kapitel ganze Stadtrundgänge vor. Es ist faszinierend, was da alles in den Blick kommt. Manches ist nicht schön, doch immerhin kreativ und anrührend geschaffen. Wie Daniel Libeskinds Jüdisches Museum in Berlin oder das einstige Stahlwerk Völklinger Hütte mit seinen furiosen Ausstellungen und Installationen.

Und last, but not least: Dieser Band präsentiert auch die Wahl aller deutschen Welterbestätten. Es sind mehr als 30, und gleich fallen einem doch mehrere Orte oder Bauten, Museen und Parks ein, die auch mit dem Welterbesiegel der UNESCO ausgezeichnet zu werden verdienen. Die UNESCO vermeidet klug eine inflationäre Ausdehnung der Welterbeliste. Dieser Band aber stiftet dazu an, sich an Schönheit zu erfreuen, über deutsche Geschichte nachzudenken, interessanten Architekten und anderen Künstlern zu begegnen – und Entdeckungen zu machen.

ROUTE 1 Norddeutschland

1 Seehafenstadt Emden 10
2 Die historische Altstadt von Leer 12
3 Bremens Freiheitsstatue und Rathaus 14
4 Worpswede – mehr als ein schöner Traum 17
5 Der Hamburger »Michel« 18
6 Hafen- und Hansestadt Hamburg 19
7 Emil-Nolde-Museum, Seebüll 21
8 Schloss Gottorf, Schleswig 22
9 Kalkberg Bad Segeberg 24
10 Lübecks Tore, Kirchen, Gassen und Gänge 25
11 Wismar – Hansestadt im Wiederaufbau 28
12 Residenzstadt Schwerin 30
13 Seebad Heiligendamm 32
14 Hansestadt Rostock 34
15 Renaissance-Schloss Güstrow 36
16 Hansestadt Stralsund 37
17 Die Schwedenstraße 40

SEEHAFENSTADT EMDEN

1

Alte Stadt in neuem Glanz

Die Seehafenstadt wurde zur Zeit Karls des Großen um das Jahr 800 südlich der Emsmündung gegründet. Wohl erst im 13. und 14. Jahrhundert weiteten Sturmfluten südlich der Stadt die Meeresbucht Dollart aus, damals noch alles friesisches Gebiet, später zwischen deutschen Herrschaftern und den Niederlanden geteilt. Das 16. Jahrhundert brachte Emden Reichtum und Glanz. Vierhundert Jahre später, in der Nacht des 6. Septembers 1944, vernichtete ein Terrorangriff der Alliierten rund 80 Prozent der Innenstadt und damit fast alle historischen Bauten. Heute ist Emden wieder eine aktive, produktive, kulturell und industriell wohlhabende Stadt. Keine schlechte Idee, gerade hier eine Rundreise zu deutschen Städten zu beginnen und herauszufinden, ob und wie sich die kata-strophal zerstörte Hafenstadt ihrer einstigen Kultur erinnert.

OTTO – DER AUSSERFRIESISCHE

Er ist Komiker und Sänger, Schauspieler und Comic-Zeichner und nicht zuletzt ein Wortspieler, Wortverdreher, Wortfinder. Für den nächsten deutschen Winter kann er eine »Niedergeschlagenheitswahrscheinlichkeit« prophezeien, hat aber gleich eine Bauernregel zum Trost bereit: »Noch vor Schnee und Eis und Reif kommt der Otto – und zwar live.« Wen wundert's, dass Otto Waalkes gut Freund mit einem Poeten wie dem 2009 verstorbenen Robert Gernhardt war? Und zugleich auf seinen Spaßtouren größte Säle füllte, für seine Songs, Fernsehshows und Kinostücke so viele Bambis, goldene Kameras und goldene Elefanten einsammelte, dass seinen heimischen Schränken alsbald die Überfüllungswahrscheinlichkeit vorausgesagt werden musste. 1948 in Emden geboren, öffnet er dort noch seinen Fans das »Otto-Hus« mit doppelter Nutzung: erstens ein Museum mit Objekten wie des jungen Ottos erstem Kaugummi und zweitens ein Souvenirwarenhaus mit käuflichen Zeugnissen seines Schaffens. »Blödelbarde« haben ihn Nicht-Friesen mal genannt, in ohnmächtigem Zorn, dass Otto der zeitweiligen Ostfriesenhäme denn doch die witzigeren Kalauer und Parodien entgegenschleudern konnte.

Wirtschaftlich waren zuerst die Werften wichtig, auf denen schon in den 1950er-Jahren wieder Seeschiffe vom Stapel liefen. Noch wichtiger wurde dann das Volkswagenwerk Emden, das seit 1965 produziert: zuerst den »VW Käfer«, bis heute den »Passat«. Viele Emdener wohnen in den bis zu elf Etagen hohen Mietshäusern der »Neuen Heimat«, die in den 1960er-Jahren erbaut wurden. Andere »ausgebombte« Emdener waren anfangs noch in Barackenlagern untergebracht. Wie man in Bunkern den Bombenkrieg überlebte, ist seit 1995 im »Bunkermuseum« zumindest nachzuempfinden.

Blühende Hafenstadt

Den Glanz der Stadt zu Beginn der Neuzeit vergaß man trotz aller Not nicht. Damals hatten Zuwanderer aus den Niederlanden Emdens Position als Seehafen verbessert, nämlich Kaufleute calvinistischen, »reformierten« Glaubens, die von den spanischen Herrschern vertrieben worden waren. Ihre Kenntnisse und Handelsbeziehungen machten Emden zu einer florierenden Hafenstadt für ganz Nordeuropa. So war es der Antwerpener Architekt Laurens van Steenwinckel, der zwischen 1574 und 1576 Emdens Rathaus erbaute. 1944 fast total vernichtet, konnte der Bau doch wiederhergestellt werden. Das »Ostfriesische Landesmuseum« ist mit seinen historischen Schätzen dort eingezogen.
Wie die Harnische und Waffen der frühen Neuzeit – das Landesmuseum zeigt die größte städtische Sammlung Europas – führt auch die »Johannes-á-Lasco-Bibliothek« ins 16. Jahrhundert. Diese Bibliothek wurde 1995 in den Ruinen der »Großen Kirche« neu eröffnet. Sie bewahrt die Büchersammlung des polnischen Theologen Jan Laski auf, der von 1540 bis 1555 in Emden lebte, und über reformierten Protestantismus ist hier noch viel mehr zu finden.
Einen geretteten Altstadtrest trifft man in der Pelzerstraße: Die Häuser Nr. 11 und 12 gehen auf das 16. Jahrhundert zurück, Nr. 12 prunkt mit Backsteinfassade und Volutengiebel. Überdies dokumentieren drei Museumsschiffe die seemännische Vergangenheit. Das meistbesuchte Museum ist Henri Nannens Kunsthalle.

Vom *Stern*-Chef gestiftet: die Kunsthalle in Emden

»Ein Berserker, ein Mensch voller Lebensfreude und Tatendrang, ein Genießer und Charmeur, ein Vollblutjournalist, ein Chefredakteur und Sklaventreiber, ein Mensch!« –, so hat ihn ein prominenter Kollege im Nachruf 1996 beschrieben. Henri Nannen, Jahrgang 1913, in Emden geboren, gründete 1948 das Magazin *Stern* und leitete es über drei Jahrzehnte. 1986 stiftete er Emden mit seiner Frau Eske die Kunsthalle und die eigene große Sammlung mit Werken der Neuen Sachlichkeit und des Expressionismus, mit Gemälden von Kirchner, Nolde, Pechstein. Nannens Konzept – »nicht noch ein Museum mehr in Hamburg, besser eines dort, wo die Kunst des 20. Jahrhunderts noch keinen Platz hat« – hat sich bewährt. Sonderausstellungen brachten hohe Besucherzahlen, rund 120 000 kamen zu Edvard Munch.
Das war 2005, und seither ist die Kunsthalle noch erweitert worden: ein Palazzo am Wasser, den Besucher auch zu Schiff ansteuern können. Das große Atrium bietet sich für Veranstaltungen, Tagungen und Seminare an. In der »Tiffany Lounge« mit Werken des gleichnamigen Glaskünstlers können Heiratswillige sich trauen lassen.

Ganz oben links: Das Hafentor. **Ganz oben rechts:** Vor Emden ankert das Museums-Feuerschiff »Deutsche Bucht«. **Links:** Der Emdener Weihnachtsmarkt im zauberhaften Lichterglanz. **Oben:** In der Rüstkammer des Rathauses sind historische Rüstungen, Waffen und Brustpanzer zu sehen.

DIE HISTORISCHE ALTSTADT VON LEER

2

Ostfriesische Handels- und Hafenstadt

Gerade 34 000 Einwohner hat Leer – und trotzdem den nach Hamburg zweitgrößten Seehafen Deutschlands! Aus dem an den Flüssen Ems und Leda gelegenen Städtchen haben die Bürger über die Jahrhunderte das »Tor Ostfrieslands« gemacht, und Leer hat sich zur beachtlichen Größe in der weltweiten Seefahrt gemausert. Seit seiner Gründung vor dem Jahr 800 haben die Einwohner fleißig am wirtschaftlichen Aufstieg ihrer Stadt gearbeitet. Der Friesenapostel Liudger machte sie zu Christen. Karl der Große machte Leer zum Teil seines Frankenreichs. Zwischen 1522 und 1524 führte Edzard der Große die Reformation in Ostfriesland ein. Er war es auch, der dem kleinen Ort 1508 das Marktrecht verlieh. Die erste Volksschule wurde 1525 gegründet, 1548 folgte die erste Lateinschule. Seit Mitte des 16. Jahrhunderts wanderten teilweise sehr wohlhabende und einflussreiche Glaubensflüchtlinge aus den nahen Niederlanden ein. Durch sie entwickelte sich die häuslich betriebene Leineweberei zu einem einträglichen Gewerbe, wovon noch heute die alten Weberhäuser zeugen. Dadurch erlebte die Stadt einen rasanten wirtschaftlichen Aufschwung. Als man 1570 dann auch noch die Waage an die Leda verlegte, wurde Leer zur Keimzelle der maritimen Wirtschaft. Noch heute ist der Folgebau zu sehen, der 1714 im Stil des niederländisch-norddeutschen Barocks errichtet wurde. Auf die ehemalige Funktion des Gebäudes als Waage und Börse, in dem noch bis 1946 gewogen und gehandelt wurde, weisen die bekrönten Waagschalen über den Eingangsbögen hin. Gleich nebenan wirft der Rathausturm seinen Schatten über den nahen Stadthafen. Das Rathaus wurde 1894 nach Entwürfen von Karl Henrici im Stil der niederländischen Renaissance erbaut, jener Epoche, die den Aufschwung des ostfriesischen Städtchens im

Das Bild der Innenstadt von Leer prägen die typischen Giebelhäuser. So laden die Altstadtgassen zu einem gemütlichen Bummel ein.

FEHNGEBIET OSTFRIESLAND

Fehn, vom niederländischen »Veen«, bedeutet Moor. In Ostfriesland werden damit alte Moorgebiete bezeichnet, die seit Mitte des 17. Jahrhunderts entwässert worden sind. Dazu legten die Ostfriesen schiffbare Kanäle an, sogenannte Wieken. In den angrenzenden Moorflächen wurde der tiefer liegende Schwarztorf gestochen, getrocknet und mithilfe von kleinen Segelschiffen durch die Kanäle abtransportiert, damit er als Brennmaterial verkauft werden konnte. Auf dem Rückweg brachten die Schiffer aus dem Flusslauf Schlick mit, der – mit Weißtorf und mineralischem Boden vermischt – als Dünger genutzt wurde. Zu beiden Seiten der Wieken entstanden die typischen Fehndörfer mit ihren langen, wie auf einer Perlenschnur aufgezogenen Reihen von Siedlungshäusern. Heute kann man sich fast nicht mehr vorstellen, wie hart das Leben der ersten Siedler war. Lediglich die mit einfachsten Hilfsmitteln gegrabenen langgezogenen Wieken, Schleusen und Brücken sowie die typischen Holländerwindmühlen erinnern daran, genauso wie die kleinen Museen wie beispielsweise das »Fehnmuseum Eiland«.

Radfahren auf der Dollartroute

Well neet will dieken, de mutt wieken! Wer nicht deichen will, muss weichen! Wer heute an einem sonnigen Sommertag die internationale Dollartroute im deutsch-niederländischen Grenzgebiet entlangradelt, kann sich die Gefahr von einst kaum mehr vorstellen. Vor über 500 Jahren verschlang die große Sturmflut ganze Dörfer mitsamt ihren Bewohnern. Im September 1509 spülte die Flut Moorschichten bis weit im Hinterland weg. Entstanden ist dabei eine fast 100 Quadratkilometer große Bucht zwischen Emden, Leer und dem niederländischen Delfzijl. Heute führt der 240 Kilometer lange Radweg durch Polderlandschaften an Burgen und Kirchen vorbei und durchquert dabei kleinere Orte und Hafenstädte wie beispielsweise das über 1000-jährige Wehner mit seinem pittoresken Hafen und der Altstadt oder das niederländische Städtchen Appingedam, dessen Blütezeit im Mittelalter sich bis heute im Stadtbild deutlich zeigt.

16. Jahrhundert begleitet hatte. Aber auch jede andere Phase der Stadtgeschichte findet sich bis heute im Stadtbild wieder: das älteste Gebäude, die gotische Krypta der Kirche St. Liudger; die Harderwykburg aus der Zeit der Renaissance; Bürgerhäuser aus dem 16. Jahrhundert; die mitten in der Altstadt gelegene, im Renaissancestil errichtete Haneburg, die auch Bauteile aus dem Barock aufweist, sowie kleinere Bürgerhäuser im Stil des Barock und Rokoko. Ebenfalls im 17. Jahrhundert (1643) wurde das »Haus Samson« erbaut, in dessen Fassade später das Wappen der Familie Vissering eingelassen wurde. Viele Bauten stammen aus der Zeit des niederländischen Klassizismus, etwa das Martin-Luther-Haus, das von Rhedensche Haus und die heute als Amtsgericht dienende Wörde. Im Hafenbereich finden sich die typischen Packhäuser.

Links: Der Hafen von Leer mit dem Rathaus und der Alten Waage. **Oben und ganz oben:** Das Haus »Samson« in der Fußgängerzone der Leerer Altstadt mit seiner schmucken Fassade stammt aus dem Jahr 1643. Im Erdgeschoss ist heute die Weinhandlung Wolff untergebracht; im übrigen Gebäude kann man eine private Sammlung ostfriesischer Wohnkultur besichtigen.

BREMENS FREIHEITSSTATUE UND RATHAUS

3 Von Gotik zu Renaissance und Jugendstil

Das 600 Jahre alte Rathaus der Stadtrepublik Bremen und der fünfeinhalb Meter große Roland besetzen erst neuerdings einen Platz auf der Welterbeliste der UNESCO. Die Freiheitsstatue mit dem großen Doppeladler-Wappenschild vor dem Rathaus gilt als »eine der ältesten und die repräsentativste der Roland-Statuen, die als Symbol für Freiheit und Marktrecht errichtet wurden« (Gutachten von ICOMOS, des International Council of Monuments and Sites). Ein erster hölzerner Roland – und vielleicht der älteste von allen – stand schon um das Jahr 1180 auf dem Bremer Marktplatz und wurde von dem steinernen im Jahr 1404 abgelöst.

Noch ein Blick tiefer in die Vorgeschichte: 787 hatte Karl der Große hier an der Weser ein Bistum gegründet. Bremen avancierte noch zum Erzbistum, doch im 13. Jahrhundert machten die Bürger sich unabhängig vom Erzbistum und gaben sich im frühen 14. Jahrhundert ihre städtische Verfassung, samt einem Mitspracherecht der Zünfte im Stadtrat. Seit 1358 spielte Bremen eine Hauptrolle im Städtebund der Hanse. Zeitweise war Bremen die wichtigste deutsche Hafenstadt, trotz des immer wieder versandenden Weser-Stroms. 1830 wurde der Überseehafen Bremerhaven gebaut. Unter Hitler ging nicht nur die Freiheit verloren, sondern nach dem Bombenkrieg lagen 90 Prozent des Stadtzentrums in Trümmern. Wegen des Hafens wurde die Stadt eine Enklave der US-Besatzungszone.

Die gotische Gestalt ihres Rathauses hatten die Bürger schon im 17. Jahrhundert für zu schlicht befunden. Sie leisteten sich eine neue Fassade im Spätstil der Weser-Renaissance, nach belgischen und niederländischen Beispielen. Der neuen Schau-Architektur und ihrer Fülle symbolischer und fantastischer Figuren und Reliefs, Engelsgestalten und Fabelwesen fügte der Bildhauer Lütger von Bentheim den Haupteffekt bei: den vorgezogenen Mittelerker über dem Arkadengang, gekrönt von einem flandrischen Prunkgiebel.

Im Inneren des Welterbe-Rathauses wartet ein überraschender Kontrast: Die untere Halle ist sachlich-schlicht gehalten, oben dagegen stimmen schwebende Segelschiffsmodelle, opulente Wandgemälde, reich geschnitztes Wandgestühl und über den Portalen prunkende Wappenreliefs mit dem Bremer Schlüssel auf Festatmosphäre ein. In dieser 40 Meter langen Oberen Halle tagte über Jahrhunderte hin der Rat der Stadt, gegenwärtig bleibt sie für festliche Empfänge und Veranstaltungen reserviert, gehört aber auch zur Rathausführung. Ein Hauptereignis ist alljährlich am zweiten Freitag im Februar die Bremer Schaffermahlzeit, die seit dem Jahr 1581 stattfindet. Wer als Gast geladen wird, darf es als Auszeichnung empfinden, soll aber auch wissen, dass niemand ein zweites Mal dazu geladen wird.

Ist das Rathaus das schönste Schmuckstück am Bremer Marktplatz, so gilt die eher kleine Güldenkammer als das Juwel des Rathauses. Mit einer barock gestalteten Treppe in die Obere

DIE BREMER STADTMUSIKANTEN

So hübsch absurde Märchen haben selbst die Märchensammler Jacob und Wilhelm Grimm nicht oft entdeckt. Was wird den Bremern in den Ohren tönen und gellen, wenn Esel und Hund, Katze und Hahn ihre Musik darbieten? Ein Stück Wirklichkeit waren dagegen die »Stadt- und Raths-Musici«, die im Mittelalter von der Turmstube der Kirche »Unser Lieben Frauen« aufspielten oder sich bei festlichen Ereignissen etwas dazuverdienten, seit 1339, wie überliefert ist.

Stadtmusikanten nahmen auch anderswo fahrende Musiker auf. In den »Kinder- und Hausmärchen« ziehen die vier Ausreißer in ihrer Not geradezu nach Bremen. Trennt sich, wer nah am Meer lebt, leichter vom Heimatdorf? Seine drei Gefährten muss der Esel überreden, eine neue Überlebenschance wahrzunehmen. Allen droht, nach hartem Leben verstoßen oder in den Kochtopf gesteckt zu werden. Sich nicht alles gefallen lassen und noch im Alter den Mut zu einem Neubeginn haben, das lehrt das Stadtmusikanten-Märchen. Ob's den vieren gelingt oder nicht, verschweigt es. Aktuell geblieben ist es dennoch, bis heute.

Oben: Wer sich unter Deutschlands Rathäusern umsieht und dann nach Bremen kommt, ist sich sicher: diese Fassade ist eine der schönsten. **Unten:** Symbol bürgerlicher Freiheit ist der Roland – seit mehr als sechs Jahrhunderten hat die Statue hier ihren Platz.

Ganz oben: Ruhiger Winkel im Schnoor-Viertel. Giebel und Kopfsteinpflaster erinnern ans Mittelalter, doch mit Cafés, Restaurants und lockenden Läden ist der Schnoor auch ein schönes, viel besuchtes Stück Gegenwart. **Mitte und unten:** Wo die Schiffe schweben – Blick in den großen Sitzungssaal. Die schmucke Güldenkammer stattete der Worpsweder Jugendstilkünstler Heinrich Vogeler im Jahr 1905 aus.

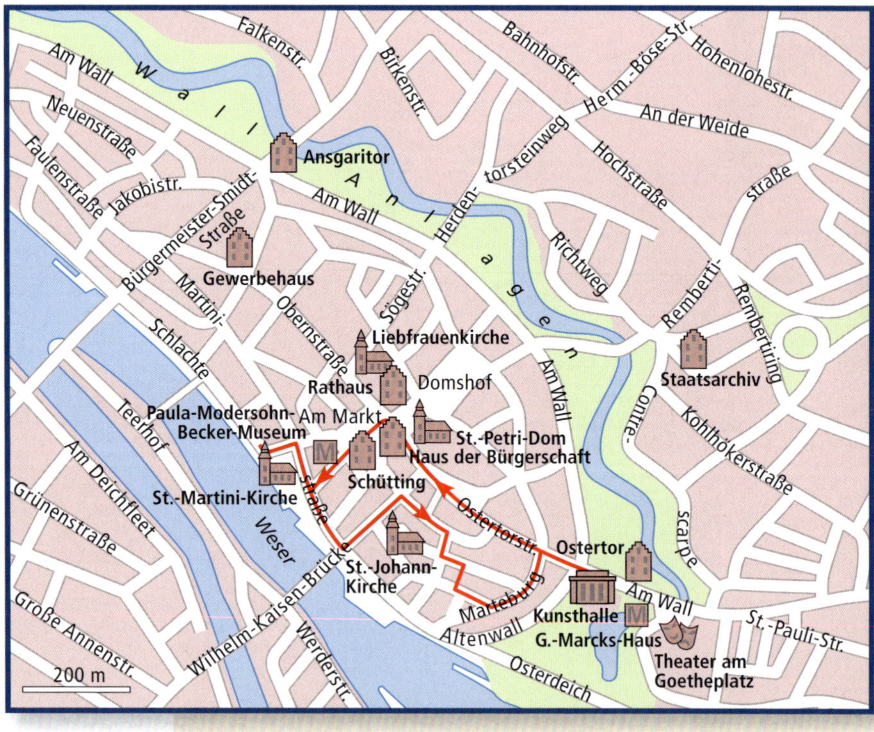

Rundgang zwischen Weser und Wallanlagen

Der Roland steht auf dem *Marktplatz,* das Gesicht auf den *St. Petri-Dom* gerichtet. Wendet man dem Rathaus den Rücken zu, ist man in Richtung Südwest rasch am *Schütting,* dem alten Gildehaus der Bremer Kaufleute, und gleich auch in der *Böttcherstraße.* Die schmale Gasse, wo einst die Fässer für den Weintransport entstanden, kaufte der Kunstmäzen Ludwig Roselius in den 20er- Jahren auf. In seinem Auftrag schuf Bernhard Hoetger eine einzigartige Architektur-Synthese aus Mittelalter und Expressionismus, mit Skulpturen wie dem »Lichtbringer«, dem Glockenspiel mit 30 Porzellanglocken, und kleinen Ladenfronten. Das *Paula-Modersohn-Becker-Haus* zeigt die größte Gemäldesammlung der früh verstorbenen Künstlerin.

Zur Weser geht's durch einen Fußgängertunnel, und am *Martinianleger* können historische Schiffe und die St.-Martini-Kirche mit ihren vier Giebeln besichtigt werden. Südostwärts weiter am Fluss entlang, an der Wilhelm-Kaisen-Brücke dann links wieder zur Altstadt hin kommt man ins *Schnoor-Viertel,* das einzige im Bombenkrieg erhalten gebliebene Innenstadtviertel, seit 1955 restauriert. Mit seinen Gassen, niedrigen Häusern, Cafés, Restaurants und buntgemischten Schaufenstern, mit dem *Hochzeitshaus,* wo noch heute geheiratet werden kann, hält es manchen Besucher einen halben Tag und länger fest.

Ein Weg ins neuere Bremen führt von der Ostertorstraße in die grünen Wallanlagen der schon seit 1802 aufgehobenen ehemaligen Stadtbefestigung. Die *Bremer Kunsthalle,* gegründet 1823, eines der traditionsältesten deutschen Kunstmuseen, das Theater am Goetheplatz und das *Gerhard-Marcks-Haus* laden ein. Im *Ostertorviertel* findet man sich – etwa in der Wulwestraße – inmitten kleiner Läden und gleich benachbart auch in der norddeutschen Villenkultur.

Unten: Handwerk ist im Schnoor heimisch, an jeder Ecke gibt's Kunterbuntes oder Edles, vom Spielzeug bis zu Juwelen. Historische Relikte sind im Spielzeugmuseum zu sehen: von Omas Nähmaschine bis zum Puppentheater.

Halle eingebaut, wurde sie noch zu Beginn des 20. Jahrhunderts kostbar ausgestaltet – von Heinrich Vogeler, dem kreativsten Meister der Künstlerkolonie Worpswede. Vogeler überzog die Wände mit einer rotgoldenen Ledertapete voller Jugendstilornamente, ebenso die Türgriffe, Lampenschirme und den Kamin.

Länger als in diesem Design-Juwel halten sich Besucher im Ratskeller auf, einem Schatzgewölbe mit rund 600 deutschen Weinen. Den fröhlichen Zechern an den langen Tischen liegen stattliche Fässer immer vor Augen. In seinen »Phantasien im Bremer Ratskeller« schrieb Wilhelm Hauff (1902–1827): »Welch herzerquickender Anblick, wenn des Ratsdieners Windlicht über die lange Reihe der Fässer hinstreifte, welch sonderbare Formen und Schatten, wenn es an den Schwibbogen des Kellers zitterte und die Säulen im dunklen Hintergrund wie geschäftige Küfer um die Fässer schwebten.«

Der Roland, mit Baldachin beinahe zehn Meter hoch, hält draußen damals wie heute Wache, mit langem Schwert und großem Doppeladler-Wappenschild als Zeichen der reichsfreien Stadt.

WORPSWEDE – MEHR ALS EIN SCHÖNER TRAUM

4

Künstlerkolonie und Gartenoase

Parkähnliches Bauernland erstreckt sich nordöstlich von Bremen, im Wechsel von Feldergrün und stattlichen Baumgruppen und knorrigen, mächtigen Einzelbäumen. Auf moordunkle Wasserläufe trifft man noch, einst war diese Landschaft als das Teufelsmoor verrufen. Zum Künstlerzentrum entwickelte sich am Rande des Teufelsmoors das Dorf Worpswede schon um 1880/90. Damals entdeckten mehr und mehr Künstler die Freilichtmalerei. Fritz Mackensen, Hans am Ende, Otto Modersohn gehörten zu den Gründern der Künstlerkolonie. Paula Becker und Heinrich Vogeler lebten und arbeiteten hier, auch den jungen Rainer Maria Rilke und zahlreiche andere Dichter und Maler zog es nach Worpswede.

1901 heirateten drei Paare: Heinrich Vogeler und Martha Schröder, Rainer Maria Rilke und Clara Westhoff, Otto Modersohn und Paula Becker. In ihrer künstlerischen Kraft war die Malerin Paula Modersohn-Becker am eigenständigsten, ihre Bilder wurden zu ihrer Lebenszeit noch kaum verstanden, nicht einmal von Otto Modersohn. Paula verstarb 31-jährig nach der Geburt ihres ersten Kindes.

Die Häuser von damals sind großenteils erhalten, auch heute ist Worpswede ein Ort der Künstler und Kunstfreunde und zugleich ein Ort der Gärten und freundlichen Gastlichkeit. Nicht weniger als fünf Museen erinnern an die Gründerjahre, zeigen zudem aktuelle Werke der heutigen Worpswede-Künstler. Architektonisch am interessantesten ist die Große Kunstschau des Architekten Bernhard Hoetger aus den 1920er-Jahren. Dem Werk Heinrich Vogelers begegnet man im unlängst restaurierten Barkenhoff, eindrucksstark in seiner Spannweite vom Jugendstil über den Expressionismus bis zum sozialistischen Realismus.

VOM LEBEN VERWÖHNT, VOM LEBEN GEBEUTELT

Heinrich Vogeler, 1872 in Bremen geboren, hatte reiche Eltern. Er studierte an der Düsseldorfer Kunstakademie, konnte in Worpswede den Barkenhoff (niederdeutsch für Birkenhof) erwerben und im Jugendstil gestalten, als Zentrum der Künstlerkolonie. Anfangs vom Präraffaeliten-Stil britischer Künstler wie Dante Gabriel Rossetti beeinflusst, galten Vogelers Gemälde, sein Buchschmuck für die Zeitschrift *Insel* und seine Möbelentwürfe bald als Hauptwerke des Jugendstils. Sie feiern das Leben, Liebe und Freundschaft, die Schönheit der Natur.

Die zweite Lebenshälfte war erfüllt vom Ringen um soziale Gerechtigkeit. Auf einer Reise nach Ceylon (Sri Lanka) im Jahr 1906 entsetzte ihn die Ausbeutung der Singhalesen und Tamilen durch die britischen Kolonialherren. In der Heimat versuchte er, Arbeitern zu helfen, wurde im Ersten Weltkrieg Pazifist und schloss sich 1918 dem Arbeiter- und Soldatenrat an. 1931 emigrierte er in die Sowjetunion, half beim Aufbau kultureller Institutionen – und noch fast 70-jährig in Kasachstan beim Staudammbau. Vom Hunger entkräftet, starb Heinrich Vogeler 1942.

Die idyllische Anlage »Haus im Schluh« im Künstlerdorf Worpswede besteht aus einem Museum, einer Handweberei und einer kleinen Gästepension.

DER HAMBURGER »MICHEL«

5

Wahrzeichen der Stadt

St. Michaelis – oder der »Michel«, wie die Hamburger ihre Kirche liebevoll nennen – ist weit über die Stadtgrenzen hinaus als Wahrzeichen der Stadt bekannt geworden. Lange bevor sie in den Hafen einlaufen, sehen Matrosen der einfahrenden Schiffe schon die markante Kupferhaube des Michels. Aber auch aus der Nähe ist die jüngste der fünf Hamburger Hauptkirchen unverwechselbar. Der Michel entstand auf dem Grund des Vorgängerbaus als eine der seltenen protestantischen Barockkirchen. Eigenwillig, wie die Baumeister Prey und Sonnin ab 1777 die wichtigen Elemente des christlichen Kirchenbaus in der Formensprache des Barock interpretiert haben. Eine Kirche sollte in Form eine Kreuzes nach Osten ausgerichtet sein? Zwar nimmt sich das Kreuz des Mittel- und Querschiffs mit seinen 71 und 51 Metern fast quadratisch aus, doch der Chor dieses etwas gedrungenen Kreuzes blickt nach Osten zur aufgehenden Sonne und ist in Form eines »halben« Achtecks, des Symbols des Himmels, ausgestaltet. Der davor stehende Altar lenkt die Blicke auf das Bild des auferstandenen Christus, das Zentrum dieser protestantischen Predigerkirche aber ist die Kanzel. Über eine prächtige Treppe gelangt der Pfarrer auf den feierlich geschwungenen Marmorkelch und damit in den Blick jedes Gläubigen. Auch die übrigen Formen sind barock geschwungen, allerdings sind sie in schlichtem reinem Weiß gehalten und lediglich durch üppiges Blattgold verziert. Mehrmals musste die Kirche nach Bränden wieder aufgebaut werden, sodass vom barocken Ursprungsbau heute nur noch der Gotteskasten und der Taufstein erhalten sind.

Der Marmoraltar im Innenraum der St.-Michealiskirche (1600), kurz »Michel« genannt, wurde 1910 erbaut.

DIE HAMBURGER NEUSTADT

Als Gegengewicht zum Domkapitel, das in der mittelalterlichen Altstadt zwischen dem heutigen Hauptbahnhof und Rathaus seinen Sitz hatte, gründete im 12. Jahrhundert Adolph III. von Schauenburg und Holstein die Neustadt. Mit der Eingemeindung im 17. Jahrhundert und der Aufwertung der Pfarrkirche St. Michaelis zur fünften Hamburger Hauptkirche nahm das Viertel einen signifikanten Aufschwung. Von den Bomben des Zweiten Weltkriegs weitgehend verschont, bilden die Straßen rund um den Neustädter Großneumarkt mit Häusern, die zum Teil noch aus dem 17. und 18. Jahrhundert stammen, Hamburgs Altstadtviertel. In der Peterstraße befindet sich das Museum zu Ehren von Johannes Brahms, der in diesem Viertel geboren wurde; doch auch in anderen Straßen des Viertels findet man Wohnhäuser der norddeutschen Backsteingotik. Am Krayenkamp beim Michel befinden sich die bekannten Krameramtsstuben. Die Fachwerkhäuser, die im 16. Jahrhundert für mittellose Witwen der Krämergilde gebaut wurden, bilden die einzige erhaltene geschlossene Hofbebauung aus dieser Zeit.

HAFEN- UND HANSESTADT HAMBURG

6

Speicherstadt und Hafencity

Der größte zusammenhängende Lagerkomplex der Welt verdankt seine Entstehung dem Anschluss Hamburgs an das Reichszollgebiet des Deutschen Reiches. Damit die Hamburger Kaufleute weiter von ihrem Privileg, Waren zollfrei zu lagern, zu veredeln und zu verarbeiten, Gebrauch machen konnten, wurde der Freihafen ausgewiesen. Den Platz für den dringend benötigten Lagerraum schuf man durch den Abriss der Wohn- und Geschäftshäuser aus dem 17. und 18. Jahrhundert auf den Elbinseln Kehrwieder und Wandrahm. 20 000 Menschen mussten umziehen. So kritisch die Zeitgenossen diese Zwangsumsiedelung sahen – entstanden ist dabei ein einzigartiges Ensemble, das heute unter Denkmalschutz steht. Am Ufer der Elbe und der zum Warentransport künstlich angelegten Fleete stehen auf Eichenpfählen die neugotischen Backsteingebäude mit ihren charakteristischen grünen Kupferdächern. Die fünfstöckigen Speicher haben gleichsam zwei Vorderseiten: eine an der Wasserseite mit einer Seilwinde im Giebel, um Waren wie Kaffee, Tee und Gewürze auf die Böden hieven zu können, und eine zur Straße hin zum Abtransport der Güter.
Mit dem Containerumschlag hat sich der Freihafen weiter nach Süden verlagert und Platz gemacht für die Entstehung der Hafencity. Nach über 100 Jahren kommen Menschen zurück in dieses alte Viertel, das einst zur Unterscheidung von der Altstadt zwischen Bahnhof und Rathaus Neustadt genannt wurde. Eine neue Stadt wird die Hafencity zweifelsohne. Wenn alles so

Die Lagerhäuser im Stil der Backsteingotik besaßen an ihrer Vorderseite einen Straßenzugang und die Rückseite grenzte direkt an die Alsterfleete, kleine Wasserstraßen.

Architekturikone Chilehaus

Das Chilehaus ist ein klassisches Kontorhaus. Und auch wieder nicht! Das zehnstöckige dunkle Backsteingebäude, das der Architekt Fritz Höger für den mit Chile handelnden Reeder Henry Sloman 1922–1924 errichtete, entwickelt die traditionellen Elemente weiter. Nicht nur der Name, auch die expressionistische Architektur verkörpert den Zweck des Gebäudes. So erinnert die Spitze an der Straßenecke Pumpen/Burchardstraße an einen Schiffsbug, der sich den Orkanwellen der Ozeane genauso entgegenzustemmen scheint wie den Stürmen der Geschäftswelt. Beeindruckend ist auch die Fassade von Osten aus gesehen. Durch die starke vertikale Gliederung der strahlend weißen Fensterrahmen und Balkonbrüstungen sowie die zurückgesetzten oberen Stockwerke und durch die leicht geschwungene Fassade wirkt das mächtige Bürogebäude wie ein schlanker Ozeandampfer, der trotz seiner Größe geschmeidig durch die Wellen gleitet.

läuft, wie es sich die Stadtplaner erhoffen, dann wird die neue Elbphilharmonie das Wahrzeichen des neuen Viertels. Ihre expressionistischen Glaswellen sollen sich dort den Stürmen entgegenstemmen, wo früher der Kaiserspeicher das maritime Antlitz der alten Speicherstadt prägte. Ausgehend vom Hanseatic Trade Center an der Spitze der alten Speicherstadt entsteht rund um die alten Hafenbecken ein modernes Wohn- und Geschäftsviertel. Erste Bauabschnitte sind bereits fertiggestellt; wie der weitere Ausbau aussehen wird, kann man sich am Architekturmodell im alten Kesselhaus in der Speicherstadt ansehen.

Oben: Die Hamburger Speicherstadt. **Unten und ganz unten:** Die Computersimulation zeigt, wie die Hamburger Elbphilharmonie ab 2010 aussehen soll.

STADTBAUMEISTER FRITZ SCHUMACHER

Er gilt als der »Backsteinbaumeister« Hamburgs. Den Spitznamen hat sich Fritz Schumacher redlich verdient. In den 24 Jahren seiner Zeit als Baudirektor der Hansestadt hat er der Stadt ab 1909 seinen ziegelroten Stempel vielerorts aufgedrückt; etwa beim Museum für Hamburgische Geschichte, dem Holthusenbad, der Finanzbehörde am Gänsemarkt oder der Davidwache. Architektur sollte einen lokalen Bezug haben, einheimische Materialien und traditionelle Formen berücksichtigen, wie er schon als Mitbegründer des Werkbundes 1907 forderte. Aber sie sollte eine moderne Formensprache entwickeln, sich nicht in folkloristischem Kitsch erschöpfen, wie viele seiner Bauten zeigen. Mindestens genauso wichtig war dem Stadtplaner die soziale Komponente. So schuf er mit dem Stadtpark eine »grüne Lunge« und entwickelte das Konzept des organischen Stadtwachstums. Zahlreiche Schulen und Wohnsiedlungen am Rande der Stadt, beispielsweise die Jarresstadt, gehen auf ihn zurück. Sie alle bieten Familien vorbildliche Wohnungen mit Zugang zu Licht, Luft und Grün.

EMIL-NOLDE-MUSEUM, SEEBÜLL

7

Der Geist des Nordens

Als Emil Hansen wurde er 1867 in Nolde, im Norden Deutschlands, geboren. Die glühenden Farben und den wilden, ausdrucksstarken Pinselstrich seiner expressionistischen Blumen- und Meerbilder sowie den kühnen Schwung seiner städtischen Szenen und Porträts kennt fast jeder. Als weltberühmter Maler machte Emil Nolde seine norddeutschen Wurzeln zu seinem Lebensthema und kehrte schließlich zu der Landschaft zurück, in der alles begonnen hatte. Doch zuvor trieb es ihn hinaus in die Welt; er arbeitete als Schnitzer und Möbelzeichner in Süddeutschland, besuchte Malkurse, schuf ab 1892 erste Aquarelle und Zeichnungen, ging 1900 nach Berlin und trat der »Sezession« bei. 1902 heiratete er Ada Vilstrup und änderte seinen Namen nach seinem Geburtsort in Nolde. Den folgenden Sommer verbrachte Emil Nolde auf der friesischen Insel Alsen. Die raue See und das Licht im Norden ließen seine Bilder heller, seine Farben intensiver werden. 1905 lernte er die Künstler der »Brücke« kennen, und sein Malstil wurde nun expressionistisch. Eine Forschungsreise nach Neuguinea 1913/14 beeinflusste ihn stark. 1926 ließ sich Emil Nolde in der Nähe seines Geburtsorts nieder. Inmitten weiter Marschlandschaften gegenüber der Insel Sylt erhebt sich die Warft Seebüll, ein Wohnhügel zum Schutz vor Sturmfluten. Hier ließ Nolde sein Wohnhaus mit Atelier und Bildersaal und einem prächtigen Blumengarten gestalten. Seit seinem Tod 1956 zeigt die Emil-Nolde-Stiftung im Haus und Garten Werke des großen Künstlers.

Oben: Wie gemalt – ein farbenprächtiger Blumengarten umgibt Emil Noldes ehemaliges Wohn- und Atelierhaus.
Unten: Selbstbildnis im Nolde Museum, Seebüll.

Faszination Sylt

1930 verbrachte Emil Nolde mehrere denkwürdige Monate auf Sylt, keine 80 Kilometer vom heimatlichen Seebüll entfernt. »Die Wanderungen auf dem festen Sand das Meer entlang waren meine Lust. Die freie Luft, der salzige Geschmack, die tosenden Wogen, die Wolken vor und über mir, der Strand, die Dünen, das graue Gras ...«, schrieb der Maler. Auch heute bietet die 38,5 Kilometer lange Insel jedem Besucher ein ganz besonderes Naturerlebnis: Der raue Nordseewind an der Westküste umtost die Ohren, feiner weißer Sandstrand kitzelt die Füße, das stille Wattenmeer an der Ostküste breitet sich bis zum Horizont aus. Wer etwa zu den beiden großen Wanderdünen in List spaziert, Wiesen in allen Farbschattierungen, die blühende Heide sieht, wer imposante Klippen oder das glühende Rot eines Sonnenuntergangs bewundert, kann sicherlich nachempfinden, warum gerade diese Insel Nolde zu seinem expressionistischen Malstil anregte.

SCHLOSS GOTTORF, SCHLESWIG

8

Schleswig-holsteinische Landesmuseen

Die ehemalige Residenz der Herzöge von Schleswig-Holstein-Gottorf wurde in ihrer über 800-jährigen Geschichte mehrfach umgebaut und erweitert: Aus der mittelalterlichen Burg wurde eine Renaissance-Festung und schließlich ein barockes Schloss. Bis heute spiegelt sich die Bedeutung der Schlossanlage in der exponierten Lage auf einer kleinen Schlei-Insel, der herrschaftlichen Architektur des vierflügeligen Gebäudes und dem Barockgarten, dessen Anlage ganz auf das absolutistische Herrschaftsmodell ausgerichtet ist, wider. Jahrhundertelang war Schloss Gottorf das kulturelle Zentrum des Landes. Unter seinem Dach befinden sich heute das Archäologische Landesmuseum und das Landesmuseum für Kunst- und Kulturgeschichte; dazu kommt noch der Barockgarten, in dem das Globushaus mit dem Gottorfer Riesenglobus steht.

120 000 Jahre schleswig-holsteinischer Siedlungsgeschichte werden im Archäologischen Landesmuseum dokumentiert. Besonders sehenswert ist das älteste erhaltene germanische Großschiff, das Nydam-Boot aus dem 4. Jahrhundert v. Chr. Ebenfalls aus der Eisenzeit stammen einige Moorleichen, die beredt Zeugnis ablegen vom Leben in der Gegend zwischen 800 und 15 v. Chr.

Das Landesmuseum für Kunst und Kulturgeschichte zeigt Exponate aus einem Jahrtausend: von mittelalterlicher Altarplastik über Werke aus der Renaissance und dem Barock bis zu Inneneinrichtungen aus Klassizismus, Biedermeier und Jugendstil. Darüber hinaus sind auch Malerei aus dem 19. Jahrhundert sowie der Klassischen Moderne und Kunsthandwerk der Gegenwart zu sehen.

Der prächtige Schlossgarten führt von der Gegenwart wieder zurück zu einem Stein gewordenen, grasgrünen und wasserblauen Herrschaftsmodell. Die symmetrische Anlage der Wege und Terrassen, Rasenflächen und Blumenbeete, Büsche und Wasserflächen strebt symbolisch der Macht zu. Im Globushaus können Besucher nachvollziehen, wie sich die Menschen im 17. Jahrhundert die Welt vorgestellt haben. Ab 1650 wurde hier die sogenannte Friedrichsburg erbaut, deren noch nicht fertiggestellter Rohbau 1654 auch schon wieder umge-

Im Inneren des begehbaren Gottorfer Riesenglobus, der einen Durchmesser von drei Metern hat und im Garten des Gottorfer Schlosses aufgestellt ist.

WIKINGERMUSEUM HAITHABU

Etwa um 800 gründeten die Wikinger in einer Ostseebucht am Ende der Schlei Haithabu. Die Siedlung gilt als die älteste Stadtgründung des Ostseeraums. An dem nur 15 Kilometer breiten Landstreifen zwischen Ost- und Nordsee konnten die Langboote der Wikinger von beiden Meeren aus anlegen und auf Rollen über Land zum gegenüberliegenden Meer befördert werden. So blühte der Handel zwischen der Nordsee und dem Mittelmeer sowie dem Ostseeraum. Bis heute sieht man den mächtigen, im Halbkreis angelegten Wall, der die Häuser umgab. Das Leben in dieser Siedlung wies schon viele Merkmale einer mittelalterlichen Stadt auf, wie die archäologischen Grabungen und Auswertungen belegen. Fundstücke, Rekonstruktionen, Modelle und Texte vermitteln Besuchern einen Einblick in das Leben von einst, wie Haushalt und Hafen, Bebauung und Verteidigung, Bekleidung und Ernährung sowie Bestattung ausgesehen haben mögen. Darüber hinaus werden die kulturellen Leistungen der Wikinger in Schrift, Handel, Handwerk und Stadtentwicklung gezeigt.

Herzog Friedrich III. (1697–1659)
Während der Regierungszeit von Herzog Friedrich III. (1616–59) entwickelte sich nicht nur das Gottorfer Schloss zu einem Kulturzentrum von europäischem Rang; in dieser Zeit eroberte sich auch das Herzogtum Schleswig-Holstein-Gottorf vorübergehend einen Rang in der Weltpolitik. Friedrich III. versuchte, sein kleines Land durch die Wirren des Dreißigjährigen Krieges zu führen und sich gleichzeitig aus dem Lehnsverhältnis zum dänischen König zu befreien. Seine Neutralität bewahrte er mithilfe der Schweden, was das Fürstentum mit in den Strudel des Niedergangs der schwedischen Großmacht zog. Auch für den Überseehandel hatte der Herzog weitreichende Pläne. 1621 gründete er Friedrichstadt, um Handel mit Westeuropa zu treiben – mit Waren, die er in Persien und Russland zu beziehen hoffte. Um einen Handelsweg zu finden, der nicht um Afrika herum führte, schickte er 1636 eine Gesandtschaft nach Moskau. Dieses Projekt scheiterte zwar, doch gelang es Friedrich III., bedeutende Kunstwerke in sein Stammschloss zu holen.

baut wurde, um den Gottorfer Riesenglobus aufnehmen zu können. Außen stellte er die Weltkugel mit den damals bekannten Orten dar, innen war er als begehbares Planetarium ausgestaltet, das mit seinen drei Metern Durchmesser bequem Platz für Besucher bot. Sie konnten die von Kupfernägeln symbolisierten Sterne und die aufgemalten Himmelsbilder um sich kreisen lassen, ohne sich selbst bewegen zu müssen. Der ursprüngliche Globus wurde im 17. Jahrhundert mehr oder weniger freiwillig als Staatspräsent nach St. Petersburg verschickt. 2005 eröffnete man ein neues schlichtes Globushaus, in dem sich eine moderne Rekonstruktion des alten Globus befindet.

Ganz oben links: Der barocke Südflügel von Schloss Gottorf. **Ganz oben rechts:** Schlossführung in barocken Kostümen. Die Museumsmoderatorin erläutert den Kindern, wie man sich im 17. und 18. Jahrhundert bei Hofe zu verhalten hatte. **Oben:** Ein Gärtner legt letzte Hand an ein aus Buchsbäumen geformtes Wappen im Barockgarten des Schlosses.

KALKBERG BAD SEGEBERG

9

Überbleibsel aus Millionen von Jahren

Die Kurstadt Bad Segeberg ist vor allem durch den 91 Meter hohen Kalkfelsen mitten in der Stadt bekannt. Genau genommen besteht der weiße Felsen allerdings nicht aus Kalk, sondern aus Gips. Entstanden ist das Gestein vor etwa 250 Millionen Jahren im Zechsteinmeer des Perm. Im Jura lagerten sich über dem alten Meeresboden weitere Schichten an, die eine höhere Dichte als die darunterliegende, etwa 1000 Meter breite Schicht aus Salzen, Gips und anderen Mineralien hatte. Nach und nach schoben sie das formbare Salz zylinderförmig nach oben. Seine heutige Form erhielt der Salzdom wohl, als der Rheingraben vor etwa 60 Millionen Jahren einbrach, ausgestaltet dann noch einmal durch die eiszeitlichen Gletscher. Von der Spitze des weißen Felsens sieht man den kleinen Segeberger See, der ebenfalls ein Überbleibsel der letzten Eiszeit ist. Bis zum Ersten Weltkrieg ließ der preußische Staat den Berg als Steinbruch für den Gipsabbau nutzen, wodurch er von ursprünglich 1,10 Metern Höhe um knapp 20 Zentimeter schrumpfte. Der unter dem Berg liegende Salzsteinstock hebt den Berg allerdings auch weiterhin jedes Jahr um etwa 2 Millimeter an. Im unteren Teil des Berges befinden sich Kalkberghöhlen, die erst 1913 zufällig durch spielende Kinder entdeckt wurden. Rund 15 000 Fledermäuse sieben verschiedener Arten schlagen in diesen Höhlen ihr natürliches Winterquartier auf. Ebenso lebt in den Höhlen der nur dort vorkommende Segeberger Höhlenkäfer. Über die Grenzen der Region hinaus bekannt wurde der eindrucksvolle Felsen aber vor allem als Schauplatz der Karl-May-Spiele, die seit 1952 hier abgehalten werden.

KARL MAY – SCHÖPFER DES WINNETOU

Vor 136 Jahren soll der Apachenhäuptling Winnetou in den Armen seines weißen Blutsbruders Old Shatterhand gestorben sein. Die vielleicht berühmtesten Brüder in der Geschichte der Literatur haben Generationen von Kindern begeistert. Mit den Abenteuerbüchern aus dem Wilden Westen und dem unbekannten Arabien wurde Karl May weltberühmt. In die Wiege gelegt war ihm das keineswegs. Als fünftes von 14 Kindern im sächsischen Ernstthal geboren, verdingte er sich als Hilfslehrer und scheiterte wegen einer Verurteilung als Student und verschiedener Verfehlungen zunächst beim Versuch, sich eine bürgerliche Existenz aufzubauen. Ab 1874 gelang ihm das jedoch zunehmend als Redakteur und Autor. 1874 war seine Erzählung »Die Rose von Ernstthal« veröffentlicht worden, viele weitere sollten folgen. Ab 1878 arbeitete Karl May als freier Autor. Zum Glück! Millionen von Lesern hat er mit seinen Abenteuern in die Welt der tapferen Rothäute, weißen Ehrenmänner und üblen Schurken entführt, genauso wie zu den geheimnisvollen Scheichs und Kameltreibern des Orients.

Karl May lebt! Hier reicht der unsterbliche Winnetou – verkörpert durch Erol Sander – der Häuptlingstocher Ribanna feierlich die Hand.

LÜBECKS TORE, KIRCHEN, GASSEN UND GÄNGE

10 Die erste deutsche Welterbe-Altstadt

Im Jahr 1987 setzte die UNESCO Lübecks Altstadt auf die Welterbeliste, als erste Altstadt Nordeuropas, und das mit gutem Grund. Zwar büßte Lübeck auch als erste deutsche Stadt schon 1942 im ersten Flächenbombardement im Luftkrieg Unwiederbringliches ein. Doch ist der Altstadtkern nach dem Wiederaufbau architektonisch so reich und im erhaltenen Straßenmuster der mittelalterlichen »Gänge« so stimmungsvoll wie nur wenige andere deutsche Städte.

Reichlich Backsteingotik vom Schönsten! Im Besonderen wurden die folgenden Bauwerke vom UNESCO-Komitee benannt:
Der Rathauskomplex am Markt, das Burgkloster, der Koberg mit dem Haus der Schiffergesellschaft, das Viertel der Patrizierhäuser des 16. und 17. Jahrhunderts zwischen Petrikirche und Dom, das Holstentor mit den markanten Kegeltürmen und dem Stufengiebel zwischen ihnen, die Salzspeicher am .linken Traveufer und – last but not least – auch der archäologisch auswertbare Untergrund der Stadt. Bis jetzt wurden annähernd drei Millionen Fundstücke geborgen.
Lübecks Dom ist auf der Altstadtinsel als mächtiger gotischer Backsteinbau zu bewundern, mit dem 17 Meter großen Triumphkreuz, das als ein Meisterwerk des Bildschnitzers Bernt Notke (um 1440–1509) berühmt ist. Notke kam aus Vorpommern und wurde wenige Jahre vor seinem Tod Werkmeister an Lübecks St.-Petri-Kirche. Um Lübecks Markt stehen das Rathaus, an dem jahrhundertelang gebaut wurde – mit schwarz glasierten Ziegeln und hoher Schaufassade eines der größten im Mittelalter – und die Marienkirche mit ihren 125 Meter hohen Türmen, die in jeder Hinsicht ein Höhepunkt der frühen Gotik Norddeutschlands sind. Aus dem 13. Jahrhundert stammt auch das Heiliggeisthospital am Koberg mit dreischiffiger Kirche und 88 Meter langer Hospitalhalle mit Sterngewölbe und Wandmalerei. Das Hospital war eine

Sechs große Kirchen strecken seit dem 14. Jahrhundert ihre Türme in den Lübecker Himmel – dominant ist die zweitürmige Marienkirche.

THOMAS MANNS LÜBECK

Selten trägt ein Museum den Namen eines Romans. Schon gar nicht, wenn der Autor dieses Romans bei den Museumsgründern keinen guten Ruf hat. Tatsächlich reagierten Lübecks wohlhabende Bürger mit nachhaltigem Protest, kaum dass Thomas Manns Roman-Erstling »Die Buddenbrooks« 1901 beim renommierten S. Fischer Verlag erschienen war und rasch ein großes Publikum gefunden hatte. Heute zieht das im Jahre 2000 eröffnete »Buddenbrook-Museum« Tausende Besucher an. Was der junge Thomas Mann mit kühler Präzision beschrieben hatte, den »Verfall einer Familie«, war nicht allein auf Lübeck gemünzt, doch die bieder gediegenen Honoratioren an der Trave fanden sich tief gekränkt. Sie nahmen den Verfall ihrer bürgerlichen Werte nicht wahr. Der betraf nicht nur sie. Eine »Seelengeschichte des deutschen Bürgertums« hat Thomas Mann später seinen Erstling genannt. Der brachte ihm den Literaturnobelpreis ein, aber zu Lebzeiten nicht die Wertschätzung der Lübecker. Als er 1953 Lübeck besuchte, war vom »Buddenbrookhaus« nur die Fassade geblieben.

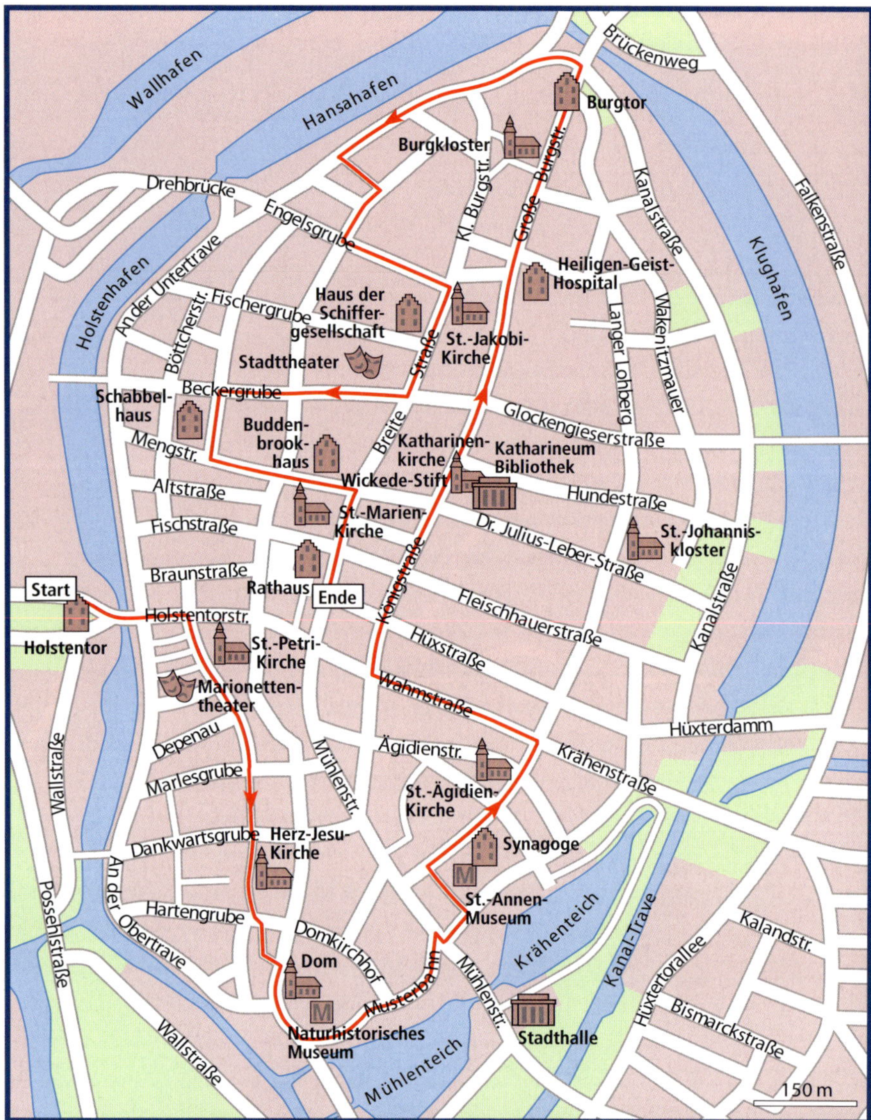

Stadtspaziergang durch Lübeck

Auf dem *Markt* beginnen, im Blick die gotische Schaufassade des Rathauses und die Türme der Stadt! Nordwärts ein Stück die Breite Straße gehen und linker Hand in die Mengstraße einbiegen: Gleich steht man vor der prächtig restaurierten Fassade des *Buddenbrookhauses* (von 1758), heute Museum für die Literatenfamilie Mann, voran für Thomas und Heinrich Mann. Das *Museum für Günter Grass* und noch erhaltene Kaufmannshäuser folgen. Kulinarische Adressen sind das *Schabbelhaus* und für Freunde des Lübecker Rotspons die *Weinhandlung von Melle*. Bäckergang, Engelsgrube, Engelswisch und Petersilienstraße sind als schöne Wohngänge zu entdecken.
Wieder ostwärts sollte man ins *Haus der Schiffergesellschaft* schauen.
Parallel zur Breiten Straße zieht sich die Königstraße mit ihren klassizistischen Repräsentationsbauten bis zum Burgtor im Norden hin, am Wege: das *Heiliggeistspital*, ein kostbares Stück Mittelalter. Weitere Lübecker Wohngänge sind östlich der Königstraße zum Klughafen hin zu erkunden! Südlicher, an der Walmstraße (Hausnr. 54 und 56) stehen mit ihren Portalwappen zwei opulente Giebelhäuser von 1493 und 1603. Nach rechts in die St.-Annen-Straße hinein zum ehemaligen Kloster *St.-Annen-Museum*, voller Kunstschätze! Die benachbarte Synagoge brannte 1938 nicht, den Hitlerleuten war das Risiko überspringender Flammen zu groß.
Großartig in seiner gotisch aufstrebenden Gestalt ist der wiederhergestellte *Dom* ganz im Süden der Altstadt-Insel. An anderen historischen Kirchen – Herz-Jesu-Kirche und St. Petri-Kirche – entlang geht es nordwärts wieder zum Markt, linker Hand kommen *Holstenbrücke* und *Holstentor* in den Blick. Wer sich Zeit nehmen kann, findet an der Uferstraße Obertrave bei sonnigem Wetter in den Seitengassen ein buntes Leben. Eine Fußgängerbrücke führt bei der Dankwartsgrube über die »Stadttrave« zum *Malerwinkel*. Dort hat man einen der besten Blicke auf die Stadt – und beste Chancen für gute Fotos.

Günter Grass 2009 in Lübeck: *Butt im Griff.*

Stiftung wohlhabender Kaufleute für Arme und Kranke. Unter vielen »Gängen« in den Hinterhöfen ist Lüngreens Gang zwischen Bäckergang und Fischergrube einen Besuch wert. Ebenso das St.-Annen-Museum, ehemals ein Kloster, jetzt um eine moderne Kunsthalle erweitert. Noch mehr sehr Sehenswertes: das Museum Behnhaus/Draegerhaus (Malerei von der Romantik bis zum Expressionismus, Kunsthandwerk), das Literaturmuseum für Thomas und Heinrich Mann im Buddenbrookhaus in der Mengstraße und das erst 2002 eröffnete Günter-Grass-Haus. Es zeigt vor allem das grafische Werk von Günter Grass, dazu einen Skulpturengarten in einem mittelalterlichen Hof. Und

wo segeln über langen Gasttischen pittoreske Koggen und Fregatten? Im Haus der Schiffergesellschaft in der Breiten Straße, wie seit eh und je.

Von Heinrich dem Löwen seit 1158/59 als erste deutsche Handelsstadt planmäßig angelegt, an Trave und Wakenitz, dominierte Lübeck bald den Ostseehandel. In der Hanse gaben die Lübecker Ratsherren den Ton an, 1226 erhob der Stauferkaiser Friedrich II. Lübeck zur Freien Reichsstadt.

Ganz oben: Vorzeigebau der norddeutschen Backsteingotik, per Briefmarke und Münzen weltweit verbreitet: Lübecks Holstentor, seit 1478.

Oben links: Ein Museum für die Literatenfamilie Mann am bestmöglichen Ort: das Buddenbrookhaus in der Mengstraße, erbaut 1758.

Oben Mitte und rechts: Zünftig tafelt man unter Schiffsmodellen im historischen Haus der Schiffergesellschaft. Prächtiger Treppengiebel von 1535.

WISMAR – HANSESTADT IM WIEDERAUFBAU

11

Zwischen Stufengiebeln und Arkaden

Wenig wird zur Erhaltung getan, Besserung ist nicht in Sicht – so berichteten noch 1995 die Besucher. Dabei ist es nicht geblieben, im Gegenteil. Seit es Wismar gelang, von der UNESCO gemeinsam mit Stralsund in die Liste des Weltkulturerbes aufgenommen zu werden, wird die aus Hansezeiten überkommene, in der DDR-Ära lange vernachlässigte Altstadt Haus um Haus gerettet. Beide Städte konnten in ihrem »Welterbeantrag« auf die Authentizität ihrer Stadt- und Hafengestalt pochen.

In Wismar, heißt es da, »hat sich das mittelalterliche Hafenbecken in Lage und spezifischer Formgebung weitestgehend erhalten«. Und weiterhin: »Bedingt durch seine nahezu lückenlos überlieferte Straßenrandbebauung bildet Wismar die einzige in dieser Größe und Geschlossenheit erhaltene Hansestadt im Ostseeraum.«

Weil die DDR keinen Wirtschaftsboom zuwege brachte, wurden in die Altstadtkerne an der Ostseeküste viel weniger dominante Neubauten und Kaufhauszentren gesetzt als in Westdeutschland. Altstadtambiente ist selbst dort noch gegenwärtig, wo die Bomben des Zweiten Weltkriegs viel zerstört hatten. Wismar verlor noch 1945 sein »Gotisches Viertel«, von der Marienkirche aus dem 13./14. Jahrhundert blieb nur der monumentale Turmbau. Der Staat setzte seine monotonen Plattenbaukomplexe an die Stadtränder.

Im Zeichen der Backsteingotik

Wind von der Ostsee umweht die Spaziergänger zwischen den erhaltenen, wiederhergestellten alten Mauern, zwischen all der zurückgewonnenen Schönheit von Stufengiebeln und Arkaden, individuell gestalteten Hauseingängen und Schaufronten.

Geschichte lebt fort im Muster des Straßennetzes und in der Backsteingotik der mächtig aufragenden Kirchen, die bis heute die Stadtsilhouette prägen. Sie sprechen von mittelalterlicher Frömmigkeit, aber auch von der politischen und wirtschaftlichen Kraft der Städte, deren Bürger sich solche Großkirchen leisteten – in einer Region, die noch im 12. Jahrhundert überall Bauernland gewesen war.

Die Mitte Wismars bildet der historische Marktplatz, einer der größten in Norddeutschland. Als Stadt wurde Wismar zum ersten Mal im Jahr 1229 genannt, 1266 erhielt es das »lübische Recht« nach Lübecker Muster, wie zuvor schon Stralsund. Auch die Wismarer erbauten drei riesige Kirchen, alle im Stil der Backsteingotik. Wismars geschützter Hafen an der Mecklenburger Bucht, speziell auch der Bierexport, machte die Stadt im Mittelalter reich.

Wie Stralsund gehörte Wismar seit dem Dreißigjährigen Krieg bis ins 19. Jahrhundert hinein zu Schweden. Wismar wurde wie Stralsund zur Festung mit Mauern und Toren, eine der stärksten an der Ostseeküste. In seiner Architektur spiegelt das Altstadtzentrum um den Markt die Geschichte wider: Neben Gebäuden aus

DIE GRÜNDUNG EINES WARENHAUSRIESEN

Hundert Jahre lang, über Kriege und Katastrophen hin, kannte und kennt in Deutschland jeder den Namen Karstadt. Wo das erste Karstadt-Warenhaus entstand? Im Mai 1881 eröffnete Rudolph Karstadt sein »Tuch-, Manufactur- und Confectionsgeschäft« in Wismar. Neue Fernstraßen, Eisenbahnlinien nach Schwerin und Rostock entstanden, die mecklenburgischen Zollgrenzen waren gefallen, die Wirtschaft spürte Aufwind. Neuartig an Rudolph Karstadts Warenhaus war damals das Festpreissystem, das kam gut bei den Kunden an. Um 1900 spannte sich das Karstadt-Netzwerk über ganz Norddeutschland hinweg.

Ob die heute heranwachsende Generation noch in Karstadt-Warenhäusern kaufen wird? In einem Wirbel von Umstrukturierungen, Verkäufen, Fehlplanungen, Schließungen und drohenden Insolvenzen zeigten sich Eigentümer wie auch Berater lange ratlos. Unter welchem Namen werden die Vorzeigeadressen noch überdauern, das KadeWe in Berlin, das Alsterhaus in Hamburg, das Oberpollinger in München? In Wismar gibt es noch immer das Stammhaus und einen Rudolf-Karstadt-Platz dazu – unter einst mehr als 100 Filialen war es die kleinste.

Die Legende namens Störtebeker

War der berühmte Seeräuber und Schrecken aller friedlichen Kauffahrer ein norddeutscher Robin Hood, ein Helfer der Armen? »Likedeler« nannten sich Störtebeker und seine Genossen, so viel wie Gleichverteiler. Auch als Vitalienbrüder waren sie bekannt, lieferten im Auftrag der Hansestädte Lebensmittel in das belagerte Stockholm, attackierten aber auch Schiffe der Hanse. Klaus – oder: Klaas – Störtebekers Herkunft wird bei Rotenburg an der Wümme südlich von Hamburg oder in Wismar vermutet. An einer Tafel am Rathaus dort ist mit Vorsicht formuliert: »Der wahrscheinlich aus Wismar stammende Klaus Störtebeker war im Jahre 1380 laut schriftlicher Überlieferung im ältesten Gerichtsbuch der Stadt in eine Rauferei verwickelt.«

Wohl gerade erst 40-jährig unterlagen Störtebeker und befreundete Piraten 1401 der hamburgischen Flotte. In Hamburg wurden sie hingerichtet, heißt es, und Störtebeker rettete einige aus seiner Mannschaft vorm Richtschwert, indem er ohne Kopf an ihrer Reihe entlanglief. Neuere Forschung meint in einem Johann Störtebeker, der bis 1413 lebte, den wahren Störtebeker gefunden zu haben. Eine neue Variante der Legende?

dem Mittelalter fällt die großartige Renaissance-Fassade des Fürstenhofs ins Auge, auch Bauten aus der Zeit des Barocks, des Klassizismus und sogar des Jugendstils kann man sehen.

Unten links: Mächtig aufragende Pfeiler: die St. Nikolaikirche, 1487 in rund 100 Jahren erbaut. **Unten Mitte:** Bunte Tracht in Boltenhagen. **Unten rechts:** Prunkstück und Wahrzeichen der Stadt: der säulenumfangene Marktbrunnen, 1602 von dem Niederländer Philipp Brandin vollendet. **Rechts:** Giebelhäuser am Alten Hafen.

RESIDENZSTADT SCHWERIN

12

Im Zeichen von Schinkel und Tudorstil

Schon 1358 wurde Schwerin Residenzstadt. Knapp 200 Jahre zuvor war die Stadt von Heinrich dem Löwen gegründet worden, Herzog Albert II. machte sie zu seiner Residenz und damit zum kulturellen und wirtschaftlichen Zentrum der Region. Noch heute zeugt das imposante Schloss vom Machtanspruch. Allerdings wurden die meisten Flügel des romantisch auf einer Insel gelegenen Schlosses im 19. Jahrhundert im Stil des Historismus umgebaut. Hofbaumeister Georg Adolph Demmler nahm sich das französische Renaissance-Schloss Chambord an der Loire zum Vorbild, als er es im Auftrag des Großherzogs Friedrich Franz II. gemeinsam mit dem Dresdner Architekten Gottfried Semper von 1843 bis 1851 umgestaltete. Leider vernichtete schon 1913 ein Großbrand etwa ein Drittel des Gebäudes, darunter auch den seinerzeit ob seiner Schönheit berühmten »Goldenen Saal«. Ein schlechtes Omen? Manchen Zeitgenossen mag es so vorgekommen sein, denn nur ein Jahr später begann der Erste Weltkrieg, an dessen Ende – genauer: am 14. November 1918 – Friedrich Franz IV. abdankte. Heute wird aus den Mauern des Schlosses heraus wieder regiert: Seit 1990 hat der Landtag von Mecklenburg-Vorpommern hier seinen Sitz.

Aber auch das Landesmuseum residiert im Schloss. Besonders die älteren Bauteile aus dem 15. und 17. Jahrhundert, etwa die berühmte Schlosskapelle, entführen den Besucher in die Welt der Großherzöge, in die man durch ein romantisches Gartenportal gelangt.

Das Arsenal am Pfaffenteich, heute Sitz des Innenministeriums Mecklenburg-Vorpommern, wurde zwischen 1840 und 1848 nach Entwürfen von Georg Adolph Demmler erbaut. Genutzt wurde das Arsenal zunächst als Zeughaus, später dann als Polizeikaserne.

HOFBAUMEISTER GEORG ADOLPH DEMMLER

Der 1804 in Berlin geborene Hofbaumeister Georg Adolph Demmler hat das Gesicht der Residenzstadt Schwerin geprägt wie kein anderer. Bereits mit 15 besuchte er die von Karl Friedrich Schinkel geführte Berliner Bauakademie, 1823 wurde er in Schwerin zum Baumeister ernannt. Als Großherzog Friedrich Franz I. 1837 den Thron bestieg, verlegt er die Residenz aus dem nahen Ludwigslust wieder zurück nach Schwerin, wo er in den folgenden fünf Jahren von Demmler zahlreiche repräsentative Bauten errichten ließ, darunter das Kollegialgebäude, heute Sitz der Staatskanzlei, und den Marstall, in dem heute das Technische Museum sowie das Sozial- und das Ministerium für Bildung, Wissenschaft und Kultur untergebracht sind. Seine bekannteste Arbeit ist sicherlich der Umbau des Schlosses, den er ab 1843 im Auftrag von Friedrich Franz II. leitete. Darüber hinaus engagierte sich Demmler auch politisch und sozial: So forderte er die Absicherung der Arbeiter und Handwerksgesellen bei Krankheit oder Unfällen und regte die Gründung einer Baugewerkeschule an.

Links: Der Schweriner Dom, ein Kunstwerk der Backsteingotik. **Ganz unten links:** Im Stil des Historismus erbaut: das Schweriner Schloss. **Ganz unten rechts und unten:** Innenräume des Schweriner Schlosses.

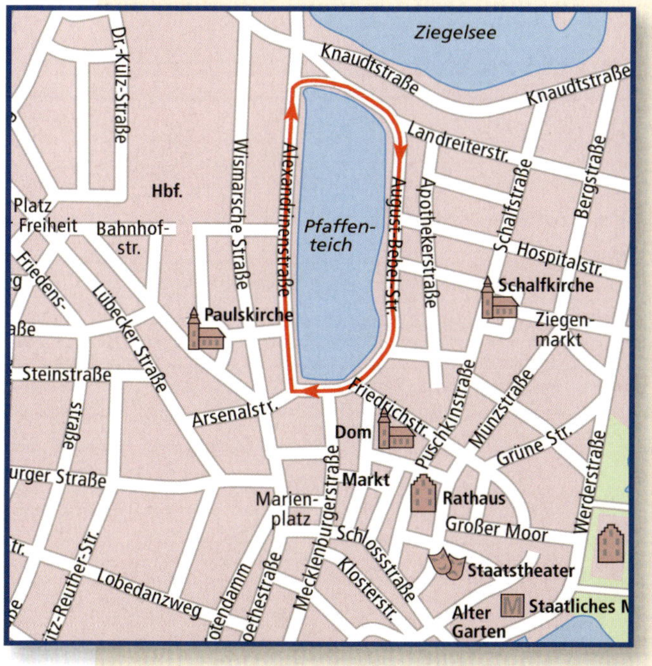

Rundgang durch die Schweriner Altstadt

Vom *Schlossgarten* ist es ein kurzer Spaziergang in die Schweriner Altstadt, in der viele Häuser aus dem 19. Jahrhundert ebenfalls die Handschrift des Hofbaumeisters Demmler tragen. Über die Jahrhunderte haben mehrere Stadtbrände viele Häuser zerstört, sodass nur noch wenige Gebäude aus der Zeit vor dem 19. Jahrhundert erhalten sind. Am Altstädtischen Markt steht ein spätbarockes Säulengebäude, das *Neue Gebäude,* das 1785 als Krambudengebäude errichtet wurde. Die reinweiße Markthalle sollte den Marktständen ein Dach und damit hygienischere Zustände bieten. Auf den Zweck des Gebäudes, in dem sich heute ein Café befindet, weisen die Symbole im Fries hin. 50 Jahre später, 1835, wurde das benachbarte *Rathaus* von Hofbaumeister Demmler im Tudorstil umgebaut. Auf dem Dach thront der goldene Reiter, der den Stadtgründer Heinrich den Löwen darstellt. Vom Schlachtermarkt sieht man an der Rathausrückseite, dass der wehrhafte Tudorbau aus vier älteren Fachwerkhäusern besteht. Hinter dem Rathaus ragt das älteste Gebäude der Stadt empor, der *Dom.* Seine Grundsteinlegung erfolgte schon 1172, im 14. Jahrhundert wurden Langhaus, Querhaus sowie die Kapitelgebäude errichtet, und im 15. Jahrhundert schließlich der Kreuzgang. Das älteste Profangebäude der Stadt, der *Domhof,* wiederum wurde erst im 16. Jahrhundert erbaut.

SEEBAD HEILIGENDAMM

13 Die »weiße Stadt am Meer«

Zwischen 1793 und 1870 entstand das berühmte Seebad Heiligendamm. Wie an einer Perlenschnur aufgereiht stehen die prächtigen weißen Villen auf dem hellbeigefarbenen Sandboden, vor sich die blaue Gischt der Ostsee, hinter sich das dunkle Grün der Buchen. Ausgelöst wurde die Entstehung des ersten deutschen Seebades durch die schlechte Gesundheit des mecklenburgischen Herzogs Friedrich Franz I. Der badete nämlich im Jahr 1793 auf Anraten seines Leibarztes Dr. Vogel beim Städtchen Doberan am »Heiligen Damm« in der Ostsee. Als einer der Ersten hatte der Arzt die heilsame Wirkung des Seewassers und der staubarmen Luft auf eine ganze Reihe von Erkrankungen erkannt. In den folgenden Jahren wurde das Seebad auch unter den wohlhabenden Untertanen des Herzogs immer populärer, sodass eine rege Bautätigkeit einsetzte, um die wachsende Nachfrage nach gehobenen Unterkünften zu befriedigen. Die Baumeister Johann Christoph Heinrich von Seydwitz, Carl Theodor Severin und Gustav Adolph Demmler schufen ein einzigartiges klassizistisches Gesamtkunstwerk aus Bade- und Logierhäusern sowie Gesellschaftsgebäuden. Heiligendamm galt über Jahrzehnte hinweg als das eleganteste Seebad Deutschlands. Das Ensemble der weißen Villen brachte dem Badeort den Beinamen »Weiße Stadt am Meer« ein. Der europäische Hochadel verbrachte hier ebenso wie die russische Zarenfamilie seine Sommerfrische, betuchte Industrielle folgten. Bis in die 1930er-Jahre galt es als Muss, wenigstens einmal im Leben in Heiligendamm gewesen zu sein.

Nach dem Zweiten Weltkrieg wurden die Gebäude als Sanatorium genutzt und verfielen über die Jahre zusehends – bis eine Investorengruppe das Ensemble nach der deutsch-deutschen Wiedervereinigung kaufte und die Gebäude aufwendig restaurierte. Heute befindet sich im berühmten Seebad von einst ein exklusives Fünf-Sterne-Hotel. Spätestens seit dem Weltwirtschaftsgipfel in Heiligendamm im Jahr 2007 ist das Seebad weltweit wieder ein Begriff. Nicht nur Spitzenpolitiker, sondern auch andere Gäste können sich in der großzügigen, gediegen ausgestatteten Hotelanlage verwöhnen lassen.

Ein Traum in Weiß: Erholsam sind die Tage im Kurhaus, heute Grand Hotel, direkt hinter den Dünen.

DAS MÜNSTER ZU DOBERAN

Das 1368 geweihte Doberaner Münster ist das bedeutendste mittelalterliche Bauwerk in Mecklenburg-Vorpommern. Die Basilika in Form eines Kreuzes, dessen kurze Spitze nach Osten zeigt, besteht aus dem 78 Meter langen Mittelschiff, zwei Seitenschiffen und einem 39 Meter langen Querschiff. 24 gleichartige Pfeiler tragen das elegante Kreuzrippengewölbe der 12,5 Meter hohen Seitenschiffe und des 26,5 Meter hohen Mittelschiffs. Sie stehen für die zwölf Propheten und zwölf Apostel. Im Osten schließt als Symbol des Himmels ein fünfeckiges Chorgewölbe die kurze Spitze des Kreuzes ab. Mit seiner schlichten Schönheit und der Eleganz der hoch aufstrebenden gotischen Bögen zieht die Kirche des Zisterzienserklosters, das bereits 1171 gegründet wurde, Besucher in ihren Bann. Besonders wenn die Sonne durch eines der hohen Fenster scheint, könnte man meinen, an der Himmelspforte zu stehen. Für die politische, kulturelle und wirtschaftliche Entwicklung des Herzogtums Mecklenburg war das Münster stets von großer Bedeutung.

Herzog Friedrich Franz I. von Mecklenburg

Mit 28 Jahren bestieg Friedrich Franz I. 1785 den Thron des Herzogtums Mecklenburg-Schwerin. In den Wirren der Napoleonischen Kriege versuchte der Herzog, sein Land zunächst neutral zu halten. Als er aber nach der Schlacht von Jena und Auerstedt 1804 Truppen der antifranzösischen Koalition tolerierte, besetzten die Franzosen das Herzogtum und zwangen ihn ins dänische Exil nach Altona. 1807 erreichte er bei einer persönlichen Zusammenkunft mit Napoleon seine Wiedereinsetzung unter der Bedingung des Beitritts zum Rheinbund. Nach Napoleons gescheitertem Russlandfeldzug war der Herzog der erste deutsche Fürst, der sich 1813 lossagte. Zwar musste er noch einmal kurzzeitig vor den Franzosen fliehen. Auf dem Wiener Kongress, der Europa nach dem Ende der Ära Napoleon neu ordnete, zahlte sich seine Taktik aus: Zu seinem 30-jährigen Thronjubiläum erhielt Friedrich Franz I. von Mecklenburg 1815 die Würde eines Großherzogs. Nach seinem Tod 1837 wurde er wie seine Vorgänger im Doberaner Münster beigesetzt.

Unten: Der Strand bei Heiligendamm. Im Kempinski Grand Hotel fand 2007 das Gipfeltreffen der acht großen Industrienationen (G8) statt. **Rechts oben:** Burg Hohenzollern des Grandhotels Heiligendamm. **Rechts unten:** Seit 1886 verkehrt die Bäderbahn »Molli«.

HANSESTADT ROSTOCK

14 Meisterlich: Modernes und Mittelalterliches

Mit seinem Hafen hat Rostock einen starken Vorzug vor den meisten Ostseehäfen. So geschützt liegt der Rostocker Hafen hinter der Mündung des Flusses Warnow, und so unkompliziert ist die Zufahrt über den Seekanal. Tag und Nacht können Schiffe ein- und auslaufen. Schiffe bis zu 300 Metern Länge, 45 Meter Breite und 13,5 Metern Tiefe nutzen den Hafen. So ist die alte Hansestadt – um etliche Jahrzehnte älter als Berlin – im Güterumschlag nach Lübeck heute der zweitgrößte deutsche Ostseehafen und gilt auch als meistgenutzter Hafen für Kreuzfahrtschiffe. Dies darum, weil Berlin schnell erreichbar und beliebtes Landgangziel der Kreuzfahrttouristen ist.

Durch die Jahrhunderte hindurch verändert sich die Meeresküste. Vom einst stadtnahen Ostseestrand ist es heute eine Zehn-Kilometer-Distanz zum Stadtzentrum. Dort stoßen Freunde der Architektur aus Mittelalter und Renaissance auf prächtige Bauten, trotz der Feuerstürme des Zweiten Weltkriegs.

Denen fielen mehrere Kirchen zum Opfer, im Wesentlichen erhalten aber blieb die größte und wohl schönste, die Marienkirche, eine ursprünglich frühgotische Hallenkirche, in zweieinhalb Jahrhunderten erbaut. Ein dreischiffiger Chor mit fünf Radialquellen und das mächtige Querhaus, fast in der Raummitte, prägen den starken Raumeindruck unter dem Sterngewölbe. Bis heute ist auch die astronomische Kunstuhr des Nürnberger Meisters Düringer zu bestaunen, Baujahr 1472: Sie zeigt Stunde, Tag, Monat und Jahr, dazu noch die Zeichen des Tierkreises, die Mondphasen und – jeden Tag um 12 Uhr – den Umgang der Apostel.

Prachtvolles Ambiente

Zum Schauen, Bummeln und Flanieren ist die Kröpeliner Straße den Fußgängern vorbehalten – eine Neugestaltung der Altstadtstruktur in den frühen 1950er-Jahren, die den einst geschlossenen Neuen Markt öffnet und vom Bahnhof westwärts zur Langen Straße führt. Farbige Barockgiebel und -fassaden, Renaissance-Bauten und auch stattliche Häuser des 19.Jahrhunderts schaffen ein Ambiente mit prächtigen Akzenten. Die Universität, eine der ältesten in Nordeuropa, hat ein klassizistisches Hauptgebäude, Barock präsentiert sich das Stadtschloss der Mecklenburgischen Herzöge, die seit dem 17. Jahrhundert in Rostock das Sagen hatten.

Rostock verlor seine Privilegien wie etwa das eigene Münzrecht und die eigene Gerichtsbarkeit. Ein katastrophaler Stadtbrand kam hinzu, die Stadt konnte ihre wirtschaftliche Spitzenposition nicht halten. Doch der Rostocker Selbstbehauptungs- und Freiheitswillen blieb stark. 1953 bekamen ihn die DDR-Machthaber zu spüren: Am 17. Juni streikten die Arbeiter auf den Werften trotz der Mobilisierung sowjetischer Truppen.

DER STÄRKSTE STÄDTEBUND

Bis heute hat es kein anderer Städtebund zu solch wirtschaftlichem und politischem Gewicht gebracht wie die Hanse in ihrer rund 200-jährigen Glanzzeit vom späten 13. bis zum späten 15. Jahrhundert. In den Zeiten ihrer größten Ausdehnung waren beinahe 200 See- und Binnenstädte zusammengeschlossen. Rechnet man noch die vorausgegangene »Genossenschaft der Gotland besuchenden Kaufleute des Römischen Reiches« dazu, aus der die Städtehanse entstand, so existierte das nordeuropäische Kaufmanns- und Städtebündnis rund ein halbes Jahrtausend, bis zum letzten »Hansetag« 1699. Noch erstaunlicher: Das soll ohne schriftliche Statuten und ohne offizielle Mitgliederliste gelungen sein. Um die Ostsee spielte Rostock eine Hauptrolle, schon 1283, als die Ostseestädte das »Rostocker Landfriedensbündnis« schlossen.

Rechts: Wiedergewonnene Schönheit der Barockfassaden an der Kröpeliner Straße. **Ganz rechts:** Das Seebad Warnemünde am Ostseestrand mit historischem Leuchtturm und dem Volksfest »Niege Ommegang«.

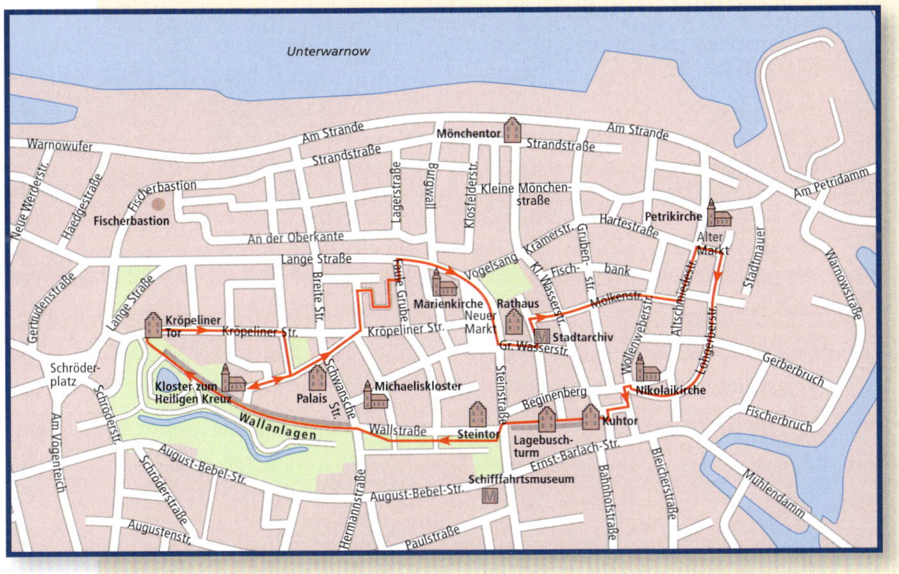

Stadtrundgang durch Rostock

Man darf sich Zeit lassen: Der noch immer gut erkennbare Altstadtkern erstreckt sich in West-Ost-Luftlinie nur etwa über anderthalb Kilometer. Ringsum breiten sich Vorstädte: die Steintor-, die Kröpeliner-Tor-Vorstadt und die Südstadt. Nach Norden geht es über die Langstraße (Teil des Innenstadtrings) an die Unterwarnow. Der Rundgang kann am Bahnhof starten und führt in der Großen Wasserstraße gleich zu Rostocks besterhaltenem gotischen Haus, dem sogenannten *Kerhoff-Haus*.

Am *Rathaus* und seinen sieben gotischen Türmen vorbei über den *Neuen Markt* zur *Marienkirche* mit ihrem mächtigen Westwerk. Durch Gassen mit Namen wie Faule Grube oder Eseltöterstraße und am *Heiliggeisthof* vorbei kommt man zur Kröpeliner Straße. Das Denkmal für Marschall Leberecht von Blücher (1742–1819), den gebürtigen Rostocker, der Napoleons Heere besiegte, findet man linker Hand, nah dem Universitätsplatz. Und dort auch das Palais der Mecklenburger Herzöge, jetzt *Universitätsbibliothek,* und an der Kröpeliner Straße das Hauptgebäude der Universität, dazu etliche schöne Barockfassaden. Am *Kröpeliner Tor* beginnen die ehemaligen Wallanlagen, ein lang gestrecktes Parkgelände, dem man nun wieder ostwärts bis zum Renaissance-Steintor folgen kann. Über die Steinstraße zurück geht es zum Neuen Markt – oder in einer Zugabe-Runde zur Nikolaikirche und zur Petrikirche!

RENAISSANCE-SCHLOSS GÜSTROW

15

Wo einst Wallenstein residierte

In Güstrow ist man mitten in Mecklenburg-Vorpommern. Etwa 55 Kilometer südlich von Rostock breitet sich eine reizvolle Endmoränenlandschaft aus, mit Findlingen und kleinen Seen. Der Parumer See liegt mit seinem Wasserspiegel nur 3,6 Meter über dem der Ostsee. Weil schon im Mittelalter hier Straßen einander kreuzten, die dem Handel wichtig wurden, entstand um 1220 eine slawische Burg.

Zur Residenzstadt wurde Güstrow 1556 nach einer Gütertrennung der mecklenburgischen Herzöge. In achtjähriger Bauzeit errichtete der Architekt Franz Parr eines der schönsten Renaissance-Schlösser Norddeutschlands. Manche halten es für das schönste. Fürst Wallenstein, im Dreißigjährigen Krieg nach seinen Siegen vom Kaiser mit dem Herzogtum Mecklenburg belehnt, residierte 1628/29 in Güstrow.

Als 1695 die Güstrower Linie ausgestorben war, begann der Verfall des Schlosses. Letzte prominente Besucher waren wohl Zar Peter der Große und Kurfürst August der Starke aus Dresden. Sie verhandelten mit dem schwedischen General Steenbock über einen Waffenstillstand, der den Großen Nordischen Krieg beenden sollte.

Wieder hergestellt wurde die einstige Herrlichkeit erst in DDR-Zeiten mit Unterstützung polnischer Restauratoren (1964–82). 1991, nach dem Mauerfall, war Güstrow dann Modellstadt der Stadtbauförderung, das kam dem historischen Stadtkern und speziell dem Schlossbezirk zugute. Die Deckenmalereien und Kassettendecken erstanden wieder in ihrer Pracht, auch der Rotwildfries von Christoph Parr im Festsaal. Das Schlossmuseum zeigt Kunstschätze von der Antike bis zur Gegenwart.

AUSSTRAHLENDE KUNST: ERNST BARLACH

Ein großer Einzelgänger war Ernst Barlach, der Bildhauer und Dichter. 1870 in dem Städtchen Wedel bei Hamburg geboren, fand seine starke bildnerische Begabung früh Förderer, er studierte in Hamburg, Dresden und Paris, war später Stipendiat in der Villa Romana in Florenz. Die längste Lebenszeit verbrachte er in Güstrow, seit 1910. Vom Hitler-Regime wurden seine Werke als »entartete Kunst« verunglimpft, aus den Museen entfernt, teils zerstört. Noch ein Jahr vor seinem Tod (1938) wurde er mit dem Ausstellungsverbot belegt.

Barlachs Werk überdauerte, war in der Notzeit nach dem Zweiten Weltkrieg vielen Menschen eine Ermutigung. Wer dem *Schwebenden Mann* im Güstrower Dom begegnet, wird von einer seltenen Ausstrahlung innerer Kraft angerührt, auch wenn er sonst nichts von Barlach wüsste. Der *Singende Mann* (in Nürnberg), der *Geistkämpfer* (in Kiel), der *Fries der Lauschenden* (in Hamburg) sind andere Hauptwerke. Dazu kamen Dichtungen, Theaterstücke, grafische Werke. Das erste Barlach-Museum wurde 1953 in Güstrow eröffnet. Auch sein Atelier am Güstrower Inselsee ist seit Langem ein Museum.

Die Renaissance-Pracht des Güstrower Schlosses war langer Leidenszeit ausgesetzt: 1795 Abriss des Ostflügels, in den napoleonischen Kriegszeiten Nutzung als Lazarett, dann 100 Jahre Landarbeitshaus und schließlich Altersheim. All das ist überstanden, die Pracht wiederhergestellt, auch der Renaissance-Garten blüht.

HANSESTADT STRALSUND

16 Mittelalterliche Stadt am Strelasund

Unter den prominenten deutschen Hansestädten stehen Bremen und Lübeck, Stralsund und Wismar, Köln, Goslar und Hildesheim auf der UNESCO-Liste.

Die vier Erstgenannten sind alle Hafenstädte, doch nur Stralsund und Wismar haben Seehäfen unmittelbar am Meer. Beide konnten in ihrem »Welterbeantrag« auf die Authentizität ihrer Stadt- und Hafengestalt pochen. In Stralsund »betont [...] die einzigartige Insellage zwischen dem Strelasund und den im 13. Jahrhundert aufgestauten Teichen den mittelalterlich geprägten Stadtkörper, der in der unverwechselbaren Silhouette zur Geltung kommt«.

Es ist ein Erlebnis der ganz besonderen Art, in Stralsunds Altstadt unterwegs zu sein – vor allem für Besucher aus den alten Bundesländern. Weil die DDR keinen Wirtschaftsboom zuwege brachte, wurden viel weniger dominante Bürotürme und Kaufhauszentren in die Altstadtkerne gesetzt als in Westdeutschland. Nicht in allen Straßen ist das Pflaster unter dem Asphalt verschwunden. Altstadtambiente ist selbst dort noch gegenwärtig, wo die Bomben des Zweiten Weltkriegs viel zerstört hatten, wie – im Oktober 1944 – in Stralsund.

Der DDR-Staat setzte seine monotonen Plattenbaukomplexe an die Stadtränder, sanierte an Stralsunds Marktplatz das Rathaus, dazu das Johannis- und das Katharinenkloster, hatte aber dann nicht einmal mehr die Mittel, notwendigste Reparaturen an der historischen Wohnbausubstanz zu finanzieren.

Die verkam – und was der Besucher heute sieht, ist das Ergebnis von Rettungssanierungen in letzter Minute und in großem Stil nach der Wiedervereinigung. Seit 2002 gibt der Welterbestatus einen starken Impuls zur Erhaltung und Erneuerung. Eine enorme Arbeit des Aufbauens, Renovierens und Restaurierens ist geleistet worden.

Noch 1992 – so ist es für Stralsunds Altstadt dokumentiert – waren von rund 1000 Gebäuden 80 Prozent nicht nutzbar oder schwer beschädigt. Für die Erhaltung historischer Bausubstanz engagiert sich neben der Stadterneuerungsgesellschaft auch das Bürgerkomitee »Rettet die Altstadt von Stralsund«. Es sammelt Spenden und berät Bauherren. Noch immer sind mehr als hundert Häuser zu restaurieren und rund 60 Baulücken auszufüllen.

Wind von der Ostsee umweht die Spaziergänger zwischen den alten Mauern, zwischen all der zurückgewonnenen Schönheit von Stufengiebeln und Arkaden, individuell gestalteten Hauseingängen und Schaufronten. Geschichte lebt fort im Muster des Straßennetzes und in der Backsteingotik der mächtig aufragenden Kirchen, die bis heute die Stadtsilhouette prägen. Sie sprechen von mittelalterlicher Frömmigkeit, aber auch von der politischen und wirtschaftlichen Kraft der Städte, deren Bürger sich solche Großkirchen leisteten – in einer Region, die noch im 12. Jahrhundert überall

MEERESMUSEUM – EINS, ZWEI, DREI UND MEHR

Den verheißungsvollen Namen *Deutsches Meeresmuseum* trägt nur eines der maritimen Museen Stralsunds, traditionsreich am Katharinenberg 14 gelegen. Das größte Meeresschildkrötenbecken findet man da. Dauerausstellungen zeigen Bewohner tropischer Meere, vor allem aber die Meeresbiologie (Unterwasserfauna und -flora) sowie das Fischereiwesen. Doch damit noch lange nicht genug: Zum *Meeresmuseum* gehören auch das *Natureum* und das *Nautineum.* Das *Natureum* im Nationalpark Vorpommersche Boddenlandschaft führt in die Vielfalt der Darss-Lebenswelten ein, das *Natureum* auf der kleinen Insel Dänhoöm präsentiert auf seinem Freigelände Fischereifahrzeuge und Fischereischiffbau.

Als jüngstes und größtes maritimes Schauerlebnis ist jedoch das *Ozeaneum* einen Stralsundbesuch wert. In Fußgängernähe zu Markt und Rathaus ist es mit seinen weißen Rundfassaden – wie halb geöffnete Mega-Manschetten! – ein starker Blickfang (Bau: Behnisch-Architekten). Die Unterwasserwelt der nördlichen Meere ist hier das Hauptthema. Und wer hat den Meeresbewohnern schon vor einem Aquarium mit neun Meter hohen und 30 Zentimeter dicken Glaswandungen zugeschaut?

Stadtrundgang durch Stralsund

Der schönste Rundgang bringt in Stralsund das Doppelerlebnis von Altstadtgassen und Meeresküste am Strelasund – gesteigert noch durch die Teiche rund um die Altstadt, wo sie nicht ans Meer grenzt. Dieser einstige Schutzgürtel – auch Stadtmauerreste überdauern noch – ist jetzt eine Abfolge von Spazierwegen, nur teils vom Straßenverkehr beeinträchtigt. Der Altstadtrundgang kann am *Knieperteich* beginnen, zwischen Bahnhof und Meer. Die *Heilgeiststraße* ostwärts und dann nach links gewendet zum Alten Markt: zur stolzen Mitte der Stadt. Architektur vom Feinsten zeigt die luftige Schmuckfassade des *Rathauses* (13. Jh.), mit schönen Giebeln wie am *Wulflamhaus* gegenüber wetteiferten die Bauherrn. Das *Commandantenhaus* samt Wappen erinnert an die Schwedenzeit. Weiter: zum Hafen hinunter, das neue *Ozeaneum* bestaunen! Süd- und wieder westwärts geht es danach an vielen Giebelhäusern entlang (mehrere in der Frankenstraße, interessant Nr. 9, das Haus der Schiffercompagnie, mit Ausstellung). Abstecher zu Ecke Papen-/Filterstraße: das restaurierte Haus des Scharfrichters. Im Westteil der Altstadt warten noch die *Marienkirche*, das *Deutsche Meeresmuseum* und das *Kulturhistorische Museum*. Ein stiller Winkel blieb um das *Johanniskloster* – und von dort mag's zum Alten Markt zurück oder ans Meer gehen.

Bauernland gewesen war. Stralsund erhielt 1234 das Stadtrecht. Noch im gleichen und im folgenden Jahrhundert entstanden die Nikolaikirche, die Marienkirche, die Jakobikirche, das Franziskanerkloster, das Heiliggeistspital und das prunkvolle, backsteinrote Rathaus mit seiner kunstvoll durchbrochenen Fassade, die sich in Kreisen und Spitzbögen gen Himmel und Wolken öffnet.

Spiegel europäischer Geschichte

Anno 2004 feierten die Stralsunder am Alten Markt unter Trompetenklang den Abschluss langjähriger Sanierung und Stabilisierung ihres Rathauses. In mehr als einem halben Jahrtausend hatte sich ein Pfeiler gesenkt, Anker waren gerostet. Nach einer 30 Meter langen Bohrung quer durch das Gebäude gibt jetzt ein Stahlkorsett mit neuen Stahlankern dem Ganzen wieder inneren Halt.

Stralsund war früh ein Ort von europäischer Bedeutung, wurde schon im Jahr 1370 für die Friedensverhandlungen mit Dänemark ausgewählt, einem damals mächtigen Staat, der im Krieg mit der Hanse dennoch unterlag. Und heute – welche Stadt hat drei Museen der Meereskunde und Seefahrt?

Rund 200 Jahre hatte das Königreich Schweden Stralsund annektiert – Zeugnis jener Zeit ist das »Commandantenhus« am Alten Markt. Die DDR nutzte es als »Haus der Armee«, heute findet man ein Restaurant vor.

Oben: Schön breitet sich das Rot der Altstadtdächer vor dem Blau der Ostsee, wenn man den Turm der Marienkirche an einem hellen Tag ersteigt. **Rechts:** Gotik und Klassizismus am Alten Markt. **Unten links:** Die prächtig restaurierte mittelalterliche Jakobikirche wird heute ganzjährig als »Kulturkirche« genutzt, eine Studiobühne wird mit Erdwärme geheizt. **Unten Mitte:** Schöner Blick in die Halle der Nikolaikirche, der ältesten der drei Stralsunder Pfarrkirchen. **Unten rechts:** Elegant, fast zierlich wirkt die Schmuckfassade am Rathaus.

DIE SCHWEDENSTRASSE

17 Schwedisch-deutsche Geschichte 1630–1815

Wie es in alten Geschichtsbüchern nach Berichten über erfolgreiche Feldzüge heißt: Die Sieger »erwarben« ein Stück des besiegten Landes und ließen sich dann gern auch noch die Kriegskosten bezahlen. Schweden war am Ende des Dreißigjährigen Krieges neben Frankreich die stärkste Militärmacht in Europa. Im Zuge des Westfälischen Friedens »erwarb« Königin Christine bzw. der schwedische Reichskanzler Axel Oxenstierna (1583–1654) Vorpommern und Rügen mit den Odermündungen, Wismar sowie die Bistümer Bremen und Verden mit den Mündungen von Elbe und Weser. »Ungeheure Beute«, heißt es, hat den schwedischen Adel damals reich gemacht.

350 Jahre später, zur Jahrtausendwende, war es die schwedische Botschaft in Berlin, die mit dem Projekt »Schwedenstraße« eine neue Nähe zwischen den einst schwedisch okkupierten nordöstlichen Regionen Deutschlands und Schweden pflegen wollte. Attraktive Ferienstraßen kann es gar nicht genug geben, da sind sich auch auf der deutschen Seite nahezu alle am Tourismus Interessierten einig. Ohne aus Mecklenburg-Vorpommern nun gleich ein Stück Südschweden zu machen, zählt eine deutsch-schwedische Arbeitsgruppe von Kulturhistorikern die Bauten, die Plätze und die musealen Schätze zusammen, die an die Schwedenzeit erinnern. Beispielsweise das rote Renaissance-Schloss Spycker auf Rügen, das Carl Gustav Wrangel, dem Feldmarschall der schwedischen Armeen, geschenkt wurde. Oder das schön restaurierte »Commandantenhaus« am Alten Markt in Stralsund. Oder auch, schon außerhalb der damals von Schweden okkupierten Zone, bei Großbeeren südwestlich von Berlin das Gelände, auf dem schwedische Truppen 1813 die Armeen Napoleons überwanden und damit zum entscheidenden Sieg der gegen Napoleon verbündeten Heere in der Völkerschlacht bei Leipzig beitrugen.

Nachbildungen der »Schwedenköpfe«, die vor mehr als 300 Jahren als Poller vor Hafeneinfahrten auf mächtigen Holzpfählen montiert waren.

Die Schwedenstraße, insgesamt rund 700 Kilometer lang, ist in drei Routen zu befahren: Die Küstenroute beginnt südwestlich von Wismar bei Gadebusch und führt bis nach Usedom an die polnische Grenze. Die Ostroute soll von Sassnitz auf der Insel Rügen über Stralsund, Greifswald und Prenzlau bis Großbeeren reichen – also über das einst schwedisch okkupierte Vorpommern hinaus ins Brandenburgische. Die ebenso weit südlich ausgelegte Westroute schließlich teilt sich ihren Ausgangspunkt mit der Küstenroute und führt

Links oben: Der Friedensschwur von Münster besiegelte den Westfälischen Frieden 1648; Gemälde von Gerard Ter Borch. **Links unten:** Grabmal von König Albrecht III., König von Schweden und Herzog von Mecklenburg (1379–1412) und seiner Frau Richardes im Doberaner Münster. **Rechts unten:** Schloss Spyker auf Rügen. **Rechts Mitte:** Carl Gustav von Wrangel, Schwedischer Generalgouverneur und pommerscher Fürst von 1648 bis 1676. **Rechts ganz unten:** Schwedenfest in Wismar.

von Gadebusch über Wittstock und Fehrbellin schließlich nach Großbeeren.

Also wundern Sie sich nicht, wenn Sie sich in vorweihnachtlicher Zeit in Vorderpommern, etwa in Prerow, unversehens inmitten eines schwedischen Lucia-Festes wiederfinden und einer von Lichtern geschmückten Lucia-Braut begegnen. Es könnten rund um den Erdball noch auf vielen Straßen mit den Namen ehemaliger Feinde gemeinsam Feste gefeiert werden.

ROUTE 2 Deutschlands Mitte

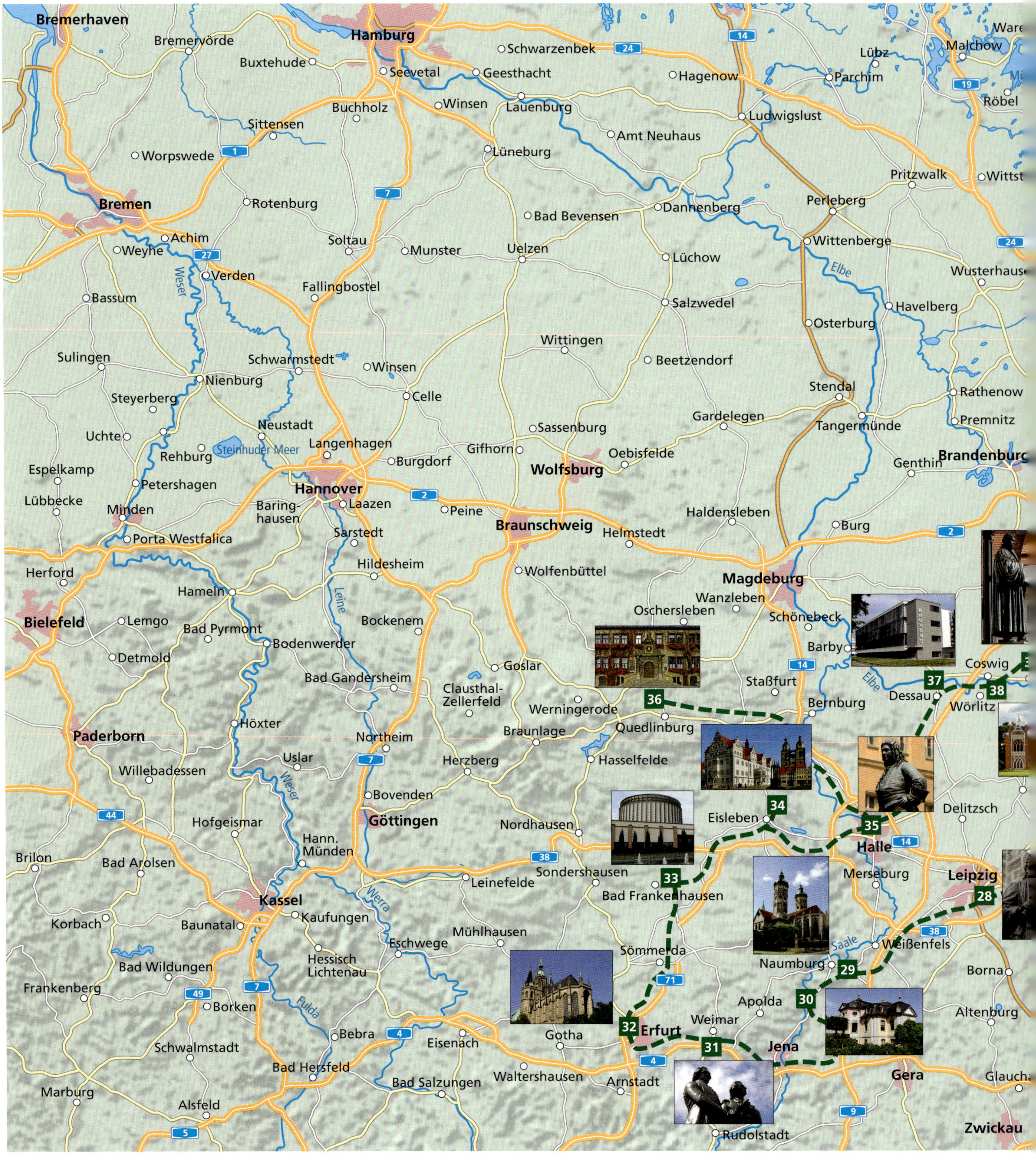

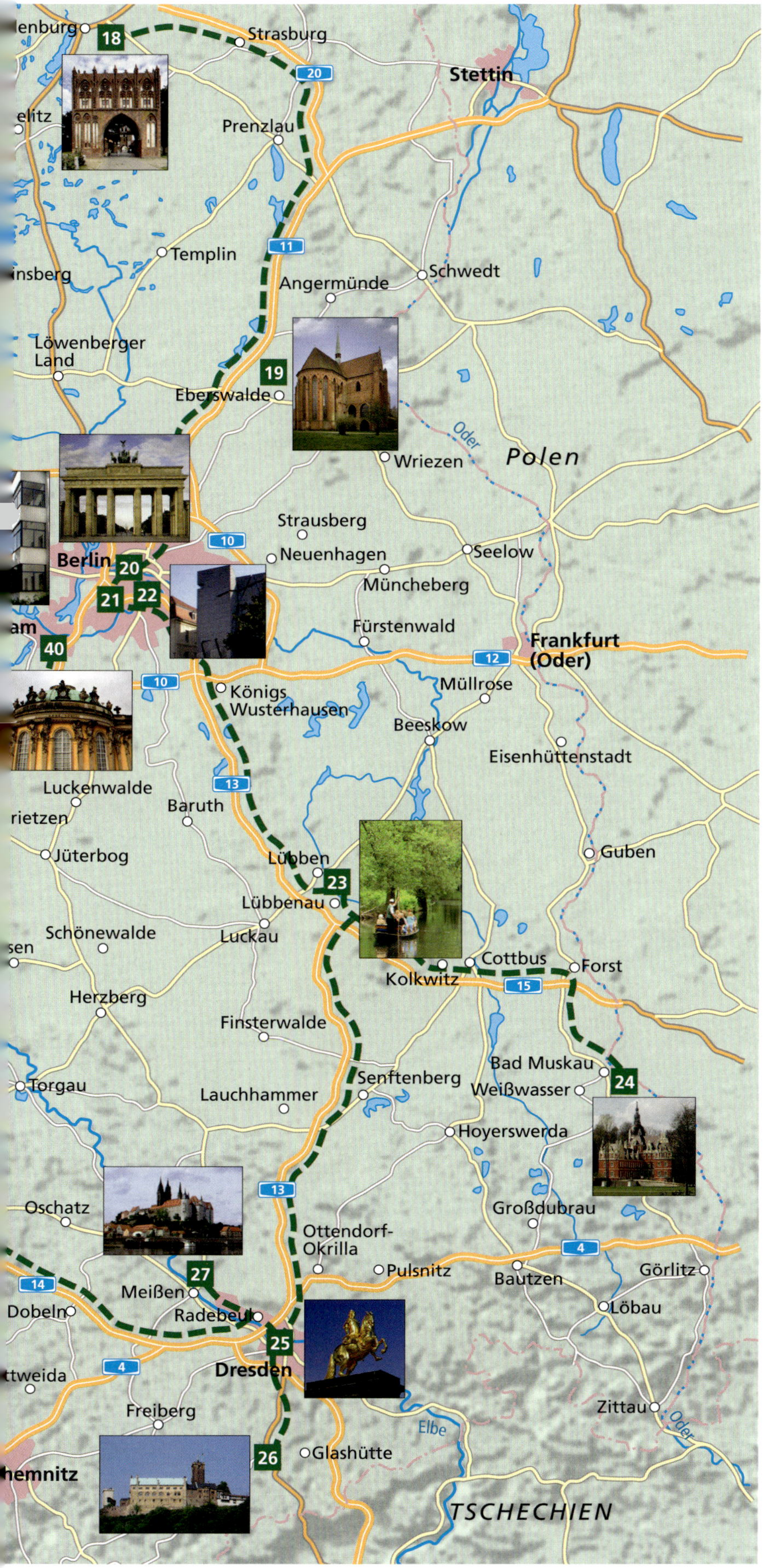

18 Wechselvolles Neubrandenburg 44

19 Das Kloster Chorin 45

20 Berlins Museumsmitte 46

21 Berlins Wohnreformer 49

22 Berlin – das Jüdische Museum 51

23 Unterwegs im Spreewald 52

24 Im Pückler-Muskau-Park 53

25 Barockjuwel Dresden 54

26 Die Wartburg und ihre Besucher 56

27 Die Porzellanstadt Meißen 57

28 Leipzig – Handelsplatz und Musikstadt 58

29 Der Naumburger Dom 60

30 Die Dornburger Schlösser 61

31 Weimar, Damen und Dichter 62

32 Erfurts Domberg und Bürgerstadt 65

33 Bad Frankenhausen 68

34 Die Lutherstadt Eisleben 69

35 Halle an der Saale 70

36 Die Königsresidenz Quedlinburg 71

37 Das Bauhaus in Dessau und Weimar 73

38 Das Wörlitzer Gartenglück 75

39 Wittenberg: Luther überall 76

40 Potsdams preußisches Arkadien 77

41 Die Straße der Romanik 80

WECHSELVOLLES NEUBRANDENBURG

18 Die Stadt der vier Tore

Das Mittelalter gibt der Stadt bis heute ihren Rahmen. Schon seit dem frühen 14. Jahrhundert umschließen steinerne Wehranlagen das historische Zentrum von

Neubrandenburg, dessen Gründung Markgraf Johann I. von Brandenburg am 4. Januar 1248 verfügt hatte. Die Stadtmauer mit den markanten vier Toren blieb über die Zeiten nahezu vollständig erhalten. Doch trotz der imposanten Befestigungen brachte die wechselvolle Stadtgeschichte den Einwohnern wiederholt Bedrängnis, Zerstörung und andere Katastrophen.

Der Dreißigjährige Krieg endete hier 1631 nicht nur mit einem grausamen Blutbad unter der Bevölkerung. Er bedeutete für die strukturschwache Region auch den wirtschaftlichen Niedergang. Große Stadtbrände taten 1676 und 1737 ein Übriges. Einen neuen Aufschwung erlebte Neubrandenburg in der zweiten Hälfte des 18. Jahrhunderts als Sommerresidenz des Herzoghauses von Mecklenburg-Strelitz. An das malerische Stadtbild jener Zeit mit Fachwerkhäusern, Stadtschloss und Schauspielhaus erinnert allerdings kaum noch etwas: Die historische Altstadt wurde kurz vor Ende des Zweiten Weltkriegs nahezu vollständig zerstört.

Ab 1952 entstand entlang den alten Straßen und Plätzen ein völlig neues Zentrum, das inzwischen als anschauliches Beispiel für Städtebau in der DDR gilt. Für die jüngste Vergangenheit der drittgrößten Stadt von Mecklenburg-Vorpommern stehen der »Kulturfinger« von 1965 ebenso wie das sanierte Theater, die gotische »Konzertkirche« St. Marien und zahlreiche moderne Neubauten.

Imposanter Rahmen aus Backsteingotik: Das Stargarder Tor aus dem 15. Jahrhundert besteht aus Vortor (**unten**) und Haupttor (**ganz unten links**). Das Treptower Tor (**ganz unten rechts**) ist mit 32 Metern das höchste.

BRIGITTE REIMANN – DIE UNBEQUEME

Bevor Brigitte Reimann 1968 nach Neubrandenburg zog, lebte sie mehrere Jahre in der Neustadt von Hoyerswerda im damaligen DDR-Bezirk Cottbus. Dort stellte sich die 1933 geborene Schriftstellerin den Forderungen nach einer DDR-Literatur über den Arbeitsalltag der Menschen mit leidenschaftlicher Begeisterung. Mit ihrer Sicht auf private und gesellschaftliche Konflikte erwies sie sich dabei immer wieder als genaue und unbequeme Chronistin. In Neubrandenburg arbeitete sie hauptsächlich an *Franziska Linkerhand*. Ihr »erstes und einziges anständiges Buch«, wie sie es nannte, erzählt von einer jungen Architektin, die sich zwischen beruflichem Anspruch und politischen Vorgaben aufreibt. Kurz vor dem Umzug hatte die Autorin eine erste Krebsoperation überstanden. Als sie fünf Jahre später starb, war sie noch keine 40 Jahre alt. *Franziska Linkerhand* erschien erst nach ihrem Tod – zensiert. Seit 1999 gibt es in Neubrandenburg das Brigitte-Reimann-Literaturhaus.

DAS KLOSTER CHORIN

19 Backsteingotik in der Uckermark

Schon von der Ferne erhebt sich das »Gesicht« des von askanischen Markgrafen im Jahr 1273 gegründeten Klosters Chorin über die Ebene: die Westfassade der Klosterkirche, die eines der bedeutendsten Beispiele der norddeutschen Backsteingotik darstellt. Kolossal und wuchtig erhebt sie sich, um zugleich aus der Nähe elegant und filigran zu wirken. Die drei großen Fenster, die Blendrosette und die Giebelaufsätze symbolisieren in ihrer Dreiheit die göttliche Trinität. Neben dem Gebet war es die Aufgabe der Zisterziensermönche, abseits von Siedlungen Klöster zu errichten und damit die Wildnis urbar zu machen. Neben der Missionierung schufen sie so gleichsam auch landwirtschaftliche Musterbetriebe und versorgten die Armen und Kranken. Durch die Bauvorschriften des Ordens verbreiteten sie die moderne gotische Baukunst des französischen Mutterklosters Cîteaux in Europa.

Die Kirche selbst ist eine dreischiffige Basilika mit elf Jochen, Querhaus und einem polygonalem Chor. Das im 17. Jahrhundert eingestürzte Gewölbe wurde durch eine Flachdecke ersetzt; sämtliche Einbauten, die für die Nutzung als Abteikirche notwendig waren – etwa die Chorschranken und die Westempore –, fehlen heute. In ihrer monumentalen Schlichtheit stellt sich so der Raumeindruck dar, wie der Rohbau vielleicht einmal ausgesehen haben mag. Anhand des unterschiedlichen Bodenniveaus kann man die verschiedenen Funktionsbereiche wie etwa den Mönchschor noch gut erkennen; an der Abnutzung der Stufen sind sogar noch die Zugänge durch den Lettner nachvollziehbar. Trotz des Verfalls des Klosters nach der Säkularisierung 1542 ist das Architekturensemble mit Kirche, Kreuzgang und Klosterräumen auch im heutigen, ruinösen Zustand noch sehr eindrucksvoll.

Theodor Fontane schrieb dazu: »Wer hier in der Dämmerstunde des Weges kommt und plötzlich diesen stillen einsamen Prachtbau halb märchenhaft, halb gespenstisch auftauchen sieht, dem ist das Beste zu Teil geworden, das diese Trümmer, die kaum Trümmer sind, ihm bieten können.«

Oben: 700 Jahre alte zisterziensischer Backsteingotik.
Links oben: Halbtaler aus der Zeit Friedrichs des Großen aus dem »Silberschatz von Chorin«.

MUSIK ZWISCHEN GOTISCHEN RUINEN

Wenn man sich heute an einem ruhigen Tag durch das Biosphärenreservat Schorfheide-Chorin der Ruine des Klosters Chorin nähert, kann man vielleicht noch etwas von der »romantischen« Einsamkeit der Gründerzeit des Klosters erahnen. Man kann das Klaustrum besuchen und sich vorstellen, wie es hier wohl zu Zeiten des ehemaligen Klosterbetriebs ausgesehen haben mag. Gänzlich unmöglich ist das hingegen von Juni bis Ende August während des »Choriner Musiksommers«, der seit 1964 alljährlich stattfindet. In den Klosterruinen herrscht dann ein heiteres Treiben mit vielen hochkarätigen Konzerten und noch mehr Zuschauern. Die Klosteranlage und die Kirchenruine bieten dabei ein so einzigartiges wie bezauberndes Ambiente. In den ersten Jahren gab es nur jeweils ein Konzert für die Mitarbeiter des forstwissenschaftlichen Instituts Eberswalde, unter dessen Verwaltung die Klosterruine von 1861 bis 1989 stand. Bis zum Wendejahr 1989 stieg die Anzahl der Konzerte allerdings schon auf 13, und bis zu diesem Zeitpunkt wurden schon mehr als 300 000 Besucher gezählt. 2010 findet die Konzertreihe zum 47. Mal statt, ohne dass jemals ein kompletter Abend wegen schlechten Wetters hätte ausfallen müssen.

BERLINS MUSEUMSMITTE

20

Deutschlands reichste Insel

In einer preußischen Kabinettsorder vom 29. März 1810 verfügte König Friedrich Wilhelm III., »in Berlin eine öffentliche, gut gewählte Kunstsammlung anzulegen«, vis-à-vis dem königlichen Schloss. Dabei blieb es dann nicht: Fünf große Museen wurden erbaut und mit Kunst aus babylonischer Zeit bis zum 20. Jahrhundert gefüllt. Der Zweite Weltkrieg hinterließ 70 Jahre lang Ruinen.

Heute ist die Museumsinsel ein Kunstzentrum ohnegleichen. Von einem »Höhepunkt der Berliner Auferstehungsgeschichte« war die Rede, als das Neue Museum 2009 als Letztes wieder eröffnet wurde.

Auf die Kabinettsorder von 1810 folgten Beschlüsse einer Kommission unter der Leitung Wilhelm von Humboldts. Karl Friedrich Schinkel errichtete das Museum am Lustgarten, längst wird es das Alte Museum genannt. Dieser erste Berliner Museumsbau ist eines der besten Beispiele des europäischen Klassizismus.

Als Gründungsjahr der Museumsinsel gilt 1841. Friedrich Wilhelm IV. bestimmte das Inselgelände des Alten Museums und das Terrain nördlich davon zu einem »der Kunst und Altertumswissenschaft geweihten Bezirk«.

Nach den Plänen des enorm produktiven Schinkel-Schülers Friedrich August Stüler entstanden das Neue Museum für Ägyptische Kunst und gleich nebenan die Alte Nationalgalerie. Zu Ehren von Friedrich Wilhelm IV., der nach einem Schlaganfall geisteskrank gestorben war, platzierte man sein imposantes Reiterstandbild über der Freitreppe.

Einen Hauch von Venedig spürt manch einer um den mächtigen neubarocken Bau des Kaiser-Friedrich-Museums (später: Bode-Museum), dank der unmittelbar aus dem Wasser steigenden Außenfronten. Den Bau, der auch religiöse Kunst zeigen sollte, verzögerte Bismarcks Kulturkampf gegen die katholische Kirche (Architekten: Ernst von Ihne und Max Hasak, Bauzeit 1897–1904).

Alle anderen Museen auf der Spreeinsel waren bereits gebaut, als Wilhelm Bode, 1905 zum Generaldirektor der Berliner Museen ernannt, das künftige Pergamonmuseum in Auftrag gab (Architekt: Alfred Messel). Wegen des Ersten Weltkriegs konnte das Pergamonmuseum erst 1930 eröffnet werden.

Der Stararchitekt Norman Foster gab den Berlinern nach, entwarf die hausgroße Kuppel auf dem Dach des Reichstags – und schuf sie mit ihren Spiralrampen so attraktiv, dass Jahr um Jahr Tausende zum Rundblick hinaufdrängen.

KARL FRIEDRICH SCHINKEL UND BERLINS KLASSIK

Schon als Kind erlebte er Bautätigkeit: Seine Geburtsstadt Neuruppin erstand nach einer Brandkatastrophe vollständig neu. In Berlin studierte er Architektur, war Freund des jungen Architekten Gilly. Er gewann einen Ruf als Landschafts- und Architekturmaler, entwarf zahlreiche Bühnenbilder – berühmt geworden ist beispielsweise das zu Mozarts *Zauberflöte*. Als Professor der Bauakademie und Mitglied der Oberbaudeputation schuf er repräsentative Bauten in ganz Preußen vom Rheinland bis Königsberg und auch im Ausland. Schinkels Klassizismus bleibt ein Höhepunkt der europäischen Baukunst, klar und zugleich zweckmäßig. Schon 1816 entstand nach seinen Plänen das Alte Museum, es folgten das Schauspielhaus am Gendarmenmarkt, Schloss Charlottenhof und die Nikolaikirche in Potsdam, die Berliner Bauakademie, die Friedrichwerdersche Kirche, die Neue Wache, auch Wohnhäuser und Zweckbauten. Daneben wurde Schinkel (1781 bis 1841) stilbildend in seiner Vorbildsammlung für Fabrikanten und Handwerker. Die »Schinkel-Schule« wirkt bis in die Moderne fort.

Links: Berlin in seiner historischen Mitte – links das Brandenburger Tor, geschaffen von Carl Gotthard Langhans (1732–1808), das zum Symbol Berlins wurde. **Ganz unten links:** Die Statue der ägyptischen Königin Nofretete, Gattin Echnatons, über 3000 Jahre alt, Inbegriff der Berliner Museumskultur. **Ganz unten Mitte:** Der Gendarmenmarkt, unter den zahllosen Plätzen Berlins vielleicht der schönste. **Ganz unten rechts:** Im Pergamonmuseum, Ishtar-Altar. **Unten:** Im Alten Museum (1822–30), Schinkels wegweisendem Klassizismus am Lustgarten.

Dieser fünfte Bau wurde der größte. Der Pergamonaltar – nach dem antiken Namen der Stadt Bergama nahe der türkischen Ägäisküste – ist das Herz des Pergamonmuseums, und dieses wiederum ist das Herzstück der Museumsinsel.

Zukünftige Konturen zeichnen sich ab

Nach dem Zweiten Weltkrieg rettete die finanziell meist klamme DDR nur Schinkels ausgebranntes Altes Museum. Brutal war die Berliner Museumsszene durch die Mauer zerrissen. Erst nach der Wiedervereinigung von BRD und DDR konnte die Restaurierung der Schatzhäuser in Angriff genommen werden.

Was der Louvre für Paris und Frankreich bedeutet, ist die Museumsinsel an der Spree für Berlin und Deutschland: Sie ist UNESCO-Weltkulturerbe und für Millionen von Menschen weltweit ein Wunschort.

Im zweiten Jahrzehnt nach dem Fall der Mauer zeichnen sich die Konturen der Zukunft ab. Der »Master-

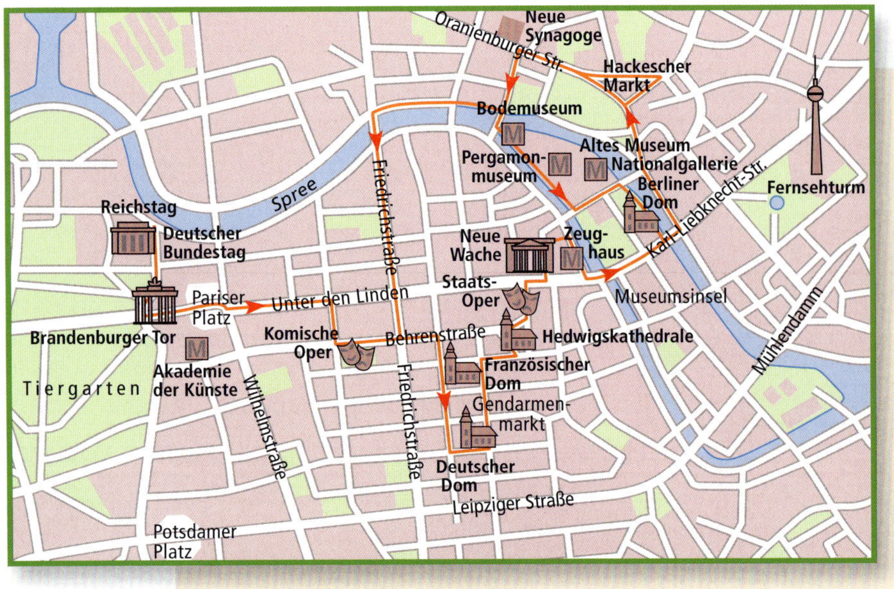

Stadtspaziergang durch Berlin – Vom Brandenburger Tor zur Museumsinsel

Ein Tag wird kaum reichen, wenn man in Berlin Mitte unterwegs ist. Start am *Brandenburger Tor* (S-Bahn Unter den Linden, Westausgang, oder Bus): sich umschauen auf dem fast autofreien *Pariser Platz* mit US-, französischer und anderen Botschaften, Liebermann-Haus und Kunstakademie. Oder gleich ein Abstecher hinauf zur opulenten *Kuppel des Reichstags,* wegen des Überblicks? Früh am Tage ist der Andrang nicht so groß, sind Wartezeiten kürzer. *Unter den Linden* ostwärts: Botschaften, schicke Läden – und in der Mitte schattige Promenade! Abzweig rechts in die Friedrichstraße, links zur *Komischen Oper* an der Behrenstraße und wieder rechts die Charlottenstraße zum *Gendarmenmarkt* – festlich mit den beiden Domen (deutscher und französischer), dazwischen das *Konzerthaus* (ehemals Schauspielhaus), das dominante Schillerdenkmal und seitab das Denkmal für E. T. A. Hoffmann mit einem Schlänglein.

Wieder Unter den Linden sieht man noch mehr preußische Repräsentativarchitektur, um das Forum Fridericianum: *Hedwigskathedrale* und *Deutsche Staatsoper,* gegenüber die *Humboldt-Universität* und das *Zeughaus,* jetzt Deutsches Historisches Museum.

Jenseits der *Schlossbrücke* (von Schinkel, 1824) wartet rechts der Schlossplatz auf den Wiederaufbau, links imponiert das Ensemble des Lustgartens: der *Berliner Dom* und Schinkels *Altes Museum.* Dahinter an der Spree reihen sich die vier anderen Museen der *Museumsinsel* aneinander.

Berlin Mitte erstreckt sich bis zum Prenzlauer Berg auf der Karl-Liebknecht-Straße, um die gotische Marienkirche und den Fernsehturm befinden sich Warenhäuser, an der Südseite schließen sich das Rote Rathaus und das Nikolaiviertel an.

Alternative: von der Museumsinsel hinüber zum Hackeschen Markt, zur Sophienstraße und zur Synagoge an der Oranienburger Straße – Berlin zur Gründerzeit! Zurück zu Unter den Linden über Tucholsky- und Friedrichstraße.

plan« zielt auf eine neue Gemeinsamkeit aller fünf Häuser. Künftig will man große, zeitlos bewegende Themen kulturübergreifend darstellen: vom Selbstverständnis des Menschen zwischen Geburt und Tod bis zu den Vorstellungen von Chaos und Kosmos. Als Führungslinie wird eine »Archäologische Promenade« von Museum zu Museum dienlich sein.

Auch dem Neubau des Stadtschlosses wird eine museale Hauptrolle zukommen. Peter Klaus Schuster, Generaldirektor der Staatlichen Museen in Berlin, bestätigte schon bald nach der Jahrtausendwende: »Die europäische Kunst bis 1900 hat ihren Platz auf der Museumsinsel. Das Ziel bleibt der Dialog der europäischen Kunst auf der Museumsinsel mit der außereuropäischen Kunst auf dem Schlossplatz.«

Die letzte Ruine auf der Museumsinsel, das Neue Museum, ist 2009 von dem Briten David Chipperfield wieder in ein lebendig-spannungsvolles Museum verwandelt worden. Kontraste gehören dazu: die nüchterne Treppenpassage, die gerettete Wandmalerei.

BERLINS WOHNREFORMER

21

Großsiedlungen als Welterbestätten

Mit ihren »Siedlungen der Berliner Moderne« gewann 2009 die Spree-Metropole als Erste die Welterbe-Auszeichnung der UNESCO für Städtebau im ersten Drittel des 20. Jahrhunderts.

Dem Mietskasernenelend und der Enge der wilhelminischen Hinterhofwohnungen setzte Berlins Stadtverwaltung nach dem Ende von Weltkrieg und Kaiserreich das neue Konzept sozialen Wohnungsbaus entgegen. Jene sechs Großsiedlungen entstanden, die nun Welterbestatus erhielten:

- die Gartenstadt Falkenberg;
- die Wohnstadt Carl Legien im Bezirk Prenzlauer Berg;
- die Ringsiedlung in Siemensstadt;
- die Hufeisensiedlung in Britz;
- die Siedlung Schillerpark in Wedding;
- die Weiße Stadt.

Es waren die führenden Architekten der Epoche, die für Licht und Luft, für Spiel- und Freiräume, für

durchgrünte Flächen und aufgelockerte Wohnquartiere, für Farbe an den Fassaden und abwechslungsreiche Gestaltung sorgten. In der »Großsiedlung Britz« lobt man noch heute, wie Bruno Taut die um einige Jahre ältere Gartenstadtidee mit dem großräumig prä-

Neuentdeckung der Farbigkeit: »Tuschkastensiedlung« hat man Bruno Tauts Reihenhäuser der Gartenstadt Falkenberg (1913–16) genannt.

genden Konzept der Hufeisenanlage um ein Parkgelände zu verschmelzen verstand.

Erst seit 1925 hatte Berlin seine Reformbauordnung. Binnen sieben Jahren wurden rund 140 000 Wohnungen gebaut. Es waren Wohnungen mit Toiletten, Bädern, Zentralheizungen, Balkons und Loggien, vor 1918 in Berlins Arbeitervierteln alles Seltenheiten ...

Neben Bruno Taut (1880–1938) waren Walter Gropius (1883–1969) und Hans Scharoun (1893–1972), auch Hugo Häring (1882–1958), Otto Rudolf Salvisberg (1882–1940) und Otto Bartning (1883–1959) die führenden Architekten – Berlins Stadtbaurat Martin Wagner organisierte mit ihnen noch den Bau der Weißen Stadt in Reinickendorf und der Siedlung Siemensstadt in Charlottenburg und Spandau.

All das brach ab, als 1931 nach der Notverordnung der Regierung Brüning die staatlichen Fördermittel ausblieben. Hitler ließ Autobahnen und Waffen bauen.

ARCHITEKT DER FARBEN – BRUNO TAUT

»Wir müssen immer das Unerreichbare kennen und wollen, wenn das Erreichbare gelingen soll«, war sein Bekenntnis, wie das Bestmögliche zu schaffen sei. Der gebürtige Königsberger Bruno Taut war gerade 34 Jahre, als er 1914 den gläsernen Kuppelbau für eine Ausstellung des Deutschen Werkbundes entwarf und damit weithin Aufmerksamkeit gewann. Viel weiter griff nach dem Kriegsende 1918 Tauts Vision der *Alpinen Architektur* aus, eine religiös gesteigerte Utopie aus Natur und Architektur, die mit Form, Licht und Farbe die Menschheit zu innerem und äußerem Frieden führt. Diesem »Unerreichbaren« setzte Bruno Taut gemeinsam mit anderen Architekten in den 1920er-Jahren das »Erreichbare« entgegen, die Gestaltung der neuen Berliner Wohnviertel. Das erste Werk war schon 1913 die Gartenstadt Falkenberg, so farbig entworfen, dass Kritiker über die *Kolonie Tuschkasten* spotteten. Zum Wahrzeichen des Berliner Siedlungsbaus wurde Tauts Hauptwerk: die gartengrüne Großsiedlung Britz in Neukölln, im Südosten der Hauptstadt.

Hunderttausend Hinterhofbewohner

Keiner hat die Berliner Hinterhofmisere zu Kaisers Zeiten so drastisch und komisch – traurig-komisch! – gezeichnet und beschrieben wie »Vater Zille«. Heinrich Zille (1858–1929) ergriff Partei für die Armen, die in ihrer düsteren Hinterhofenge eher vegetierten als lebten. Im Norden und Osten hatte sich die Residenzstadt Berlin eine Industrielandschaft zugelegt. Der Bedarf an Arbeitskräften war enorm. Um 1820 zählte Berlin rund 200 000 Einwohner, um 1850 schon doppelt so viele.

Die Zuwanderung bis 1880 steigerte die Einwohnerzahl auf 1,1 Millionen Einwohner. Die folgende Dekade stellte alle früheren in den Schatten, mit 500 000 Zuwanderern: 1890 zählte man fast 1,6 Millionen Einwohner. Der Wiener Historiker Friedrich Heer hat in seinem Buch *Europa unser* von der »alten Wohnungsnot« gesprochen, zu der nach »1918 noch das ungeheure Elend der Nachkriegsjahre gehörte«, und von dem Volk, »das sich abrappelt und abstrappelt, um zum Arbeitsplatz zurechtzukommen zur rechten Zeit: Dieses Volk von Berlin, bewaffnet mit seinen Butterstullen und seinen Sorgen, lebte in Mietskasernen mit drei bis sechs Hinterhöfen, in denen Zille-Kinder und Kollwitz-Kinder mit großen Augen auf den Fremden schauen«. Erst das Jahr 1925 wurde in Berlin zum architektonischen Wendedatum, gab dem neuen Bauen Raum.

Mit den Siedlungen »Schillerpark« erwacht die Moderne (**unten**), der Hufeisensiedlung Britz (**ganz unten und rechts unten**), »Onkel Toms Hütte« in Zehlendorf (**rechts oben**) und Falkenberg (**rechts Mitte**).

BERLIN – DAS JÜDISCHE MUSEUM

22 Ein Haus voll Schmerz und Stolz

Ungefüge, halb Speicher, halb Festung ragt der Block in der Lindenstraße südlich vom Hochhaus des Springer-Konzerns auf. Eine metallische Hülle aus Zink ummantelt das Gebäude, lässt fast keine Fenster, zumeist nur schmale Sehschlitze zu, auch keinen direkten Eingang von der Straße her. Besucher müssen sich in das angrenzende stattliche Barockgebäude begeben, das einst dem preußischen Reichskammergericht gehörte. In den Nachkriegsjahrzehnten bis zur Übernahme des Gebäudes in den 2001 eröffneten Komplex des Jüdischen Museums lud hier das sehr beliebte »Berlin-Museum« zum Rundgang durch die Stadtgeschichte. Heute gelangt der Besucher durch die Sicherheitsschranke und einen langen Kunstlichtflur in einen eigenwilligst entworfenen Museumsbau.

Der Architekt Daniel Libeskind sieht Architektur als eine Sprache, als eigene Form der Mitteilung. Geboren 1946 in Polen, aufgewachsen in Israel und den USA, US-Bürger, fand er sich von den Katastrophen der Judenverfolgung und des Holocaust stark

Das Jüdische Museum, fast fensterlos festungsartig gestaltet von Daniel Libeskind. Einbezogen: das »Berlin-Museum« im ehemaligen Reichskammergericht.

geprägt. Das Jüdische Museum bringt die Besucher dazu, an dieser grausamen Erfahrung teilzuhaben. Und das nicht nur mit den Exponaten, sondern mit dem Gebäude selbst, voran mit der Zickzacklinie des Gebäudegrundrisses, der oft mit einem Blitzstrahl verglichen worden ist. Auch mit den kellerartigen Dunkelführungen schwarz ausgeschlagener Säle. Die Besucher werden in die Tiefe gewiesen und haben dann zum Eintritt in die Dauerausstellung zwei Stockwerke zu ersteigen. Dort finden sie, immer unter künstlichem Licht, jüdisches Leben und Wirken in der Kultur und in der Familie dargestellt (»2000 Jahre deutsch-jüdische Kultur und Geschichte«). Ausgänge aus dem Hauptbau führen zum »Garten des Exils« und zum »Holocaust-Turm« – einem Leerraumsymbol für den Verlust an Humanität und Kultur. Barrierefrei. Lindenstraße 9–14, www.juedisches-museum-berlin.de.

NEUE SYNAGOGE – HALB WIEDERHERGESTELLT

Schräg gegenüber wohnte einige Jahre Alexander von Humboldt, das Kunsthaus Tacheles trumpft am Nordende der Oranienburger Straße auf, die Hackeschen Höfe sind nah, das üppig neogotische kaiserliche Postfuhramt gleich nebenan – und doch dominiert die Neue Synagoge die Szene. Das macht die üppig mit Gold gezierte Hauptkuppel mit ihren gleichfalls gekuppelten Pavillontürmen. Im Abenddämmer angestrahlt, wirkt der teils neoromanisch, teils orientalisch entworfene Bau gerade so, wie es sich die jüdische Gemeinde Berlins zur Einweihung 1866 wünschte: als Zeugnis für die Gleichberechtigung der jüdischen Bürger, als größte und schönste Synagoge Deutschlands (Entwurf Eduard Knoblauch, Ausführung Friedrich August Stühler).
NS-Randale und Bombenkrieg zerstörten viel, die DDR-Regierung ließ 1958 Teile der Ruine wegsprengen. Nach dem Fall der Mauer wurde der vordere Gebäudeteil wiederhergestellt, für Ausstellungen, für das kulturelle »Zentrum Judaicum«, für eine kleine Gebetshalle im Obergeschoss. »Ein Bau des Erinnerns ist es«, sagt der Führer: Erinnern an die Menschen, die vor 150 Jahren stolz diesen Bau schufen, und als Beispiel des Mutes auch an jenen Polizeibeamten Wilhelm Krützfeld, der in der Reichspogromnacht 1938 die Brandstifter aus der Synagoge wies. Oranienberger Straße 29–30, www.cjudaicum.de

UNTERWEGS IM SPREEWALD

23 Wo die Gondeln Gurken tragen

Spreewaldgurken gelten manchen längst als der beste Beitrag des Ostens zur Wiedervereinigung. Dabei ist die Herkunftslandschaft der weithin beliebten Sauerkonserve mindestens ebenso einzigartig wie die knackige Partybeilage. Ihre Güte lobte einst schon Theodor Fontane: Unter den Produkten aus dem Spreewald »stehen die Gurken obenan«, befand der Schriftsteller vor anderthalb Jahrhunderten.

Damals hatte die labyrinthische Flusslandschaft südöstlich von Berlin ihre Entdeckung allerdings erst noch vor sich. Doch Touristen trotzte der Spreewald ebenso wie einer nahezu ununterbrochenen landwirtschaftlichen Nutzung. So blieb zwischen den 300 weit verzweigten Fließen von 970 Kilometern Länge ein beispielloses Refugium für bedrohte Pflanzen und Tiere erhalten, das seit 1991 als Biosphärenreservat der UNESCO einen besonderen Schutz genießt. Von den bisher erfassten 1600 Pflanzenarten steht etwa ein Drittel auf der Roten Liste gefährdeter Arten, darunter die Wassernuss, das Knabenkraut und mehrere Sonnentauarten. Als typische Spreewaldtiere gelten Störche sowie Fischotter, Ringelnatter und Zander. Für die rund 50 000 Menschen in den zumeist kleinen Orten sind Kähne weiterhin das wichtigste Verkehrsmittel. Denn nach wie vor führt der Weg zu einzelnen Siedlungen und Anwesen nur über das Wasser. Und wo die Gondeln Gurken tragen, kommt auch die Post per Boot. Wer dagegen den Spreewald mit dem Fahrrad entdecken will, muss sich nur an die kleinen gelben Schilder mit der lachenden Gurke halten.

Unten links: Mit Gurken und Dill unterwegs zum traditionellen Gurkenmarkt in Lübbenau, der alljährlich Anfang Juli Tausende Besucher anzieht. **Unten Mitte:** Zum lebendigen Brauchtum der Sorben gehören auch die Trachten. **Unten rechts:** Bootsfahrten durch den Spreewald – ein Muss.

LAGUNE IM TASCHENFORMAT

Ganz in der Nähe von Lübbenau kann der Besucher ein nahezu unverändertes Stück Spreewald erleben. Theodor Fontane machte den kleinen Ort Lehde zum berühmten Dorf – als »Lagune im Taschenformat«, wie er 1858 in seinen *Wanderungen durch die Mark Brandenburg* schwärmte: »Man kann nichts Lieblicheres sehen als dieses Lehde, das aus ebenso vielen Inseln besteht als es Häuser hat. Die Spree bildet die große Dorfstraße, darin schmalere Gassen von links und rechts her einmünden.« Daran hat sich über die Zeiten kaum etwas geändert. In dem einstigen Fischerdorf mit etwa 130 Einwohnern gibt seit 1957 ein Freilandmuseum anschauliche Einblicke in das Spreewaldleben von einst und jetzt. Trachten verweisen auf die Sorben oder Wenden, deren Brauchtum mit Osterreiten, Maibaumwerfen und Vogelhochzeit nach wie vor lebendig ist. Seit dem 6. Jahrhundert zwischen Elbe und Oder zu Hause, leben heute zwischen 20 000 und 60 000 Westslawen als anerkannte Minderheit vor allem in der Lausitz mit den charakteristischen zweisprachigen Ortsschildern.

IM PÜCKLER-MUSKAU-PARK

24 Deutsch-polnische Grünpflege

Viele hatten den berühmten Park schon verloren gegeben, war doch die größere Hälfte des Muskauer Parks seit der Anerkennung der Oder-Neiße-Grenze polnisches Staatsgebiet geworden.

Doch der Muskauer Park gilt nicht umsonst als Gartenkunstwerk von Weltrang. Stationen seiner Erneuerung: Treffen von Denkmalpflegern beider Nationen schon vor 1989; Gründung der Stiftung »Fürst-Pückler-Park Bad Muskau« 1993, der Freistaat Sachsen übernahm die Hauptlast der Kosten für die Restaurierung, die Pflege und den Wiederaufbau. 2004: UNESCO-Welterbe-Status. Heute benutzen jährlich über 200 000 Parkbesucher die Doppelbrücke über die Jeannetteninsel, die den deutschen und den polnischen Teil des Parks verbindet.

Furore machte in Deutschland die neue Landschaftsgärtnerei deutlich später als in England. Dort brachen Gutsherren schon um 1780 mit der Barockherrschaft der Heckenschere und den zurechtgestutzten Pyramiden und Kegeln.

DER GÄRTNER AUS LIEBE

Einen »Erdenbändiger« nannte die gescheite Bettina von Arnim den Fürsten nach einem Besuch in Muskau. »Mein Beruf und meine Lust« nannte er selbst die Landschaftsgärtnerei. Vieles gelang ihm, aber als 50-Jähriger musste er mit seiner Frau, die ihm über alle seine fantastischen Eskapaden die Treue hielt, Muskau verkaufen und auf seinen Besitz Branitz bei Cottbus umziehen. Seine Bücher wurden – trotz oder auch gerade wegen ihrer exzentrischen Titel *Briefe eines Verstorbenen, Semilassos vorletzter Weltgang* – Erfolge, vor allem aber, weil die Leser ihn als einen Mann mit Geist und Witz wahrnahmen. Bis nach Afrika und in den Orient führten ihn seine aufwendigen Recherchen. Der große Parkgestalter brillierte nach glaubwürdigen Aussagen auch als Casanova. Doch fand er die Zeit, nach dem Muskauer Park auch den Park von Branitz zu gestalten und außer den eigenen auch noch andere.

Der jugendliche Fürst Hermann Pückler (1785-1871) begann 1815 mit seinem großen, ja riesigen Gartenwerk. Seine ererbte Herrschaft Muskau umfasste 550 Quadratkilometer, 45 Dörfer, eine Mühle, eine Glashütte, eisenverarbeitende Unternehmen, dazu die Wälder und Felder.

Der Fürst wäre froh: Sein Park lebt, das Schloss ist renoviert und die deutsch-polnische Grenze trennt nicht.

Mit einem Finanzaufwand, der den reichen Erben bald in Schulden stürzte, plante der Fürst auf acht Quadratkilometern. Er ließ an der Neiße ein Nebenbett graben, ließ große Bäume umsetzen – das hatte er in England gelernt, keiner der Bäume starb ab – und ein neues Schloss bauen. Die Englandreise hatte ihn zu einem lernwilligen und lernfähigen Enthusiasten der Gartenkunst gemacht.

BAROCKJUWEL DRESDEN

25 Die wiederaufgebaute Altstadt

Ein Kurfürst in Sachsen avanciert zum Kaiser der Künste – das war ein Lebensziel jenes Friedrich August I. (1670–1733), der seit 1694 in seiner Heimatstadt Dresden regierte. August I., den man mit guten Gründen »den Starken« nannte, wollte nach dem Beispiel Venedigs die Elbe zu einem Canal Grande machen – zu einer Wasserpromenade inmitten von Stadt und grüner Landschaft.

Dresden und seine Kunstsammlungen, die Pracht seiner barocken Architektur, seine harmonische Stadtgestalt am Elbfluss sind zu einem Symbol deutscher und europäischer Kulturgeschichte geworden. Dresden wurde als »erste Kunststatt des Nordens« gefeiert – so damals vom Antikenexperten Johann J. Winckelmann. Das »Elbflorenz« wuchs um Zwinger, Hofkirche, Grünes Gewölbe und Brühlsche Terrasse. Daraus wurde nicht viel, aber die »neue Königsstadt« löste das abgebrannte »Altdresden« ab und richtete nördlich der Elbe das nunmehr dauerhafte Zentrum ein.

Als die Sowjets Meisterwerke retteten

In der Nacht vom 13. auf den 14. Februar 1945 zerstörte der Feuersturm des britischen Bombenkriegs das Herzareal Dresdens. Die kostbarsten Kunstschätze waren zwar in ostelbische Depots ausgelagert, beim Rückzug der deutschen Wehrmacht aber unter haarsträubenden Bedingungen an ungeeignete Ausweichorte gebracht worden.

Mehr als 1200 Kunstwerke transportierten sowjetische Spezialisten in die Museen der Sowjetunion. Viele deutsche Kunstfreunde korrigierten ihre Befürchtungen, als die Dresdner Gemälde und auch Bestände anderer Sammlungen zwischen 1955 und 1958 zurückkehrten.

Die Dresdner haben selbst Hand angelegt, um die Schönheit ihrer Stadt wiederherzustellen. Schon für den Wiederaufbau der Semperoper (1977–85). Aus dem Trümmerberg der Frauenkirche ordneten die Bauleute jeden einzelnen Stein den Gebäudeteilen zu. Im September 2005 feierten die Dresdner mit Dresdenfreunden aus aller Welt die neu erstandene Kirche. Nie zuvor hatten die Deutschen mit so vielen Spenden bekundet, wie wichtig ihnen ein Bauwerk ist.

Die Elbauen wurden schon vor rund 70 Jahren unter Landschaftsschutz gestellt. Zum Dresdner Welterbe erhob die UNESCO jenen Kernteil des Dresdner Elbtals, der sich etwa 18 Kilometer zu beiden Seiten des Flusses erstreckt. Wunderbar durchlichtete Gemälde Dresdens in dieser Landschaft schuf Canaletto, der Hofmaler August des Starken.

Nunmehr mussten die Dresdner zur Kenntnis nehmen, dass der Plan der neuen Elbbrücke Dresden auf die Rote Liste der Welterbekommission beförderte. »Die Waldschlösschen-Brücke«, schrieb damals der Architekturkritiker Gottfried Knapp, »würde den berühmten Elbbogen [...] an der empfindlichsten Stelle zerschneiden.«

Leider ließen sich die sächsischen Politiker weder von Bürgerprotesten noch vom Denkmalschutz umstimmen, obwohl diesem schon seit 1976 auch der Umgebungsschutz anvertraut ist. 2009 verlor Dresden seinen Platz auf der Welterbeliste.

C. D. FRIEDRICH – LANDSCHAFTSMALER VON RANG

»Nie war der Ruhm Friedrichs größer als heute.« (Wieland Schmied, 1972) Man nennt ihn den bedeutendsten deutschen Landschaftsmaler der Romantik. Einzigartig ist seine Verbindung gefühlsbetonter Naturbetrachtung mit philosophisch-religiöser Überhöhung. Friedrich wurde 1774 in Greifswald geboren, studierte an der Kunstakademie in Kopenhagen. 1798 kam er nach Dresden. Dort lernte er Ludwig Tieck und andere Dichter der Romantik kennen, heftig diskutiert wurde sein Gemälde *Das Kreuz im Gebirge.* 1801 und in folgenden Jahren besuchte Friedrich die Insel Rügen. 1810 malte und wanderte er im Riesengebirge. 1818 heiratete er, hatte drei Kinder. Eine ordentliche Professur an der Dresdner Akademie blieb ihm versagt, politisch galt er als verdächtig, weil zu liberal-reformerisch, Krankheit und ein Schlaganfall 1835 kosteten Kraft. Von der Öffentlichkeit vergessen, starb Friedrich 1840 (Grab auf dem Dresdener Trinitatisfriedhof). Erst Anfang des 20. Jahrhunderts erkannte man wieder seine Bedeutung.

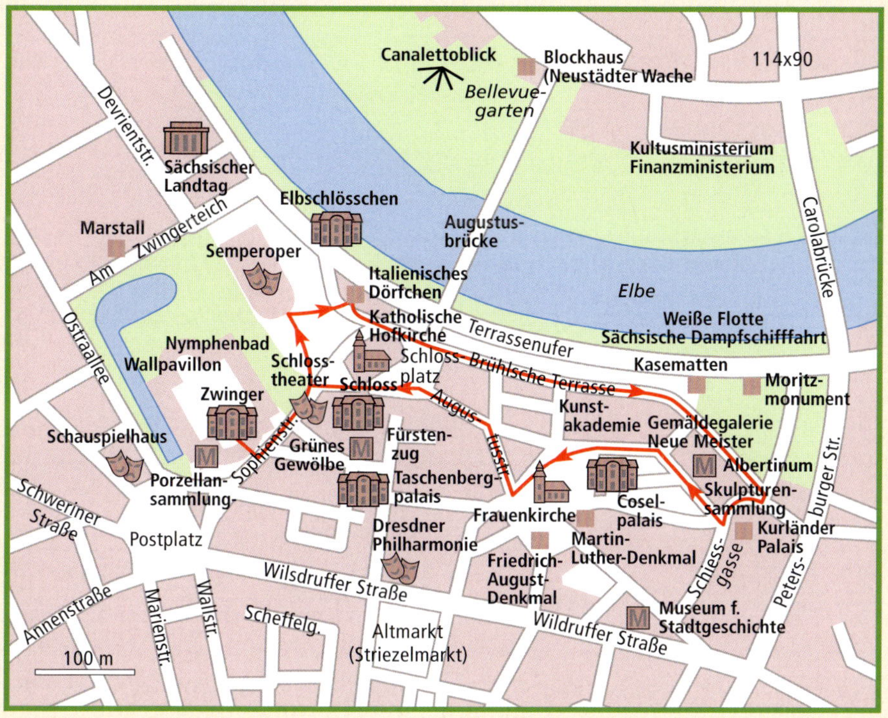

Stadtrundgang durch Dresden

Die *Brühlsche Terrasse* auf den alten Festungswällen über dem Elbufer ist immer noch ein ausgezeichneter Ausblicks- und Orientierungsort. Geschaffen von dem sächsischen Premierminister Heinrich Reichsgraf Brühl (1700–1763), wird die Terrasse von historischen Bauten gerahmt, darunter der Kunstakademie. Noch auf der Terrasse steht auch das *Albertinum* mit der *Gemäldegalerie Neue Meister* und dem einzigartigen *Grünen Gewölbe*. Von dort zu der wiedererstandenen Frauenkirche mit ihrer herrlichen Domkuppel. Vom Barock zur Renaissance, zum ehemaligen Marstall *(Johanneum)* in der *Augustusstraße*, heute Verkehrsmuseum. Vorbei an dem Langen Gang (101 Meter) mit dem ebenso langen Wandfries des Fürstenzugs erreicht man das Residenzschloss, kenntlich schon an seinem Sgraffito-Verputz und mit musealen Ausstellungen versehen! Die nahe Altstädter Wache ist ein Musterstück des Klassizismus, von Karl Friedrich Schinkel. Jetzt ist man auf der so schönen Platzweite über der Elbe angekommen und schaut auf die *Semperoper*, die *Hofkirche* und den *Zwinger*.

Dresden in aller Pracht – mit den Türmen über dem Elbfluss (**unten**), dem barocken Zwinger (**ganz unten**) und der rekonstruierten Silbermannorgel in der Hofkirche (**rechts**).

DIE WARTBURG UND IHRE BESUCHER

26 Luther, Wagner und die heilige Elisabeth

Weltkulturerbe Wartburg

Minnesang und Studentenprotest, Luther als Junker Jörg und Wagners *Tannhäuser* steigen beim Namen »Wartburg« vor dem geistigen Auge auf. 1999 erhielt sie ihren Platz in der Welterbeliste. Die Wartburg, in die der noch nicht 30-jährige Goethe 1777 für gut vier Wochen einzog, erlebte dieser als ein halb verfallenes Gemäuer. Goethe aber ist in seinen Briefen an Frau von Stein voller Begeisterung, er freut sich am Zeichnen und Dichten. Fast zerreißt ihn die Schönheit ursprünglicher Natur: »Diese Wohnung ist das Herrlichste, was ich erlebt habe.«

Ob 1206/07 auf der Wartburg der sogenannte Sängerkrieg stattgefunden hat, bleibt umstritten. Richard Wagner ließ sich inspirieren und konnte 1845 in Dresden seine Oper *Tannhäuser und der Sängerkrieg auf der Wartburg* uraufführen. Historisch gesicherte Wartburgbewohner sind die Hl. Elisabeth (1207–1231) und Martin Luther. Elisabeth, Gattin des Landgrafen Ludwig IV. von Thüringen, folgte dem Beispiel des Hl. Francesco und der Franziskaner in Eisenach: Sie lebte für die Armen. Martin Luthers kahle Burgkammer ist zu besichtigen, in der er unter dem Namen »Junker Jörg« 1521/22 zehn Monate lang vor der Welt versteckt war.

1817 zogen 500 Studenten zur Wartburg hinauf. Der Tag endete mit einem Aufruf zur Freiheit, gegen die Herrschaft der Fürsten, für eine Verfassung und für nationale Einigkeit. Erst 1849 bekam der Architekt Hugo von Ritgen (1811–1889) den Auftrag, die mittelalterliche Gestalt der verfallenden Burg wiederherzustellen, als ein deutsches Nationaldenkmal.

Später schmückten sich sowohl das Hitlerreich als auch die DDR gern mit der Wartburg und vereinnahmten sie für ihre Ideologien. Heute zählt die Wartburg jährlich bis zu einer halben Million Besucher. Die Aura dieses bald tausendjährigen Welterbes überdauert.

KURFÜRST FRIEDRICH DER »WEISE«

Die berühmtesten deutschen Maler seiner Zeit schufen Porträts von ihm, dem sehr stattlichen Mann. Als Kurfürst aus der Familie der Wettiner regierte er Sachsen, und die Eigenständigkeit seiner Landesherrschaft lag ihm am Herzen. Geboren 1462 in Torgau, lehnte er 1519 die Kandidatur zur Kaiserwürde ab. Einmischung von kaiserlicher Zentralgewalt und päpstlicher Macht waren ihm unerwünscht. Darum gewährte er seinem Untertanen Luther freies Geleit nach Worms und brachte ihn nach dem Bannspruch und der Reichsacht auf der Wartburg in Sicherheit. Persönlich hielt er, der fromme Katholik und Reliquiensammler, an der alten Konfession fest. Seinem Charakter entsprechend, vermied er jede unnötige grobe Konfrontation, daher wurde er der Weise genannt. Erst auf dem Totenbett 1525 nahm er das Abendmahl in beiderlei Gestalt nach lutherischem Brauch.

Unten: Wartburg-Romantik mit festlicher Beleuchtung.
Ganz unten: Die karge Stube mit Bretterwänden, in der Junker Jörg alias Dr. Martin Luther das Neue Testament übersetzte.

DIE PORZELLANSTADT MEISSEN

27 Burgberg, Dom und Blaue Schwerter

Der Burgberg von Meißen symbolisiert seit mehr als tausend Jahren das einstige enge Nebeneinander von weltlicher und geistlicher Macht. Wenige Jahre nach Gründung der Markgrafschaft um 950 nahm 968 auch der Bischof seinen Sitz auf dem Berg hoch über der Elbe. Erste Kirchen wurden dort ab 1260 durch einen Neubau ersetzt, der inzwischen als eine der bedeutendsten gotischen Hallenkirchen in Deutschland gilt. Zu Beginn des vorigen Jahrhunderts erhielt der Dom seine beiden neugotischen Türme, mit denen die eindrucksvolle Silhouette zu einem unverwechselbaren Wahrzeichen der Stadt wurde.
Die Burg mit zwei Hofhaltungen sollte ursprünglich der gemeinsame Regierungs- und Verwaltungssitz für die Wettiner-Brüder Ernst und Albrecht werden. Doch mit der Landesteilung von 1485 zerfielen die Wettiner in eine ernestinische und eine albertinische Linie, aus denen später die Länder Thüringen und Sachsen hervorgehen sollten. Damit wurde der Markgrafensitz zur Albrechtsburg – allerdings nur gelegentlich mit höfischem Flair: Der Nachfolger Albrechts wählte das nahe Dresden zur Residenz.

EDLES VOM ELBHANG

Wein wird in der Gegend um Meißen seit über 800 Jahren angebaut. Heute reifen auf den rund 470 Hektar des kleinsten deutschen Weinbaugebiets vor allem die weißen Rebsorten Müller-Thurgau, Riesling, Traminer, Weiß- und Grauburgunder sowie die roten Spätburgunder und Dornfelder. Entlang der Sächsischen Weinstraße an der Elbe zwischen Pirna und dem Elbweindorf Diesbar-Seußlitz lassen sich die zumeist trocken ausgebauten Weine in zahlreichen alten Weinstuben und neuen Gasthäusern vorzüglich verkosten. Willkommene Ergänzungen zu der 55 Kilometer langen Touristenstraße sind der internationale Elberadweg und der Sächsische Weinwanderweg, der auf 90 Kilometern direkt zu den schönsten Weinbergen, Aussichtspunkten und Weinkellern führt.
Ab dem Spätsommer stehen vielerorts Weinfeste auf dem Programm. Ein besonderes Highlight für den Weinfreund ist in Meißen das Weingut »Vincenz Richter« mit der historischen Weinstube in einem Tuchmacherhaus von 1523. Dort ist bereits in der fünften Familiengeneration eine fast 500-jährige Restaurantkultur lebendig.

Oben: In der Porzellanmanufaktur ist Fingerspitzengefühl gefragt. **Ganz oben:** Die Meißner Burg zeigt sich am Abend in prächtigem Glanz.

Berühmt machte die Burg August der Starke, als er dort 1710 die erste Porzellanmanufaktur Europas einrichten ließ. Zwei Jahre zuvor war dem Apothekergehilfen Johann Friedrich Böttger im Auftrag des Kurfürsten erstmals das Brennen eines weißen Scherbens gelungen. Böttgers Labornotiz ist die Geburtsurkunde des europäischen Hartporzellans. Aus Meißen kommt es seit 1722 mit den legendären Blauen Schwertern.

LEIPZIG – HANDELSPLATZ UND MUSIKSTADT

28

Voller Gäste mit großstädtischem Flair

Städtebauliche Sündenfälle sind in Leipzig nicht erst eine Erscheinung unserer Tage. Schon vor mehr als hundert Jahren fiel so manches Kleinod dem Bauboom zum Opfer – wie die alte Thomasschule neben der Thomaskirche. Sie musste 1902 einer neuen Superintendentur weichen. Damit verlor die Stadt einen wichtigen authentischen Ort, an dem Johann Sebastian Bach einst lebte, unterrichtete und komponierte. Wenigstens erinnert ein paar Schritte weiter ein Denkmal an den Komponisten und Kirchenmusiker, für den Leipzig wichtigste Lebensstation war. Die Bronzestatue von 1908 zeigt ihn in Staatsrock und Perücke vor einer angedeuteten Orgel. Das aus dem Rock hängende Tuch auf der linken Seite wird gelegentlich als versteckter Hinweis auf die schlechte Bezahlung des Musikers gedeutet ...

Im neuen Bach-Museum gegenüber wird sein Wirken auf vielfältige Weise lebendig. Zwischen Musikinstrumenten, Multimedia-Stationen und kostbaren Originalen können sich die Besucher selbst am Instrumentieren eines Chorals versuchen. Zudem lädt ein großer barocker Stadtplan auf dem Boden zu einem virtuellen Parcours durch das Leipzig der Bach-Zeit ein. Das Modell der abgerissenen Thomasschule vermittelt dabei eine Vorstellung vom persönlichen Umfeld des Kantors. Denn dort lebte er nicht nur mit der Familie, sondern auch mit etwa 50 Schülern und Chorknaben unter einem Dach.

JOHANN SEBASTIAN BACH – DIE DRITTE WAHL

Zunächst war Johann Sebastian Bach dritte Wahl. Erst nachdem Georg Philipp Telemann und Christoph Graupner abgesagt hatten, erhielt schließlich der Köthener Hofkapellmeister am 5. Mai 1723 seinen Vertrag als Thomaskantor und Musikdirektor von Leipzig. Bach wurde am 21. März 1685 in Eisenach geboren und ging als Schüler zunächst nach Lüneburg. Station als Organist, Komponist und Hofmusiker machte er in Arnstadt, Mühlhausen, Weimar und Köthen. In der Leipziger »Componir-Stube« war er stets vom Alltag in Schule und Familie umgeben.
Dabei war ihm seine zweite Frau, die 16 Jahre jüngere Sängerin Anna Magdalena, trotz ihrer Aufgaben als Mutter von zwölf Kindern stets eine treue Gehilfin. Bach dankte mit Blumen oder auch einem Singvogel – weil »seine Frau Liebste« eine »große Freundin von dergleichen Vögeln« gewesen war.
Von wiederholten Augenoperationen im Frühjahr 1750 sollte sich der 65-Jährige nicht mehr erholen. Er starb am 28. Juli 1750. Auf dem Weg zum Johannisfriedhof gaben ihm Lehrer und Schüler der Thomasschule das letzte Geleit.

Bach und die Kirchen Leipzigs

Die im 12. Jahrhundert entstandene Messe- und Universitätsstadt ist heute mit etwa einer halben Million Einwohnern die größte und wichtigste unter den Bach-Städten. Neben der Thomaskirche gehörte zum »Revier« des Kantors auch die Nikolaikirche, die in der DDR als markanter Ort der friedlichen Revolution von 1989 Geschichte schrieb. Zusätzliche Verpflichtungen hatte Bach an der Paulinerkirche, die seit Gründung der Universität 1409 deren Kirche war. Darüber hinaus gab die Universitätskirche, die trotz massiver Proteste 1968 auf Geheiß der SED-Führung gesprengt wurde, als Auditorium maximum den weltlichen Rahmen für große akademische Feiern.
Seine letzte Ruhe fand Bach 1949 in der Thomaskirche. Doch im Inneren der Kirche erinnert kaum noch etwas an die Zeit seines Wirkens. In der Hallenkirche von 1496 sind die Spuren der einstigen barocken Ausstattung längst verschwunden. Auch die ursprüngliche Barockorgel wurde 1889 durch eine romantische ersetzt. Doch seit Sommer 2000 ermöglicht ein zusätzliches Instrument auf der Nordempore einen ähnlichen Orgelklang wie in der Bach-Zeit.
Das Bürgerhaus mit dem Museum hatte im Übrigen für die Bachs eine ganz besondere Bedeutung: Die wohlhabende Familie des Leipziger Gold- und Silberwarenhändlers Georg Heinrich Bose war mit der Musikerfamilie von gegenüber durch gegenseitige Patenschaften verbunden.

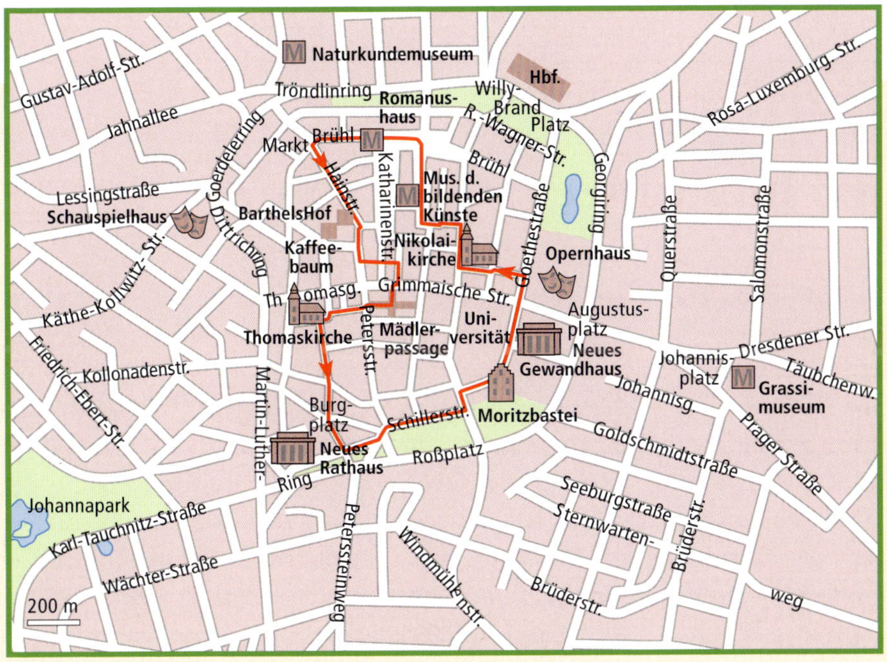

Ein Rundgang durch Leipzig

Den Markt dominiert das Alte Rathaus von 1556, durch das ein Durchgang zum Naschmarkt führt. Dort erinnert ein Denkmal an den Leipziger Studenten Johann Wolfgang Goethe, der *»Auerbachs Keller«* gegenüber in der *Mädlerpassage* in seinem *Faust* verewigte. Der Ausgang der Passage zur Petersstraße gibt den Blick auf die Thomaskirche frei. Von dort geht es weiter zum Neuen Rathaus von 1905 und dann nach links zum *Augustusplatz,* den im Süden das City-Hochhaus mit Panoramarestaurant und das Neue Gewandhaus (1981) sowie gegenüber das Opernhaus (1960) begrenzen. Die moderne Westseite erinnert an die alte Universität mit der 1968 gesprengten Paulinerkirche.

Der Weg zurück führt vorbei an der *Nikolaikirche,* von der es nur wenige Schritte zum 2004 eröffneten Museum der bildenden Künste sind. Das Romanushaus an der Ecke zum Brühl stellt einen der wenigen erhaltenen Barockbauten dar. Wir kehren durch die belebte Hainstraße zum Markt zurück, wo *Barthels Hof,* der berühmte *Kaffeebaum* und zahlreiche andere Restaurants zum Verweilen einladen.

Unten links: Ort der friedlichen Revolution: St. Nikolai. **Unten rechts:** In der Thomaskirche singt regelmäßig der Thomanerchor. **Rechts oben:** Die Thomaskirche von außen. **Rechts unten:** Bronzedenkmal des berühmtesten Kantors der Thomaskirche – Johann Sebastian Bach.

DER NAUMBURGER DOM

29 Westchor des »Naumburger Meisters«

Im Jahr 1021 stifteten Ekkehard II., Markgraf von Meißen, und sein Bruder Hermann in Naumburg ein Burgstift und eine Marienkirche an der Stelle des Westchors des heutigen Doms. Auf Drängen der Brüder wurde 1028 der Bischofssitz von Zeitz hierher verlegt, und es entstand ein erster Dom. 1210 begann Bischof Engelhard mit dem Neubau, der schließlich 1242 geweiht wurde. Um 1250 begann man mit der Erweiterung und baute einen Westchor, der die ehemalige Stiftskirche der Ekkehardinger ersetzte und in seinem Aufbau eine Kirche für sich darstellte. Damit war der Dom weitgehend vollendet: eine gewölbte Bündelpfeilerbasilika mit doppelter Choranlage, einem Querschiff mit ausgeschiedener Vierung sowie einer dreiteiligen Krypta. Gerade der Chorbau im Westen, der die ehemalige Stiftskirche ersetzte, machte die Kirche berühmt und einzigartig, denn sie ist die weltweit Einzige aus dieser Zeit, in der sich beide Lettner bis heute erhalten haben. Besonders der Westlettner, der für diesen Chor wie eine eigene Fassade funktioniert, ist eines der bedeutendsten Werke mittelalterlicher Kunst. Man engagierte den sogenannten Naumburger Meister, der nicht nur für die Architektur, sondern auch für die skulpturale Ausstattung verantwortlich war. Und gerade diese ist außergewöhnlich und wohl mit das Beste an figürlicher Plastik, was das ausgehende Mittelalter zu bieten hat. Wir stehen vor einem großen Figurenportal, das den Kreuzestod Christi zum Thema hat. Noch nie wurden der Todeskampf Jesu sowie die Trauer und das Leid von Maria und Johannes so realistisch und schonungslos dargestellt. In den Friesfeldern spielt sich die Passion Christi ab, die in ihrem Realismus und ihrer psychologischen Umsetzung vom Abendmahl bis zur Handwaschung des Pilatus – die beiden rechten Tableaus sind barocke Ergänzungen aus Holz – ein gut lesbares Szenarium für das ungebildete Volk darstellte.

STIFTER UND »ANSTIFTER« IM WESTCHOR

Der Westchor des Naumburger Doms weist eine einmalige Besonderheit auf: Im sogenannten Stifterchor stehen zwölf teilweise sogar bewaffnete weltliche Figuren statt der sonst üblichen Heiligen. Es handelt sich um die Stifter des ersten Doms, die Ehepaare Hermann und Reglindis sowie Ekkehard II. und Uta mit ihren Verwandten aus dem Hause Wettin, die beim Bau des Westchors schon seit rund 200 Jahren tot waren. Der »Naumburger Meister« schuf eine spannende Charakterisierung der historischen Personen aus der Fantasie. Alle sind mit ihren Blicken miteinander verbunden, was durchaus Gründe hat: Ekkehard II., dieser entschlossene Recke, veranlasste 1024 den Mord am Vater des neben ihm stehenden Timo, weswegen dieser ihm einen hasserfüllten Blick zuwirft. Neben Ekkehards Bruder Hermann, der mit seiner Frau Reglindis genau gegenüber steht, sehen wir Dietmar, der nach einem versuchten Attentat auf den König bei einem als Gottesurteil veranstalteten Zweikampf starb. Fast alle acht Figuren im Polygon richten ihre Blicke genau auf ihn, womit er das erzählerische Zentrum bildet. Die bekannteste Figur allerdings dürfte Uta sein. Zusammen mit dem Bamberger Reiter erlangte sie vor allem in Zeiten des Nationalsozialismus als die »typisch deutsche Frau« zweifelhaften Ruhm. Heute ist sie den meisten wahrscheinlich eher als Begriff in Kreuzworträtseln bekannt.

Oben: Der viertürmige Dom St. Peter und Paul zählt zu den bedeutenden Bauwerken des Mittelalters in Deutschland.
Links: Die berühmten Statuen von Ekkehard und Uta.

DIE DORNBURGER SCHLÖSSER

30 Wovon schon Goethe schwärmte

»Die Aussicht ist herrlich und fröhlich«, schwärmte Goethe 1828 in einem Brief von den Dornburger Schlössern. Auch heutige Besucher können am hohen Hang über der Saale bei Jena »tiefgrünende Weinhügel« und »an Mauergeländern üppige Reben« entdecken. Zudem bietet sich ein faszinierender Ausblick auf das weite Saaletal. Zwei der drei Schlösser – das mittlere Rokokoschloss und das Renaissance-Schloss – sind unmittelbar mit dem Weimarer Hof verbunden.

Hier fanden der Fürst und sein Gefolge in familiären Runden und bei kleineren Festen Abstand und Erholung vom Regieren.

Zudem wohnte Goethe gelegentlich hier, wenn er in Staatsgeschäften unterwegs war. In Dornburg erreichte den dichtenden Staatsminister im Sommer 1828 auch die Nachricht vom Tod seines Freundes und Gönners Carl August, der am 14. Juni 1828 nach einem Herzschlag in Graditz bei Torgau gestorben war. Doch den Trauerfeierlichkeiten für den Herzog blieb Goethe fern. Stattdessen dankte er dem Weimarer Kanzler Friedrich von Müller für die angebotene »Vergünstigung eines Aufenthalts in Dornburg«.

Während das Areal der Dornburger Schlösser mit Gärten und Terrassen bis heute ein geradezu fürstliches Ambiente atmet, ist die sanfte Hügellandschaft zwischen dem einstigen Refugium und Weimar seit 1806 blutgetränkter Boden: Auf dem Schlachtfeld von Jena und Auerstedt bereitete Napoleon den Preußen eine vernichtende Niederlage. Der Sieg festigte sein Regiment in Deutschland und bescherte der Residenz die Plünderung durch die Franzosen.

Unten: Fürstliches Ambiente: Im Rokokoschlösschen feierte einst der Weimarer Hof. **Ganz unten:** Im Renaissance-Schloss nahm Goethe gern Quartier.

BÜRGEL – BLAU-WEISSE TRADITIONEN

Die lange Tradition von Porzellan und Keramik in Thüringen ist untrennbar mit Bürgel verbunden. In der kleinen Stadt zwischen Jena und Eisenberg gab es bereits 1660 eine erste Töpferinnung. Charakteristisch für das Bürgeler Steinzeug ist sein blau-weißes Dekor in unterschiedlichen Farbnuancen. Die Entwicklung der Töpferei von den Anfängen bis zur Gegenwart beschreibt das Keramikmuseum mit zahlreichen Schmuckstücken, darunter Ziergefäße aus verschiedenen Epochen und Jugendstilgefäße nach Entwürfen von Henry van de Velde. Moderne Trends des traditionellen Handwerks werden seit 1984 alljährlich im Juni auf dem Bürgeler Töpfermarkt angeboten. An den dicht umlagerten Marktständen werden jeweils über 20 000 Besucher gezählt. Um neue Formen der Keramik bemühte sich schon das 1919 in Weimar gegründete Bauhaus. Nach Vorarbeiten des Bildhauers Gerhard Marcks noch im Gründungsjahr wurde die keramische Werkstatt der legendären Reformkunstschule schließlich im März 1920 in der Töpferei der Brüder Max und Karl Krehan in Dornburg eingerichtet.

WEIMAR, DAMEN UND DICHTER

31

Wo sie wohnten, wie sie lebten

Die Weimarer Wende ist mehr als 200 Jahre älter als die deutsche Wiedervereinigung von 1989/90. Es war die Herzogin Anna Amalia, die dem verarmten Residenzstädtchen nach dem plötzlichen Tod ihres Gatten ein neues Profil gab. Erst 19-jährig nach nur zweijähriger Ehe verwitwet, war Anna Amalia 17 Jahre lang Regentin für ihren Sohn Carl August. »Tag und Nacht studierte ich, mich selbst zu bilden und mich zu den Geschäften tüchtig zu machen«, erinnerte sie sich später. Sie investierte in Schulen, sorgte für das Theater und für die Bibliothek, die später ihren Namen erhielt. 1772 gelang es ihr, den bald hochberühmten Schwaben Christoph Martin Wieland als Prinzenerzieher für Carl August nach Weimar zu holen. Drei Jahre später, 1775, als Carl August gerade die Regierung übernommen hatte, traf auch Goethe in Weimar ein. Elf Monate zuvor hatte er die Weimarer Prinzen Carl August und Konstantin bei deren Aufenthalt in Frankfurt kennengelernt – es war der Beginn einer lebenslangen Freundschaft mit dem Herzog.

weimar UNESCO-Weltkulturerbe

Die Stadt, in die nach Goethe nun auch Herder und Schiller gezogen waren, wurde zum Leuchtturm der Literatur und Künste. »Wählen Sie Weimar zu Ihrem Wohnort«, ermunterte Goethe den jungen Eckermann und begründete gleich: »Wo finden Sie auf einem so engen Fleck noch so viel Gutes! [...] Es gehen von dort die Tore und Straßen nach allen Enden der Welt.«

Weimars »Bauhaus Universität«, restauriert und 1996 ins UNESCO-Welterbe aufgenommen.

Drei gute Gründe

Erst zwischen 1996 und 1998 wurde Weimar in die Welterbeliste aufgenommen. Das erscheint eher spät für seinen Rang, doch dafür sind es gleich drei Einträge in die Liste. Der erste gilt dem klassischen Weimar mit großartigen Beispielen der Raumkunst um 1800 im Stil des europäischen Klassizismus einschließlich u. a.

GOETHES HAUS AM FRAUENPLAN

Als 33-Jähriger zog Goethe hier 1782 ein, fast ein halbes Jahrhundert später starb er in dem lang gestreckten Bau. Die ersten Jahre wohnte er zur Miete, später schenkte ihm Großherzog Carl August das 1709 für einen Kammerkommissar und Strumpfhändler erbaute Haus. Besucher sind immer wieder überrascht: so schlicht die Einrichtung, so eng die Kammern! Original blieb das meiste erhalten: der monumentale Junokopf im Empfangszimmer, das Klavier, an dem der junge Felix Mendelssohn dem Hausherrn vorspielte, die Steinsammlung, das Arbeitszimmer und die Kutsche in der Remise, auch das Schlafzimmer, in dem Goethe im Sessel sitzend starb. Der Garten hinter dem Haus ist über eine überdachte Außentreppe zu erreichen, mit seinen beiden barocken Gartenhäusern von einer Mauer umschlossen. »[...] prächtige Zimmer und elegantes Hausgerät sind etwas für Leute, die keine Gedanken haben und haben mögen«, bekannte Goethe. »Alle Arten von Bequemlichkeit sind eigentlich ganz gegen meine Natur. Sie sehen in meinem Zimmer kein Sofa, ich sitze immer in meinem alten hölzernen Stuhl [...] eine Umgebung von bequemen und geschmackvollen Möbeln hebt mein Denken auf und versetzt mich in einen behaglichen und passiven Zustand.«
Adresse: *Frauenplan 1*

Oben: Kunden der Weimarer Kutscher spüren einen Hauch von Goethezeit. **Rechts oben:** Schiller, den früh Gestorbenen, nicht vergessen! Auch sein Weimarer Haus ist Museum. **Rechts unten:** Die Anna-Amalia-Bibliothek – nach der Brandnacht im Jahr 2004 wiederhergestellt.

der drei Schlösser Belvedere, Ettersburg und Tiefurt mit ihren Parks und einschließlich der Fürstengruft, in der auch Goethe beigesetzt wurde. Der zweite Eintrag betrifft die ehemalige Kunstschule und die ehemalige Kunstgewerbeschule, beides Jugendstilgebäude von Henry van de Velde, in die 1919 das Staatliche Bauhaus Weimar einzog. Mit dem dritten Eintrag wird Goethes handschriftlicher Nachlass im Goethe-Schiller-Archiv zum Weltkulturerbe erklärt.

Zum Welterbe zählt natürlich auch das Ilmtal mit Goethes Gartenhaus, ein Geschenk des Herzogs für den Freund, der sich mit den Nichtigkeiten der Hofgesellschaft schwertat und in der Natur Zuflucht suchte. Eigenhändig pflegte er die Obstbäume, setzte 1777 den »Stein des guten Glücks«, plante mit dem Herzog einen Landschaftspark. Beide wurden dabei stark von dem neuen Wörlitzer Park des jungen Fürsten Franz von Anhalt-Dessau inspiriert.

Noch wird die Stelle gezeigt, an der Christiane Vulpius ihm den Bittbrief für ihren Bruder übergab – bevor sie fast drei Jahrzehnte mit ihm lebte. Seit 1841 ist das Gartenhaus von Goethe ein »Wohnmuseum«.

Anziehungspunkt berühmter Persönlichkeiten

Weimar ist vielgesichtig. Zu den großen Weimarer Namen zählen auch Friedrich Nietzsche, Franz Liszt, Harry Graf Kessler, Henry van de Velde, Walter Gropius und Lyonel Feininger; Letzterer lehrte sieben Jahre am Bauhaus.

Das Wasserschloss Kochberg, wo Frau von Stein sommers wohnte, steht samt Liebhabertheater stattlich res-

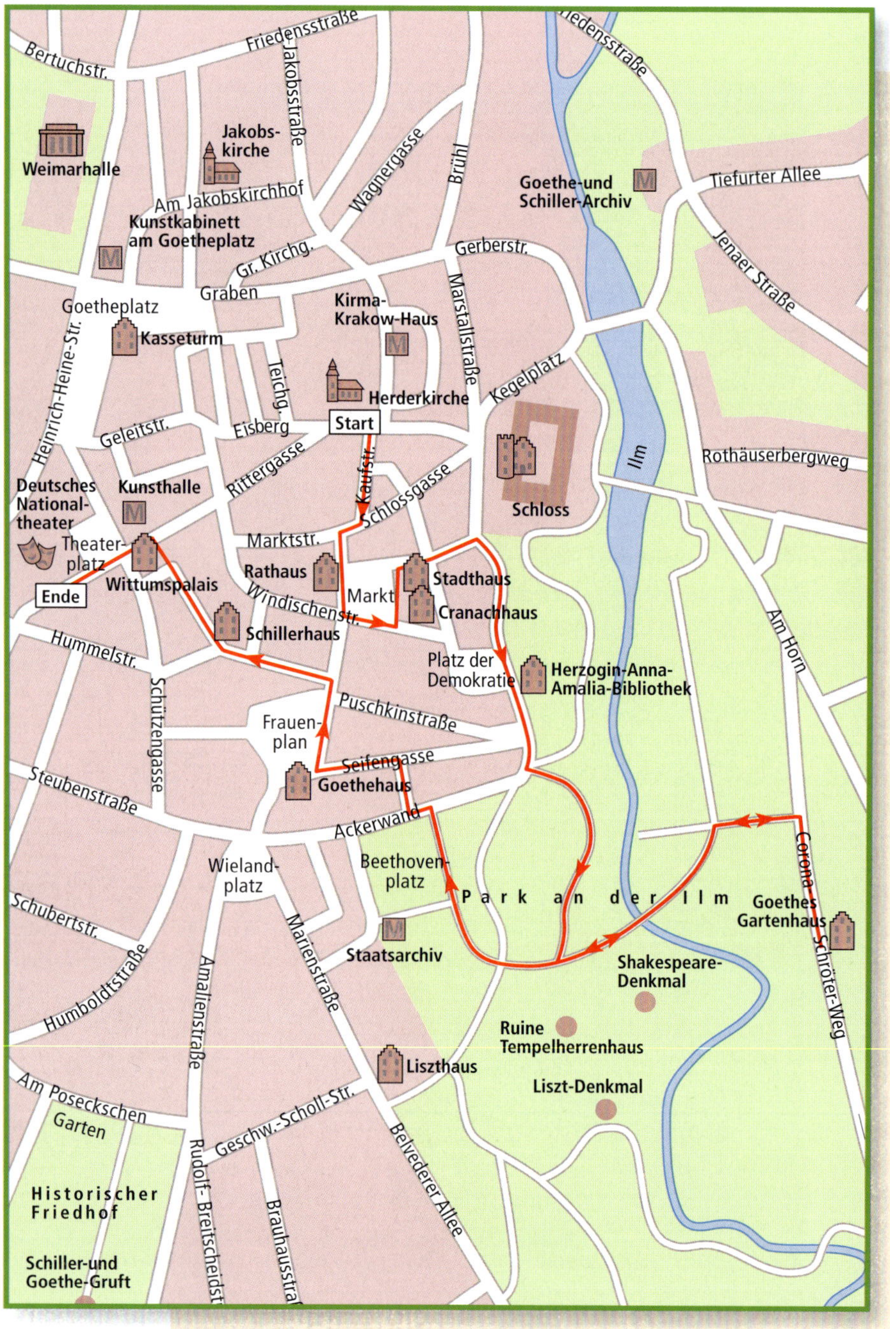

Stadtrundgang durch Weimar

Am Markt bei den Renaissance-Fassaden von *Cranachhaus* und Stadthaus beginnen! Das Hotel Elephant ist dagegen ein Neubau des Jahres 1938. Zum Roten Schloss und Stadtschloss wendet man sich südostwärts dem Ilm-Park zu. Am *Renaissance-Stadtschloss* und am Kegelplatz vorbei kommt man auf der anderen Seite der Ilm zum Goethe-Schiller-Archiv. Oder man hält sich lieber gleich vom Stadtschloss südwärts zum Fürstenhaus und dem Platz der Demokratie, von wo aus es nur eine kurze Strecke bis zur *Herzogin-Anna-Amalia-Bibliothek* ist.

Südwestwärts kommt das ehemalige Wohnhaus Frau von Steins an der Ackerwand in den Blick. Zum Historischen Friedhof samt Fürstengruft ist der Abstecher fast einen Kilometer lang. Näher liegt ein Hauptziel aller Weimarbesucher: Goethes Haus am *Frauenplan,* benachbart ist das Goethe-Museum. Nun nordwärts findet man in der Schillerstraße Schillers Wohnhaus. Schiller und Goethe Hand in Hand, das Denkmal von 1857, steht vor dem Nationaltheater. Nordwestlich davon: das Haus des Oberbaudirektors Coudray. Wer lieber direkt zum *Sächsischen Hof* wandert, weil Goethe dort seine erste Wohnung hatte, hält sich nordöstlich und findet noch ein Wegstück weiter nördlich zur *Kleinen Teichgasse:* Dort lebte Frau von Stein 1764 bis 1777.

Als nördlichstes Rundgangziel bietet sich das Stadtmuseum im Bertuchhaus an. Auf dem Jakobskirchhof wurde Christiane Vulpius, Goethes Lebensgefährtin, bestattet. Im Umkreis von *St.-Jakobs-* und *St.-Peter-und-Paul-Kirche* war um 1800 viel geistige Prominenz zu Hause. Herzogin Anna Amalia bezog das *Wittumspalais,* nachdem sie die Regierung ihrem Sohn überlassen hatte. In der *Windischenstraße* hatte u. a. Johanna Schopenhauer ihre Wohnung, nicht weit vom Markt, dem Ausgangspunkt dieses Rundgangs.

tauriert etwa 28 Kilometer von Goethes Gartenhaus entfernt. Um halb sechs, notierte Goethe, sei er am 11. Juni 1777 zum Kochberg-Schloss »zu fuß von Weimar abmarschiert und war um halb 10 hier«. Der Poet, künftiger Minister und Klassiker, konnte als Ergänzung sehr sportlich sein.

Auskunft: Klassik Stiftung Weimar, Burgplatz 4, 99423 Weimar, Tel. 03643-5450, www.klassik-stiftung.de

Südlich von Weimar erreicht man durch das Ilmtal Schloss und Park Belvedere, 1724–32 von Herzog Carl Augusts Vater erbaut, mit Kavaliershäusern und einer Orangerie (Kutschenmuseum).

ERFURTS DOMBERG UND BÜRGERSTADT

32 Wo Martin Luther noch katholisch war

Das 742 gegründete Erfurt ist reich an Vierteln, deren verwinkelte Wege an die Stadt des Mittelalters erinnern – trotz der Bombenschäden im Zweiten Weltkrieg und späterer Bausünden. Noch in der DDR verhinderten die Bürger mit ihrem Protest einen Flächenabriss in der Altstadt. Inzwischen ist hier mit der Sanierung des alten Bestands und behutsamen Neubauten eine bunte Szenerie für modernes Großstadtleben entstanden. Heute laden im historischen Andreasviertel ebenso wie im Fischersand zahlreiche Cafés und Kneipen wie auch die Galerien und Boutiquen zum Verweilen ein.

Überragt wird die Stadt vom Mariendom und der Severikirche. Die Anfänge der heutigen Silhouette reichen bis ins 13. Jahrhundert zurück. Doch bebaut wurde der Domberg schon in den Jahrhunderten davor. Einen Überblick über das einstige »deutsche Rom« mit seinen 25 Pfarrkirchen, 15 Klöstern und Stiften sowie zehn Kapellen bietet sich vom Petersberg nebenan. Mit etwa 50 Kirchen – davon 18 aus dem Mittelalter – ist das »turmgekrönte Erfurt« die kirchenreichste Stadt im Osten Deutschlands. Die Predigerkirche gehört ebenso wie die Allerheiligenkirche, die Michaeliskirche oder die Kaufmannskirche dazu. Die Barfüßerkirche ist seit 1944 Ruine. Im sanierten Altarraum zeigt das Angermuseum sakrale Kunstschätze.

Die Anfänge des Augustinerklosters reichen zurück bis ins 13. Jahrhundert. Berühmtester Mönch war hier der spätere Reformator Martin Luther.

Die Reformation nimmt ihren Anfang

Berühmtester Mönch im Augustinerkloster war von 1505 bis 1511 Martin Luther – der damals noch katholisch war. Doch das Ringen um einen »gnädigen Gott«, das ihn beständig umtrieb, ließ den Bergmannssohn aus Mansfeld schließlich 1517 zum Begründer der Reformation werden. Das geistige Rüstzeug dafür erwarb er bei den Augustiner Chorherren in Erfurt in einer Gemeinschaft von damals etwa 60 Mönchen.
Die Augustiner gab es in der Stadt bereits seit 1276. Ein Jahr später begannen sie mit dem Bau ihres Klosters, dessen heutige Gestalt im Wesentlichen wieder

ERFURTER SCHATZ – DIE ALTE SYNAGOGE

Seit Oktober 2009 hat das Mittelalter in Erfurt eine neue Adresse – die Alte Synagoge. Weil das jüdische Bethaus seit dem Pogrom von 1349 ein unscheinbares Lagerhaus war, überstand es alle Unbill der späteren Jahrhunderte. Seine Wiederentdeckung nach 1990 und die Identifizierung als älteste bis zum Dach erhaltene Synagoge Europas gilt als Sensation. Ebenso beispiellos ist der »Erfurter Schatz«, der in dem sanierten Gebäude ausgestellt ist.
Dabei waren die erst 1998 entdeckten Kostbarkeiten ein Zufallsfund in buchstäblich letzter Minute. Entdeckt wurden sie von Archäologen bei Vorarbeiten für einen Neubau. Zu dem fast 30 Kilogramm schweren Schatz gehören über 3100 Silbermünzen, 14 Silberbarren, Silberbestecke und mehr als 600 Goldschmiedearbeiten. Fachleute datieren den Fund auf das späte 13. und das frühe 14. Jahrhundert. Wahrscheinlich wurde der Schatz einst aus Angst vor einem Pogrom vergraben. Im Kellergewölbe der Alten Synagoge legt er nunmehr Zeugnis von einer längst vergangenen Zeit ab.

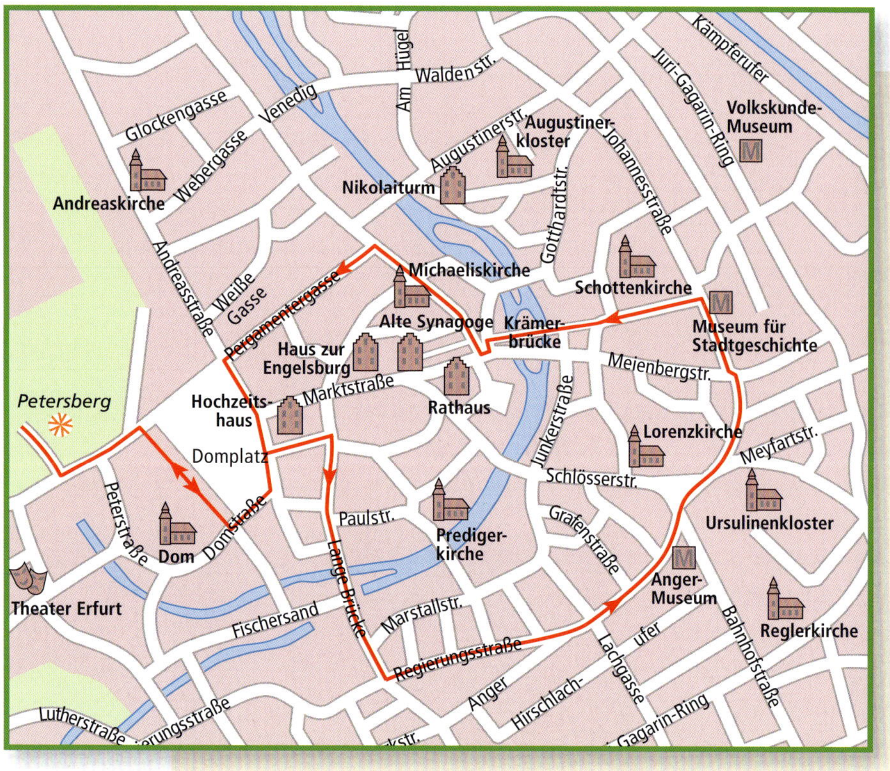

Ein Rundgang durch Erfurt

Am *Domplatz* führt die *Mettengasse* direkt in die mittelalterliche Stadt mit ihren schmalen Gassen. Über die Große Arche und die Lange Brücke geht es zur Regierungsstraße mit der einstigen Kurmainzischen Statthalterei, die seit 1994 die Thüringer Staatskanzlei beherbergt. Weiter führt der Rundgang zum Anger, der wichtigsten modernen Geschäftsstraße im Herzen der Altstadt. Vorbei am Lutherdenkmal und am Stadtmuseum im »Haus zum Stockfisch« weitet sich links die Futtergasse zum Wenigemarkt, von dem aus die Krämerbrücke abzweigt. Sie ist die einzige mit Häusern bebaute Brücke nördlich der Alpen. Ihren schönsten Anblick bietet der Übergang über das kleine Flüsschen Gera aus ein paar Schritten Entfernung. Auf der anderen Seite der *Krämerbrücke* beginnt das *Andreasviertel,* dessen drohende Zerstörung durch modernen Städtebau beherzte Einwohner im Dezember 1989 mit einer Menschenkette verhinderten. Zu den bedeutendsten Gebäuden des behutsam sanierten Areals gehört das »Haus zum Schwarzen Horn«, in dem 1518 das Rechenbuch von Adam Ries gedruckt wurde. Von der *Michaelisstraße* aus ist in wenigen Minuten das Augustinerkloster erreichbar, wo der spätere Reformator Martin Luther von 1505 bis 1511 lebte. Der Nikolaiturm unweit des Klosters gehörte einst zu einer Kirche des Deutschen Ordens. Im Turminneren wurden wertvolle Wandmalereien aus dem Mittelalter mit Szenen aus dem Leben der heiligen Elisabeth entdeckt; die Wandmalereien können seit ihrer Sanierung wieder besichtigt werden. Durch die *Pergamentergasse,* wo Handwerker im Mittelalter aus Fellen Pergamente zum Beschreiben herstellten, führt der Weg zurück zum Domplatz mit der imposanten Silhouette von Dom und St. Severi.
Der Aufstieg zur einstigen Zitadelle auf dem benachbarten Petersberg wird mit einem faszinierenden Panoramablick auf die Stadt belohnt.

Die mittelalterliche Krämerbrücke ist die einzige mit Häusern bebaute Brücke nördlich der Alpen. Überragt wird sie vom Turm der Ägidienkirche.

dem Aussehen im frühen 16. Jahrhundert entspricht. Mit dem modernen Wiederaufbau von Bibliothek und Waidhaus wurden in den vergangenen Jahren die letzten Kriegslücken vom 25. Februar 1945 geschlossen. An die 270 Opfer des Luftangriffs, die im Keller der Bibliothek Schutz gesucht hatten und dort ums Leben kamen, erinnert eine Gedenktafel. Zu Beginn des 21. Jahrhunderts ist das Evangelische Augustinerkloster eine offene Begegnungsstätte, das seine Gäste zu geistlichem Leben, zu Meditation und Stille einlädt.
An die Universität von 1392 erinnern das Collegium maius gegenüber der Michaeliskirche und das »Haus zur Engelsburg«. Hier traf sich einst der Erfurter Humanistenkreis regelmäßig zu seinen »Königlichen Sitzungen«. Die nach Köln zweite städtische Universität in Deutschland gehörte einst zu den wichtigsten geistigen Zentren weit über Thüringen hinaus.
Namhafte Studenten und Lehrer waren neben Luther auch Johannes Gutenberg, Adam Ries und Christoph Martin Wieland.

Pulsierendes Herzstück des modernen Erfurt ist der Fischmarkt, dessen neugotisches Rathaus mit dem benachbarten »Haus zum Breiten Herd« und dem »Haus zum Roten Ochsen« gegenüber korrespondiert. Von hier aus führen die Wege durch die Stadt immer wieder zu steinernen Zeugen der Vergangenheit. Die mit Ornamenten und Figuren reich geschmückten Bauten tragen Namen wie »Haus zum Stockfisch« und »Haus zum Schwarzen Horn«, »Haus zur Steinecke«, »Haus zum Krönbacken« oder »Haus zum Güldenen Rad«. Mitunter illustrieren Hauszeichen an der Fassade oder über dem Portal kunstvoll die alten Bezeichnungen.

Unten links: Dom und St. Severi überragen die Altstadt. **Ganz unten links:** Das historische Haus »Zum Breiten Herd«. **Ganz unten Mitte:** Im Inneren der Predigerkirche. **Unten:** Das Haus »Zum Stockfisch«. **Unten Mitte:** Die Bibliothek des Augustinerklosters. **Ganz unten rechts:** Das Joseph-Fenster im Dom.

BAD FRANKENHAUSEN

33

Tübkes Welttheater und ein Bauernkrieg

Das Monument bei Bad Frankenhausen ist kaum zu übersehen. Dort, wo im Mai 1525 der Bauernkrieg mit 6000 Toten sein blutiges Ende fand, erinnert seit 1989 ein beispielloses Denkmal an die damaligen Ereignisse. Der riesige Bau auf dem Kyffhäuser birgt das wohl spektakulärste Auftragswerk der jüngeren Kunstgeschichte - das Bauernkriegspanorama des 2004 gestorbenen Leipziger Künstlers Werner Tübke. Doch anders als von den staatlichen Auftraggebern in der DDR gewünscht, malte er alles andere als eine platte Allegorie. Tübke sprach vielmehr von der »metaphorischen Interpretation einer ganzen Epoche, der ökonomischen, geistigen, religiösen Vorstellungen der Zeit überhaupt«. Vor diesem Hintergrund nannte er sein Hauptwerk gelegentlich auch »die Sixtina des Nordens«. Zweifellos ist das Panorama in der ostdeutschen Provinz ein Werk der Superlative. Schon 1974 wurde für die Betonrotunde der Grundstein gelegt. Die 123 Meter lange und 14 Meter hohe Leinwand mit dem Gewicht von über einer Tonne lieferte eine russische Weberei. Die Grundierung übernahmen Spezialisten aus Podolsk, die den Malgrund nach geheimen Ikonenrezepten präparierten. Russische Partner lieferten zwei Tonnen Farben und die dazugehörigen Pinsel.
Tübke stand ab 1976 bei der DDR-Führung unter Vertrag. Bei der Ausführung halfen ihm bis zu acht Künstlerkollegen. Am 16. Oktober 1987 signierte er schließlich das Werk – nach elf Jahren Arbeit an diesem »theatrum mundi« (Welttheater) mit 3000 Figuren auf mehr als 1700 Quadratmetern.

Unten: Das Kyffhäuser-Denkmal mit Barbarossa grüßt weit ins Land. **Ganz unten:** Die Rotunde beherbergt das Bauernkriegspanorama.

KYFFHÄUSER – DAS KLEINSTE MITTELGEBIRGE

Der Kyffhäuser in Nordthüringen ist nicht nur Ort der Barbarossa-Sage, sondern auch das kleinste Mittelgebirge Deutschlands. Gerade mal 60 Quadratkilometer groß, erhebt sich der Höhenzug zwischen dem Thüringer Becken und dem südlichen Harzvorland bis auf etwa 300 Meter. Einst war das Gebirge von der mächtigen Reichsburg Kyffhausen gekrönt, an die heute jedoch nur noch Ruinen erinnern. Aus Richtung Bad Frankenhausen führt ein sanfter Anstieg zum 473 Meter hohen Kulpenberg. Jenseits seines höchsten Punktes fällt der Kyffhäuser in Richtung Norden steil ab. Zu Füßen des monumentalen Denkmals von 1896 mit dem legendären Barbarossa und dem Reiterstandbild von Kaiser Wilhelm I. laden dichte Wälder zu ausgedehnten Wanderungen ein. Neben einer artenreichen Tier- und Pflanzenwelt gibt es in dem Karstgestein rund 40 Höhlen zu entdecken. Auch hier ist der sagenhafte Stauferkaiser allgegenwärtig: Die größte und bekannteste ist die Barbarossa-Höhle bei Rottleben am südwestlichen Ausläufer des Gebirges.

DIE LUTHERSTADT EISLEBEN

34 Die Lebensspur des Reformators

Fast hübsch ist Eisleben anzusehen, idyllisch, wenn auch noch mit traurigen Armutswinkeln, ein Städtchen zwischen Berg und Tal und Geburtsort des großen Reformators Martin Luther. Der steht in Bronze seit 1883 auf dem Marktplatz. In Eisleben wurde Luther als Sohn eines einfachen Bergmanns aus dem Thüringischen geboren. In Eisleben starb der Reformator am 18. Februar 1546 mit 62 Jahren, nachdem er einen Streit in der Familie der Grafen von Mansfeld geschlichtet hatte.

1996 kamen die Lutherstätten in Eisleben und Wittenberg in die Liste des Welterbes. Das Geburtshaus mit seinem Sandsteinportal wurde seither samt der historischen Armenschule restauriert, dazu ein Ausstellungsgebäude und ein Besucherzentrum geschaffen.

DER ALTERNDE LUTHER

Lutherporträts zeigen es: wie dem Reformator in seinen späteren Jahren gutes Essen schmeckte – und wie es seiner Figur Breite und gewaltige Fülle gab. In seiner Lutherbiografie schrieb Hellmut Diwald 1982: »Alles war mächtig, ein nahezu dräuendes Übergewicht, das Körperfett wurde bei Luther niemals zum Alibi geistiger Trägheit. In seinen letzten Jahren war er überzeugt, dass er noch mehr zu trinken genötigt sei als früher: ›Wir Alten müssen unsere Polster und Kissen im Kännlein suchen.‹« Reichlich Bier genoss er als medizinisches Mittel gegen seine Nierensteine und bekannte in einem Reisebrief an seine Frau: »Ich fresse wie ein Böhme und saufe wie ein Deutscher, das sei Gott gedankt. Amen.« Überliefert sind aber auch Sätze eines Lebensmüden, noch wenige Wochen vor seinem Sterben in Eisleben bekennt der 62-jährige Luther, er möge »in dieser bösen, argen Welt nicht länger leben. Bittet unseren Herrgott, dass er mir ein gnädiges Sterbestündlein verleihen wolle. Wenn ich wieder von Eisleben komme, so will ich mich in den Sarg legen und den Würmern einen feisten Doktor zu verzehren geben und zu ihnen sagen, sie sollen nur getrost wieder mein Fleisch essen, dieweil sie mir feind sind. So bin ich der Welt müde.«

Schwieriger war es mit dem Sterbehaus in der Andreasstraße. Genaues Nachforschen hatte ergeben: Hausnummern waren verwechselt worden, weil Luther in zwei benachbarten Häusern Quartier bei Verwandten beziehen konnte. Das echte Sterbehaus aber war abgebrannt und durch einen weit größeren, prächtigeren Neubau ersetzt worden (heute Hotel Graf von Mansfeld). Etwa an der Stelle des heutigen Musiksalons im

Andreasstraße: Noch immer ein Luther-Gedächtnisort, doch nicht das Haus, in dem Martin Luther nach einer winterlichen Anreise im Februar 1546 starb.

Hotel befand sich im Vorgängerhaus wohl das Sterbezimmer von Luther.

Schon bald nach Martins Geburt war die Familie Luther nach Mansfeld umgezogen, wo der Vater zum Bergbauunternehmer aufstieg. Nach Eisleben kam der Reformator oft, seit 1512 hatte er als Distriktsvikar der Augustinerkonvente auch die Aufsicht über das Kloster Eisleben. Das hügelige Städtchen am Harzrand blieb ihm Heimat.

HALLE AN DER SAALE

35 Händel-Denkmal und Musikmuseum

Der größte Sohn der Stadt steht in Halle an der Saale unübersehbar auf dem Marktplatz. Die Bronzestatue auf dem Denkmal, das dort zum 100. Todestag Georg Friedrich Händels 1859 enthüllt wurde, richtet den Blick unbeeindruckt vom quirligen Alltag zu seinen Füßen ins ferne London. Auf dem Pult vor dem Musiker liegen Noten des *Messias*. Wie Hunderte anderer Werke ist sein wohl populärstes Oratorium untrennbar verbunden mit seiner wichtigsten Wirkungsstätte in der englischen Wahlheimat.

Von dort aus strahlte der Ruhm des Hofmusikers, Komponisten und Opernmanagers voller Glanz zurück auf den Kontinent. So präsentiert denn auch die Ausstellung in Händels Geburtshaus den Musiker als frühen Europäer, der entscheidende Impulse für sein Wirken in der mitteldeutschen Musiklandschaft empfing. Orgelunterricht in der viertürmigen Marktkirche Unser Lieben Frauen gehörte dazu ebenso wie das Kennenlernen höfischer Musik in Weißenfels und Berlin oder sein Organistenamt am Hallenser Dom. Das Museum illustriert diese Zeit mit einer attraktiven Auswahl aus seiner Sammlung von 700 historischen Musikinstrumenten.

Händel lebte im Haus »Zum Goldenen Hirschen« lediglich bis 1703. Nach unterschiedlichen Nutzungen des Gebäudes zwischen Kolonialwarenladen, Destille, Tabakfabrik und Möbelgeschäft wurde es 1948 schließlich ein Museum. Seit der jüngsten Umgestaltung von 2009 bietet das Händelhaus seinen Besuchern nunmehr in modernem Ambiente ein anregendes Erlebnis von Musik und Geschichte.

Unten: Das Händelmuseum im »Haus zum Goldenen Hirschen« zeigt den Barockkomponisten und Kosmopoliten als frühen Europäer von weitreichender Wirkung.
Ganz unten: Händel spielte einst auch an der 1665 von Georg Reichel errichten Orgel in der Marktkirche.

GEORG FRIEDRICH HÄNDEL – DER KOSMOPOLIT

Unter den deutschen Barockmusikern war er der Kosmopolit. Am 23. Februar 1685 in Halle an der Saale geboren, zog es den jungen Georg Friedrich Händel schon 1703 nach Hamburg zur renommierten Oper am Gänsemarkt. Drei Jahre später ging er nach Italien, wo er zwischen Neapel und Venedig als Tastenvirtuose brillierte und als Komponist für Aufsehen sorgte. Über den Hof von Hannover gelangte er schließlich 1710 nach London. Dort wurde er nach seinem Tod am 14. April 1759 in der Westminster Abbey beigesetzt – als englischer Nationalkomponist. Seine mehr als 600 Werke – darunter über 40 große Opern, mehr als 30 Oratorien, rund 60 Werke für großes Orchester, 70 Kammermusiken und 200 Kompositionen für Tasteninstrumente – erfreuen sich nach wie vor großer Beliebtheit. Den großen Zeitgenossen Johann Sebastian Bach traf er allerdings nie: Beim ersten Anlauf des Thomaskantors im Juni 1719 war Händel nach einem Halle-Besuch gerade wieder abgereist. Zehn Jahre später musste Bach wegen Fieber absagen.

DIE KÖNIGSRESIDENZ QUEDLINBURG

36

Deutschland am Anfang

»Deutschland? Aber wo liegt es? Ich weiß das Land nicht zu finden«, so schrieb Schiller. Als erster deutscher König und Lehnsherr der Stammesherzöge regierte Heinrich I. (919–936) aus der Familie der Ottonen zwar noch nicht »Deutschland« (der Name wurde erst im 15. Jahrhundert geläufig). Doch Heinrich I. festigte und sicherte klug und energisch Gebiet und Struktur des deutschen Reiches, wie es aus Stämmen mit deutscher Sprache damals an seinem Anfang stand. Die Pfalz, die er auf dem Sandsteinfelsen über dem Dorf Quedlinburg errichten ließ, wurde zum Zentrum seiner Herrschaft.

Quedlinburg ist zweifellos auch seit Langem ein Hauptort des Fachwerks und wurde im Bombenkrieg nicht zerstört. Umso trauriger war es, wie vernachlässigt, ja schon ruinös Quedlinburgs Fachwerkbauten gegen Ende der DDR anzusehen waren. Da hat sich seither in zwei Jahrzehnten viel getan, erstaunlich viel, kennt man die Zahl der Quedlinburger Fachwerkbauten: Es sind annähernd 1300, sehr viele davon stammen aus dem 17. und 18. Jahrhundert.

Darunter auch das wohl älteste erhaltene deutsche Fachwerkhaus in Ständer-Bauweise: Senkrechte hölzerne Ständer reichen vom Boden bis zum Dach, sparsam sind Querbalken zur Stabilisierung eingesetzt.

Im Kern ist der bescheidene Bau wohl 600 bis 700 Jahre alt.

Oben: Der prächtige Marktplatz der Fachwerkstadt Quedlinburg. **Links unten:** Prunkdeckel des Samuhel-Evangeliars im Quedlinburger Domschatz (um 1225–1230).

RISIKO SCHLOSSBERG – GIBT ES BALD HILFE

Das Thema, das heute viele Quedlinburger in ihrer so schön wiederhergestellten Stadt bewegt, ist ihr Schlossberg. Teile des Sandsteinmassivs drohen abzustürzen und abzurutschen. Das gefährdet nicht nur die romanische Stiftskirche und das Stiftsgebäude, es könnte auch viele Fachwerkbauten zerstören. Die Stadt zählt noch nicht einmal 25 000 Einwohner und kann die Kosten von mindestens 15 Millionen Euro nicht aufbringen, auch das Land Sachsen-Anhalt nicht. Europäische Union sowie Bund und Land finanzieren vorerst das Sanierungsgutachten und erste Notmaßnahmen, auch die »Deutsche Stiftung Denkmalschutz« hat Hilfe zugesagt. Deren Spendenkonto lautet: Commerzbank Bonn, BLZ 380 400 07, Konto-Nr. 305 55 55, Stichwort »340292 Quedlinburg Schlossberg«.

Die Altstadt und der Burgberg

Quedlinburg wurde 1994 von der UNESCO-Kommission in die Welterbeliste aufgenommen – und zwar die Altstadt mit ihrem Burgberg. Quedlinburg wurde so als außergewöhnliches Beispiel einer gut erhaltenen mittelalterlichen Stadt ausgezeichnet. Die wichtigsten Einzelgebäude sind die Stiftskirche St. Servatius und das Renaissance-Schloss, beide auf dem Burgberg.

Eine Kaiserurkunde der Ottonen aus dem 10. Jahrhundert nennt Quedlinburg »Metropole des Reiches«. Der Burgberg bedeutete Heinrich I. so viel, dass er nicht nur für eine starke Pfalz sorgte, sondern Stadt und Burgberg seiner Gattin Mathilde vererbte.

Die Witwe, die ihn um mehr als 30 Jahre überlebte, gründete ein adliges Damenstift. Mathilde verstand es, mehr als eine Art Pensionat für höhere Töchter daraus zu machen, nämlich ein Zentrum der Bildung und der Kultur. Ihr Sohn Otto sorgte als Kaiser Otto I. für

Ausdruck der Empfindungen – der Dichter Friedrich G. Klopstock (1724–1803)

»Willkommen, o silberner Mond,
Schöner, stiller Gefährte der Nacht!
Du entfliehst? Eile nicht, bleib, Gedankenfreund!
Sehet, er bleibt, das Gewölk wallte nur hin.«

Die Strophe steht in einem reimlosen Gedicht von Friedrich Gottlieb Klopstock, der 1724 in Quedlinburg geboren wurde.

Heute kennen nur noch wenige Klopstocks Dichtung, die Gefühl und Empfindung ausdrückte, etwas, das in der deutschen Literatur damals kaum Gestalt gewann. Umso enthusiastischer war das Echo – auch der viel jüngere Goethe war begeistert. Wie dieser stammte Klopstock aus einer großbürgerlichen Großfamilie, er erhielt eine humanistische Ausbildung in Schulpforta. In Jena und Leipzig studierte er Theologie und wurde bekannt durch seinen *Messias*, Gesänge über das Leben Jesu nach dem Vorbild des englischen Dichters Milton.

Klopstocks Leben war bewegt. Er wurde gefeiert, kam nach Dänemark, Karlsruhe, Hamburg, er reiste viel, dachte sich eine Gelehrtenrepublik aus (er war Verehrer der Ideen der Französischen Revolution). Viele seiner Dichtungen erscheinen uns wie aus einer anderen Welt, in schöner Erhabenheit. Viel betrauert starb er 1803 in Hamburg.

Kontinuität des Familiensitzes und sicherte die Finanzierung des Unterhalts.

Architektonisch ist die dem Stift benachbarte Stiftskirche St. Servatius die wichtigste, die zwischen 1017 und 1129 an der Stelle drei kleinerer Vorgängerbauten entstand. Mit seinem Turmpaar aus dem 19. Jahrhundert und den markanten vierseitigen Pyramidenaufsätzen thront der Kirchenbau als Blickfang über der Stadt. Unter dem Chor: die Grabstätten von Heinrich I. und von Mathilde.

Die deutsche Organisation »UNESCO-Welterbestätten Deutschland e. V.« hat sich Quedlinburg als Standort gewählt – jenen Platz in der Mitte Deutschlands, der mit der deutschen Staatsfindung und Staatsbildung vor 1100 Jahren am engsten verbunden war. 1994, wenige Jahre nach dem Fall der Mauer, nahm die UNESCO Quedlinburg in die Welterbeliste auf.

Unten: Unter steilem Giebel und mit opulentem Portal: das Rathaus. **Ganz unten links:** Blick auf Quedlinburgs Schlossberg und die Stiftskirche St. Servatius. **Ganz unten rechts:** Der Kaiserfrühling, ein historisches Fest, erinnert daran, dass die Wiege des Deutschen Reiches in Quedlinburg stand – hier Kaiser Otto I. und Adelheid.

DAS BAUHAUS IN DESSAU UND WEIMAR

37 Revolution der Architektur

Die Anfänge lagen in Weimar: Der geniale Belgier Henry van de Velde hatte seit 1906 die Kunstgewerbeschule des Großherzogs geleitet und in bitteren Weltkriegsjahren den Berliner Walter Gropius (1883–1969) als Nachfolger vorgeschlagen. Der prägte den Begriff »Bauhaus«, schuf das »Staatliche Bauhaus« und wurde zum Pionier der industriellen Formgebung. Doch 1925 musste das politisch missliebige, weil zu fortschrittliche Weimarer Bauhaus schließen.

Dessau lud Gropius ein, und schon im nächsten Jahr konnte die »Hochschule für Gestaltung« mit der Arbeit beginnen – in dem von Gropius entworfenen Gebäudekomplex. Wieder gab es politische Komplikationen, auch Gropius' Nachfolger Hannes Meyer und Mies van der Rohe wurden entlassen. Der Aufstieg des Nationalsozialismus setzte dem staatlich-anhaltischen Bauhaus ein Ende, 1933 wurde es geschlossen. Es ist erstaunlich, wie wenig dieser brüske Abbruch den Ideen von Gropius und seinen Künstlerfreunden – Wassily Kandinsky, Lyonel Feininger, Laszlo Moholy-Nagy – anhaben konnte.

Kühle Klarheit der Bauhaus-Architektur in Dessau. Hier fand Walter Gropius mit seinen Kollegen einen neuen Platz des Forschens und Lehrens.

Heute trifft man in Dessau wieder auf eine aktive Hochschule in der Bauhaus-Tradition. Gropius' lange vernachlässigter, entstellter Bau wurde vom Ende der 1990er-Jahre bis 2006 in fast allen Details wiederhergestellt. Denn an den Details der Beleuchtung, der Belüftung, der Heizung und des Mobiliars wird der praktische und ästhetische Rang der Bauhaus-Architektur noch deutlicher als an den Fassaden allein. Die Stiftung Bauhaus Dessau, 1994 gegründet, ermöglicht Werkstattprojekte zu Architektur, bildender und darstellender Kunst, Design und Urbanistik.

Führungen werden angeboten, auch in die »Meisterhäuser«, gleichfalls von Gropius entworfen, wahre Musterbauten einer geometrisch harmonisch gegliederten Architektur. Es lohnt den kurzen Abstecher in die Ebertallee, um dort in einem Kiefernwäldchen diese drei einst von Kandinsky, Klee, Georg Muche, Oskar Schlemmer und Lyonel Feininger bewohnten Doppelhäuser kennenzulernen. Auch überdauern in Dessau noch andere Bauten von Walter Gropius, voran das eingeschossige Halbrund des Arbeitsamts.

WALTER GROPIUS – DER WEG ZUM BAUHAUS

Aus einer Berliner Architektenfamilie stammend, studierte der junge Walter Gropius (1883–1969) in München und Berlin, fand sogleich eine Anstellung im Büro von Peter Behrens, einer Genieschmiede, in der auch Le Corbusier und Ludwig Mies van der Rohe Erfahrungen gesammelt hatten. Noch nicht 30 Jahre alt, gründete er eine eigene Firma, war Architekt und Formgestalter – das Wort »Designer« war noch nicht allgegenwärtig – von Inneneinrichtungen bis zu einer Diesellokomotive. Mit der »Fagus-Fabrik«, einer Stahl- und Glasarchitektur im norddeutschen Alfeld, erregten Gropius und Adolf Meyer international Aufsehen: ein Frühwerk der Neuen Sachlichkeit. Zur Kölner Werkbundausstellung 1914 zeigten die beiden Jungarchitekten eine Musterfabrik mit den bis heute geschätzten rund verglasten Treppentürmen. Über 50 Jahre des Bauens und Lehrens folgten: am Bauhaus in Weimar und Dessau, in der Emigration in London und in Harvard, später vor allem in Berlin. Wohnungen für viele Menschen zu schaffen war ein Hauptziel; in Berlin war Gropius an der Interbau 1957 beteiligt, in den 1960er-Jahren baute er in West-Berlin die »Gropiusstadt«.

Bauhaus – zweierlei Funktionalismus
Aus der »Großherzoglich-Sächsischen Hochschule für Bildende Kunst« machte Gropius das »Staatliche Bauhaus in Weimar«. Walter Gropius war ein Meister darin, Kompliziertes auf eine einfache Formel und Form zu bringen. Zu seinen Bauhaus-Kollegen zählten Mies van der Rohe, Lyonel Feininger, Paul Klee, Wassily Kandinsky, Georg Muche und andere Künstler, keineswegs nur Architekten. Die Bauhaus-Architektur breitete sich in Deutschland, bald auch weltweit aus. Funktionalismus lautete das neue Leitwort, Neue Sachlichkeit ein anderes – und beide forderten den Abschied von schmückendem Dekor, wollten pure »Form, die der Funktion folgt«. Rund um den Globus folgten Bauherren und Architekten dem Appell – und missverstanden Funktionalismus allzu oft als Superfunktionalismus: »so billig, also so uniform wie möglich«. Bald 100 Jahre später sehen allzu viele Städte auch so aus.
Gropius unterschied zwischen »Wohnorganismus« und »Wohnmaschine«. Er lehrte: »Bauen ist mehr als Zweckerfüllung«, und: Wir sollen »unsere psychischen Bedürfnisse nach harmonischem Raum, nach Wohlklang und Maß der Glieder, die den Raum erst lebendig und wahrnehmbar machen, als Zwecke höherer Ordnung betrachten«. Leider weist selbst die »Gropiusstadt« Züge einer riesigen Wohnmaschine auf; Kritik wurde laut, zitierte, was der Römer Vitruv für gute Architektur einforderte – firmitas, utilitas, venustas, also: solide, zweckdienlich und anmutig sollte sie sein.

Die Entwicklungen in Weimar

In Weimar war den Bürgern die Bauhaus-Ära in den 1920er-Jahren wohl zu modern; es gibt nur ein einziges präsentables Wohnhaus der kurzen Bauhaus-Ära: das »Haus am Horn«, 1923 von Georg Muche am östlichen Ilmhang gebaut. Ebenso wie das »Haus am Horn« stehen die Jugendstilbauten Henry van de Veldes auf der Welterbeliste, heute genutzt von der Bauhaus-Universität Weimar.
Und es gibt, vis-à-vis vom Goethe-Schiller-Denkmal, ein Bauhaus-Museum in Weimar. Spannend und schön ist die Auswahl der Exponate, von Henry van de Veldes Porzellankreationen bis zu Marcel Breuers Stahlrohrmöbeln – wie auch die ausgestellten Modelle: der »Turm des Feuers« von Johannes Itten und das Bauhaus-Gebäude in Dessau.

Einblicke ins Bauhaus mit seinen wohlproportionierten, klaren Formen. Gestaltendes Handwerk, Architektur und bildende Künste waren die Hauptbereiche.

DAS WÖRLITZER GARTENGLÜCK

38 Welterbe: Dessaus Parklandschaft

Bei Dessau ist etwas Einzigartiges gelungen: Aus einem halben Dutzend Schlössern und Parks ist das »Gartenreich Dessau-Wörlitz« entstanden. Begonnen hat dies vor fast 250 Jahren im frischen Wind der Aufklärung ein junger Fürst, Leopold III. Friedrich Franz von Anhalt-Dessau. Anders als der »Alte Dessauer«, sein Großvater, wollte Friedrich Franz von Anhalt-Dessau von militärischen Lorbeeren nichts wissen. Er wurde zum Schrittmacher des Landschaftsparks. Das war im Jahr 1764, kurz nach dem Ende des Siebenjährigen Krieges. Zum Glück blieb das 112 Hektar große Parkgelände von Wörlitz bis heute erhalten – so, wie schon Goethe es erlebt und bewundert hat. Acht Mal hat sich der Dichter und Weimarer Minister in der Wörlitzer Sommerresidenz aufgehalten, zumeist als Begleiter Herzog Carl Augusts, der mit den Dessauer Vettern eng befreundet war.

Die vielen Auwiesen und Altwasser der Elbniederung gaben den Ausschlag, als Fürst Franz sich mit seinem fast gleich jungen Architekten Friedrich Wilhelm von Erdmannsdorf (1736 – 1800) für das Gelände bei dem heute über tausend Jahre alten Städtchen Wörlitz entschied. Mit einem Gartenplan von der Wörlitz-Information macht man sich zum schön restaurierten Markt auf und kommt von dort in den Park und auf das klassizistische Schloss zu – eines der besten Beispiele des frühen Palladianismus in Deutschland.

Das »Gartenreich« (Mitte 18. Jh.) um Schloss Wörlitz gilt als einer der größten deutschen Landschaftsparks nach englischem Vorbild.

Die Parkwanderroute am See entlang führt zu Stätten und Symbolen von Aufklärung, Toleranz und Kunst: zu einer Synagoge, zum Pantheon, wo die »Freunde von Natur und Kunst« mit ägyptischen und griechischen Kunstwerken zurück zu den Ursprüngen geführt wurden, zur Rousseau-Insel mit dem Denkmal des Philosophen. Auf den übergrünten Erdwällen, die den Park vor Elbehochwasser schützen, kommt hier ein Tempelchen mit einer Kopie der Venus von Tivoli, dort die Luisenklippe, da das Gemäuer einer romantischen Eremitage in den Blick.

Zu wählen hat der Besucher unter der Fülle des Sehenswerten und möglicher Aktivitäten. Die Kulturstiftung Dessau-Wörlitz sorgt für Denkmal- und naturnahe Landespflege und bietet den Besuchern einen bunten und breiten Programmfächer. Auch gibt es einen ausgeschilderten Fürst-Franz-Radwanderweg, Picknickplätze, Badeseen,Kutsch-, Gondel- und Heißluftballonfahrten. Man kann reiten, Tennis spielen, ein Boot ausleihen und bei frühzeitiger Anmeldung auch eine Ferienwohnung beziehen.

FÜRST, GÄRTNER UND MENSCHENFREUND

Fürst Leopold III. Friedrich Franz von Anhalt-Dessau lebte von 1740 bis 1817, war beseelt von philanthropischen Ideen, von der Herrschaft der Toleranz und Vernunft, die mit dem Ideal der Schönheit einhergehen sollte – das Schöne soll nützlich, das Nützliche schön sein. Er förderte die Bildung durch gezielte Verbesserung der Lehrerausbildung sowie die Künste, die Wissenschaften und die Landwirtschaft. Er verehrte den französischen Aufklärer Rousseau, selbst wurde er wegen seiner menschenfreundlichen Landespolitik von den Größen seiner Zeit bewundert, so etwa von Goethe und dessen Kreis in Weimar und von Friedrich II. von Preußen. Selbst Napoleon I. achtete ihn hoch: Durch geschickte Diplomatie bewahrte der Fürst sein Land vor kriegerischen Auseinandersetzungen.

WITTENBERG: LUTHER ÜBERALL

39 Predigt, Protest und Papstbann

In Wittenberg übernahm Luther 1512 die Professur für biblische Theologie. Die Stadt nennt sich seit 1938 Lutherstadt. Ganz zu Recht, an der repräsentativen Achse Schlossstraße/Collegienstraße reihen sich die mit Luthers Leben verbundenen Stätten aneinander – wie das kurfürstliche Schloss, die Schloss- und Universitätskirche und das Lutherhaus, Teil des ehemaligen Augustinerklosters, wo der Reformator fast 35 Jahre lebte und lehrte.

Lucas Cranach hat Luther in Wittenberg immer wieder porträtiert. Der hochgelehrte Philipp Melanchthon war Luthers jüngerer Kollege, Mitarbeiter und Freund – beide Häuser, Cranachs wie auch Melanchthons, können besucht werden.
Luther war ein beliebter Professor, seine kräftige, bilderreiche Sprache kam gut an. Seine Frömmigkeit war stark. Darum protestierte er gegen Missbräuche wie den Ablasshandel, der den Käufern der Ablasszettel eine Verkürzung des Fegefeuers versprach. Als die Kritik ohne Antwort blieb, schrieb Luther im Jahr 1517 seine 95 Thesen. Unzweifelhaft ist ihre »gewaltigste Sprengkraft«, weil »Luther mit ihnen den grundsätzlichen Angriff gegen das ganze päpstliche Finanzwesen begann, dessen ergiebigste Quellen in Deutschland sprudelten« (Hellmut Diwald in seiner Luther-Biografie).
Der päpstliche Bann, der verweigerte Widerruf in Worms, Reichsacht und Wartburgzeit folgten. Luther, unterm Schutz seines Kurfürsten, konnte 1522 in das Haus an der Stadtmauer zurückkehren, das man samt getäfelter Lutherstube kennt – und doch nicht ganz kennt, wenn man nach 2005 nicht mehr dort war.

ARCHÄOLOGISCHE LUTHER-SENSATION

Bei Gartenarbeiten wurde erst 2004 ein Anbau an das Lutherhaus entdeckt, der mehrere heizbare Stuben, Luthers Arbeitszimmer und Küchenräume umfasste. Jetzt steigt man über Treppen vom Hof hinab in diese lang verborgen gebliebenen Räume, blickt in eine hochprofessionell aufbereitete, mit Schautafeln und Modellen erhellte Vergangenheit. Eindruck macht die lange Tafel, an der Luther mit seinen Angehörigen, Studenten und mit manchen Armen oder Zufallsgästen speiste.
Seine Frau Katharina, die abtrünnige Nonne, die er 1525 geheiratet hatte, war rastlos bemüht, diesen Riesenhaushalt zu lenken. Im Hof gab es Viehställe, auch gebraut wurde unter Aufsicht Katharinas, und oft wurde sie von ihrem Ehemann »Herr Käthe« genannt: »Und gedacht, wie gut Wein und Bier ich hab daheim«, schrieb Luther 1534 auf einer Reise nach Dessau, »dazu eine schöne Frau oder sollt' ich sagen Herren.«
Schön und lebenstüchtig steht Katharina Bora im grünen Innenhof des ehemaligen Klosters, eine Bronzeskulptur von Nina Koch, 1999.

Unten: Rathaus und Stadtkirche St. Marien. **Ganz unten:** Festgottesdienst in der Schlosskirche: An die Tür dieser Kirche, so heißt es, schlug Luther 1517 seine Thesen.

POTSDAMS PREUSSISCHES ARKADIEN

40 Schlösserpracht und Gartenlust

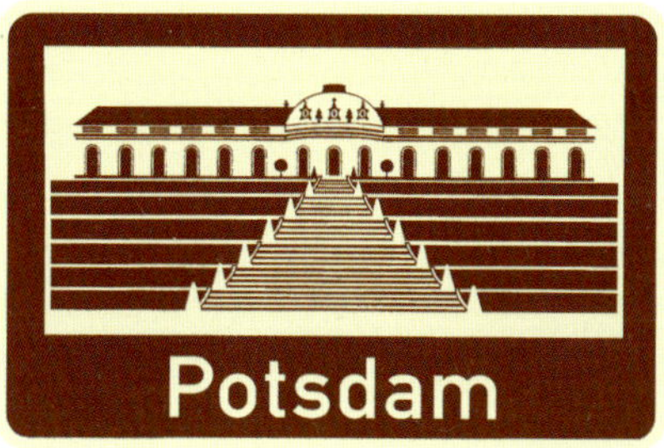

Eine »romantische Wildnis, die sich aus Eichen, Unterholz und allerlei Schlinggewächs zusammensetzte. An manchen Stellen urwaldartig, undurchdringlich«, so erzählt Theodor Fontane von der Havelinsel nordwestlich von Glienicke, bevor sie zur Pfaueninsel, zu einem königlichen Parkjuwel avancierte. Die Verwandlung von urtümlicher Natur und Wildnis in eine der schönsten Schlosslandschaften nicht nur Europas, sondern weltweit – das ist ein Stück Hohenzollern-Geschichte ganz im Zeichen von Gartenkunst und Kunstliebe.

Noch nicht 30-jährig, aber schon König, führte Friedrich II. Kriege gegen Maria Theresia, annektierte Schlesien und schuf sich mit Stilgefühl und genug Finanzmitteln seit 1744 Sanssouci als eine Residenz privaten Zuschnitts. Ein »Anti-Versailles« hat man Sanssouci genannt, wo Friedrich II. in ländlicher Umgebung im Einklang mit der Natur leben konnte. Das hieß jedoch nicht, die Regierungsarbeit zu vernachlässigen – Friedrich war auch in Sanssouci »der erste Diener des Staates«.

FRIEDRICH DER GROSSE ÜBER SANSSOUCI

»Sans Souci«, sorgenfrei, steht über dem Mittelportal des Sommerschlosses und meint auch die Totengruft, die sich der König zugleich erbauen ließ. »Quand je serai là, je serai sans souci« (wenn ich dort bin, werde ich keine Sorgen haben), soll er seinem Freund, dem Marquis d'Argens, anvertraut haben. In der Nähe der Gruftkammer wurden seine Lieblingshunde, die Windspiele, bestattet, einer sogar in der Gruft selbst, in die Friedrichs sterbliche Reste erst am 17. August 1991, 205 Jahre nach seinem Tod, endlich gemäß seinem Wunsch gebettet worden sind.

Vorausgegangen war eine makabre Toten-Tour. Friedrichs Neffe Friedrich Wilhelm II. ließ seinen Vorgänger nicht beim Schloss, sondern in der Potsdamer Garnisonskirche bestatten. 1945, kurz vor dem Einmarsch der Russen, wurden die sterblichen Überreste nach Marburg, anschließend in die Kapelle von Schloss Hohenzollern verbracht. Bis zur letzten Umbettung im Jahr 1991 sollte es noch 46 Jahre dauern.

Besucher auf der festlich beleuchteten Terrasse und der großen Treppe vor Schloss Sanssouci in Potsdam bei der »11. Potsdamer Schlössernacht« 2009.

Über den eigens angelegten Weinbergterrassen erhebt sich der Schlossbau mit zwölf hohen Fenstertüren, aus denen der König direkt ins Freie treten konnte. Als »Friderizianisches Rokoko« hat man die Innenarchitektur und Ausstattung bezeichnet, dem kreativen Anteil gemäß, den der König an seinem Schlossbau hatte.

Sanssouci ist das Herzstück der Welterbestätte – samt dem Park und der Fülle seiner Statuen, Parkbauten und Wasserkünste. Immer wieder wird das Chinesische Haus bewundert. Die Bildergalerie, nur wenige Schritte vom Schloss entfernt, war der erste selbstständige Galeriebau Europas. Friedrich II. ging an Regentagen zwischen den Bildern spazieren.

Das 240 Meter lange Neue Palais, ein Gästeschloss mit Hunderten von Zimmern, gab Friedrich II. selbst in Auftrag. Der König distanzierte sich freilich von der eigenen Triumphalarchitektur, nannte das Neue Palais eine »Fanfaronade«, eine Prahlerei.

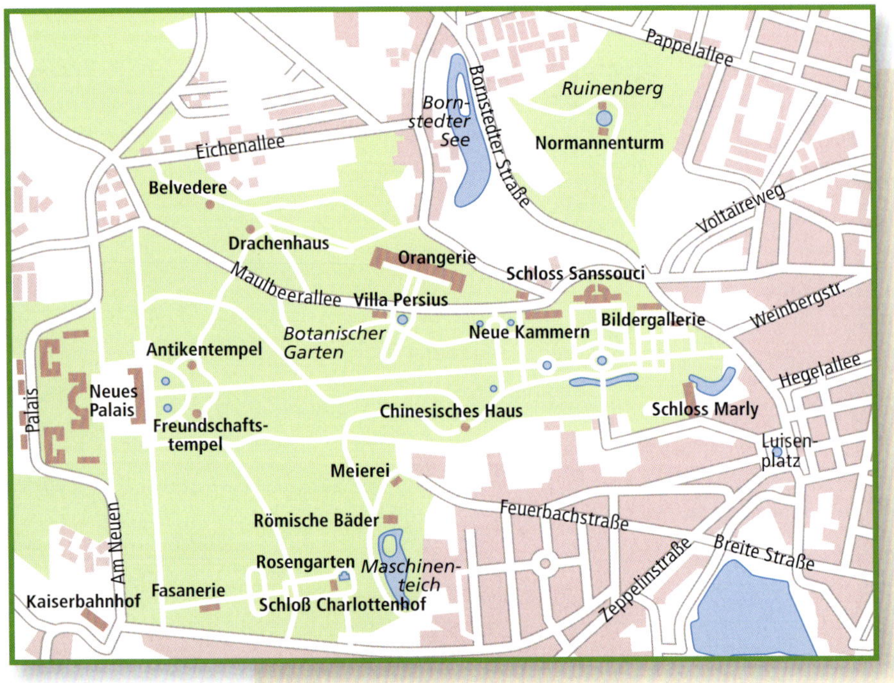

Der Zoologische Garten Berlin

Die Pfaueninsel hätte auch Känguru-, Affen- oder Bäreninsel heißen können, hatte doch auf dem nicht einmal einen Quadratkilometer großen Eiland Friedrich Wilhelm II. sowohl eine kleine Landwirtschaft mit Kühen als auch ein exotisches Bestiarium untergebracht, die »Königliche Tiersammlung«. Sein Enkel, Friedrich Wilhelm IV., schickte die wilden Tiere vier Jahrzehnte später, 1842, nach Berlin und schenkte sie den Berlinern als Grundstock des zwei Jahre später eröffneten ersten deutschen zoologischen Gartens. Als wissenschaftliche Gründerväter machten sich Alexander von Humboldt und Martin Lichtenstein verdient, als Gartengenie Peter Joseph Lenné.

Folgt man dem Zeitablauf, in dem das preußische Arkadien entstand, ist nach Sanssouci die Pfaueninsel das nächste Ziel. Sie ist die königliche Schöpfung Friedrich Wilhelms II. (regierte 1786–97, Neffe von Friedrich II.). Die Pläne für das Schloss im Inselpark, diese künstliche hölzerne Ruine mit einer spitzbogig verzierten Brücke zwischen den beiden Türmen, stammten aber wohl nicht vom König, sondern von Madame Wilhelmine Ritz, geborene Enke (1753–1820). Sie war die sehr schöne Tochter eines Hornisten und die Geliebte des Königs bis zu seinem Tod. Die Dame wurde von ihm zur Gräfin Lichtenau geadelt, später ließ der Sohn des Königs sie jahrelang inhaftieren.

Das Gartengenie

Erst Peter Joseph Lenné (1789–1866), der große Gartenmeister, geborener Rheinländer, gestaltete die Pfaueninsel zu einem Landschaftsgarten, wie sie sich noch heute darbietet, samt den namengebenden Pfauen. Lenné schuf die Weg- und Sichtverbindungen, die die Parkanlagen des preußischen Arkadiens miteinander verbanden.

Das betraf auch die Friedenskirche von Friedrich Wilhelm IV. (von Ludwig Persius erbaut) mit dem Marly-Schlösschen im Osten des Sanssouci-Parks und im Süden das Schloss Charlottenhof (nach Entwürfen von Schinkel). Es betraf auch die Römischen Bäder und nordöstlich außerhalb von Sanssouci den Pfingstberg mit dem Belvedere (von Ludwig Persius und anderen), zu dem eine Romreise den König inspiriert hatte.

Jenseits der Glienicker Lake, schon auf Berliner Boden, blieb das barocke Jagdschloss Glienicke erhalten, 1682 wurde es für Kurfürst Friedrich III. erbaut. Schinkel verwandelte ein Gutshaus in die Sommerresidenz Glienicke. Preußischer Klassizismus bestimmt die Szene, samt goldglänzender Löwenfontäne. Markant ist vor allem der Rundtempel der »Großen Neugierde«.

Das »Holländische Viertel« besteht aus vier Karrees mit rund 150 Backsteinhäusern. Die unverputzten Häuser zieren teilweise geschwungene Giebel.

Oben: Die Alexander-Newski-Gedächtniskirche in der Russischen Kolonie Alexandrowka bei Potsdam. **Oben rechts:** Sanssouci vom Garten aus gesehen. **Rechts:** Der beeindruckende Neorenaissancebau der Orangerie ist eine Reminiszenz an die Italienreisen Friedrich Wilhelms IV. **Unten links:** Das Alte Rathaus am Alten Markt in Potsdam. Es wurde nach dem Zweiten Weltkrieg originalgetreu wiederaufgebaut. Der Turm diente bis 1875 als Gefängnis. **Unten Mitte:** Lebensgroße Figur eines Tee trinkenden Chinesen im Park von Sanssouci. **Unten rechts:** Das Neue Palais mit seinen 200 Räumen nutzte Friedrich II. vornehmlich als Gästeschloss.

DIE STRASSE DER ROMANIK

41

Die Spur der Steine

Wie eine große Acht liegt die Straße der Romanik über der Landkarte von Mitteldeutschland. Die populäre Tourismusroute in Sachsen-Anhalt und Brandenburg verbindet zwischen Arendsee im Norden und Zeitz im Süden seit 1993 über 70 Baudenkmäler aus dem längst vergangenen Mittelalter. Der einzigartige Kulturpfad führt zu großen Burgen, Kirchen und Klöstern mit den charakteristischen Rundbögen an Fenstern und Gewölben ebenso wie zu Orten, an denen nur noch Ruinen oder Ausgrabungsstätten an einstige Machtfülle und Prachtentfaltung erinnern. Doch überall ermöglichen die steinernen Zeugen von damals den heutigen Besuchern interessante Einblicke in das weltliche und geistliche Leben vor rund 1000 Jahren.

Manche Kleinodien, wie etwa romanische Dorfkirchen oder profane Backsteinbauten in der Altmark, müssen erst noch entdeckt werden. Zahlreiche andere Baudenkmäler aber an der 1000 Kilometer langen Touristenstraße sind längst weithin bekannte Erinnerungsorte der deutschen Geschichte. Wie etwa die heutige Landeshauptstadt Magdeburg am Kreuzungspunkt der nördlichen und der südlichen Route. Otto der Große (912–973) ließ in seiner Lieblingsstadt um 950 eine romanische Kathedrale bauen, von der Teile noch im später erbauten gotischen Dom zu erkennen sind. Zudem machte der einflussreiche Herrscher von Magdeburg aus seine Osterpfalz Quedlinburg am Harz zum wichtigsten Ort der Ottonen. Davon künden das Schloss und hoch über der Altstadt mit ihren 1200 Fachwerkhäusern die Stiftskirche St. Servatius mit dem kostbaren Domschatz.

Mit den Domen von Halberstadt, Naumburg und Merseburg, der Stiftskirche Gernrode, dem einstigen Zisterzienserkloster Schulpforte, der Klosterruine Memleben und zahlreichen anderen Klosteranlagen sind in die Touristenstraße weitere Sakralbauten von überregionaler Bedeutung einbezogen. Wo sie über die Jahrhunderte ihre ursprüngliche Zweckbestimmung bewahren konnten, dienen sie den Menschen unverändert als Stätte der Einkehr und der Besinnung. Darüber hinaus öffnen sich manche von ihnen zu Konzerten und anderen Veranstaltungen.

Zu den bemerkenswerten Profanbauten mit einem mittelalterlichen Kern gehören die gewaltige Burg von Querfurt, die Neuenburg über den Weinbergen von Saale und Unstrut bei Freyburg, die Burg Giebichenstein in Halle, die rekonstruierte Königspfalz Tilleda bei Sangerhausen und die Wohnburg Falkenstein im Harz, wo einst Eike von Repgow zwischen 1220 und 1230 den *Sachsenspiegel* verfasste – das wichtigste deut-

ZUR EHRE GOTTES

Romanische Architektur wird gelegentlich beschrieben als Bauen zur Ehre Gottes. Der dominierende Baustil zwischen dem 11. und 13. Jahrhundert in Frankreich, Deutschland, Italien und Spanien galt gleichermaßen als Bühne und Kulisse der christlichen Heilslehre, der sich Malerei und Plastik unterordneten: Kirchen und Klöster waren damals für die Menschen nicht nur selbstverständlicher Mittelpunkt ihres Lebens, sondern auch die weithin akzeptierte Instanz in allen wichtigen Fragen. Die Baumeister der Romanik orientierten sich an spätrömischer und frühchristlicher Baukunst und nutzten deren Elemente für ihre eigenen Zwecke. Charakteristisches Merkmal sind die von alten römischen Bauten übernommenen Rundbögen für die Gewölbe und Fenster. In der Bildhauerei kam die Monumentalskulptur zu neuen Ehren. Während profane Bau- und Kunstwerke der Romanik ihre Zeit nur lückenhaft überdauerten, haben romanische Sakralbauten die Jahrhunderte weitaus besser überstanden – nicht zuletzt dank ihrer ununterbrochenen Nutzung für religiöse Zwecke.

Die zwischen 1150 und 1190 errichtete Klosterkirche des Prämonstratenserordens in Jerichow (Sachsen-Anhalt) lädt regelmäßig zu Konzerten ein.

Quer durch Europa

Die Straße der Romanik in Sachsen-Anhalt ist Teil des europäischen »Transromanica«-Projekts mit weiteren Stationen im benachbarten Bundesland Thüringen sowie in Italien, Österreich und Slowenien. Die vom Europarat bestätigte Europäische Kulturstraße soll das gemeinsame historische Erbe der Romanik lebendig halten, die als einheitlicher Stil die Epoche in den Jahren zwischen 950 und 1250 in Europa nachhaltig prägte. Marksteine an der »Transromanica« sind u. a. in Deutschland die Wartburg bei Eisenach mit ihrer tausendjährigen Geschichte, in Italien der Dom von Modena mit dem berühmten Löwenportal, die Kirche Sacra di San Michele im norditalienischen Piemont, das Stift St. Paul in Kärnten und die Burg Podsreda in der slowenischen Region Kozsjansko. Eine Zeitreise zu diesen mittelalterlichen Orten führt zugleich an die Anfänge einer gemeinsamen europäischen Kulturgeschichte. Neben übergreifenden Gemeinsamkeiten in Architektur und Kunst werden dabei auch ausgeprägte Eigenheiten in den einzelnen Regionen erkennbar.

sche Rechtsbuch des Mittelalters. Schließlich sind auch die Burgen »an der Saale hellem Strande« bei Naumburg Stationen an der Touristenstraße, deren Weg zu markanten Schauplätzen des mittelalterlichen Lebens durch abwechslungsreiche Landschaften führt.

Oben: Doppelkapelle St. Crucis (zweite Hälfte des 12. Jh.) wurde von Markgraf Konrad II. aus dem Wettiner-Geschlecht erbaut. **Unten:** Merseburgs 1000-jähriger Dom und die Schlossanlage erhebt sich über die Saale. **Ganz unten:** Die Festungsburg Querfurt.

ROUTE 3 Westdeutschland

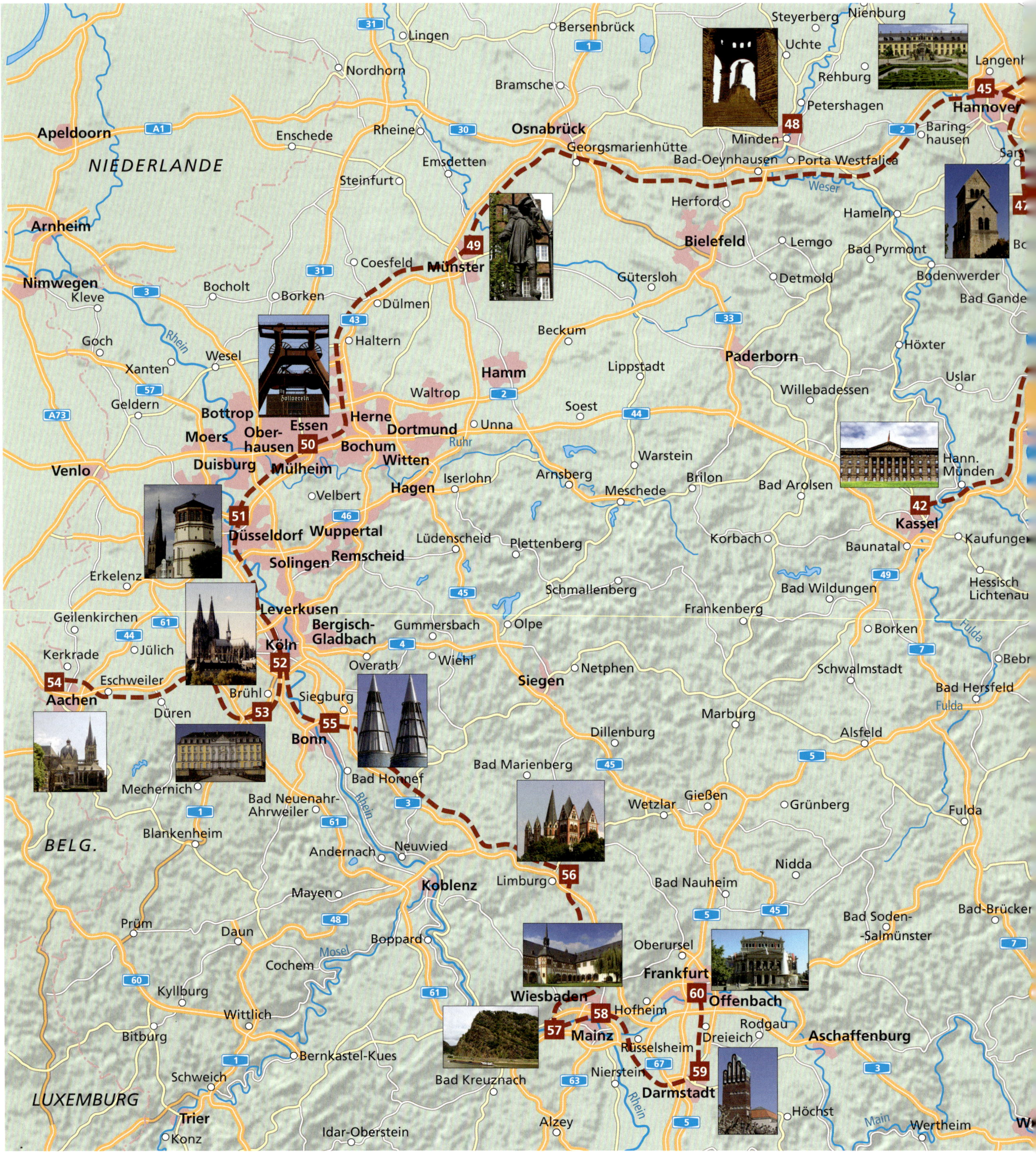

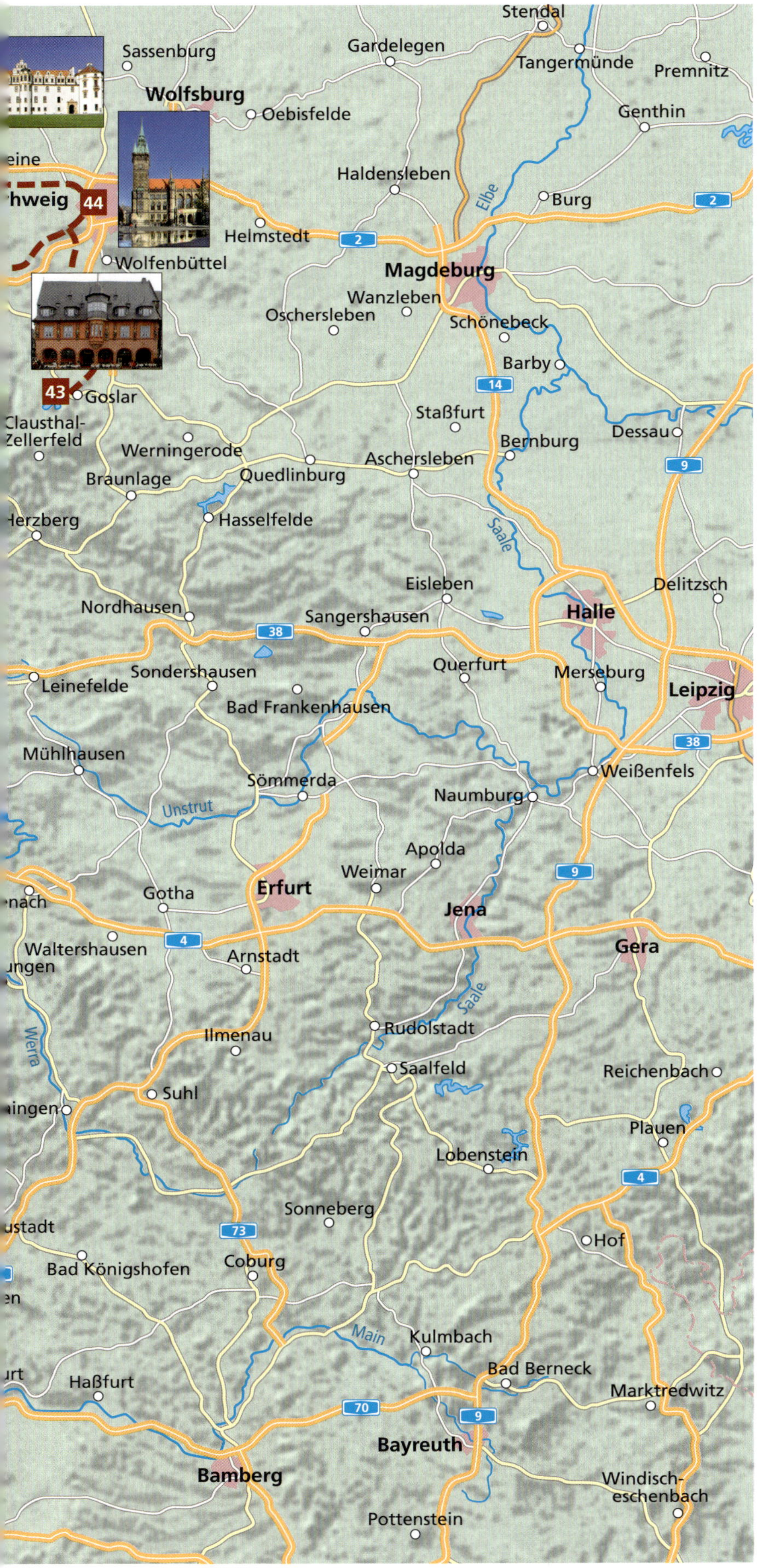

42 Kassels Wilhelmshöhe 84

43 Goslar und 3000 Jahre Rammelsberg 85

44 Braunschweig, die Welfenstadt 88

45 Herrenhäuser Gärten 90

46 Stadtjuwel Celle 91

47 Hildesheim und die frühe Romanik 92

48 Zu Wilhelm I. an der Porta Westfalica 94

49 Münster im schönen Münsterland 95

50 Zeche Zollverein Essen 96

51 Die Altstadt Düsseldorfs 98

52 Ewige Baustelle Kölner Dom 100

53 Schlösser und Gärten von Brühl 102

54 Aachens Kaiserdom im Herzen Europas 104

55 Museumsmeile Bonn 106

56 Limburger Dom 107

57 Am Oberen Mittelrheintal 108

58 Kloster Eberbach 110

59 Mathildenhöhe Darmstadt 111

60 Europastadt Frankfurt am Main 112

61 Die Deutsche Weinstraße 114

KASSELS WILHELMSHÖHE

42 Der schönste Bergpark

»Vielleicht das Grandioseste, was irgendwo der Barock in Verbindung von Architektur und Landschaft gewagt hat«, lobte schon vor hundert Jahren Georg Dehio in seinem *Handbuch der deutschen Kunstdenkmäler*. Was die hessischen Landgrafen am grünen Hang des Habichtswaldes um 1700 entstehen ließen, wuchs bis weit ins 19. Jahrhundert und kann sich heute rühmen, der größte Bergpark Europas zu sein. Vom Fuß des Berges – am Stadtrand von Kassel, vor 300 Jahren fünf Kilometer von der Stadtgrenze entfernt – bis zur Höhe der Herkulesfigur sind es rund 240 Meter Höhenunterschied. Entsprechend weithin sichtbar ragt die über neun Meter große Herkulesgestalt über dem Achteck des »Riesenschlosses« und über der Berglandschaft auf. Herkules, den Zeus-Sohn und Halbgott, den Helden und Kraftprotz, haben sich Herrscher immer wieder gern als Symbolfigur zu eigen gemacht.

In Kassel ist die Herkulesfigur auf ihrer Pyramide zum Wahrzeichen der Stadt avanciert. Der Barockgarten wurde ein Landschaftspark nach englischem Vorbild und hat noch viel mehr zu bieten: die großartige Sichtachse vom Schloss Wilhelmshöhe hinauf zu den Wasserfällen, die Wasserspiele und künstlichen Felsgrotten und vielerlei antikisierende Parkarchitektur. Reist man auf der A7 von Göttingen südwärts, blickt man über das Stadtgelände Kassels im breiten Talgrund zum Herkules hinüber.

Für Kunst- wie für Naturfreunde lohnt ein Abstecher: Im Park wachsen beispielsweise rund 500 verschiedene Gehölze aus aller Welt, in Schloss Wilhelmsburg sind in der Galerie Alter Meister Gemälde von Dürer, Rubens und Tizian zu besichtigen.

»KÖNIG LUSTIK« – NAPOLEONS BRUDER

Da war Kassel wirklich einmal Hauptstadt! Nach dem Frieden von Tilsit schuf Napoleon Bonaparte 1807 per Edikt den aus verschiedenen deutschen Landesteilen zusammengefügten Vasallenstaat Königreich Westphalen. Als Herrscher wurde Napoleons Bruder Jérôme eingesetzt. Dieser war wohl besser, als ihn später die deutsch-patriotische Propaganda darstellte. Er setzte die erste Verfassung in Kraft, die es in Deutschland gab. Abschaffung der Leibeigenschaft, Gewerbefreiheit und Religionsfreiheit waren ungewohnte Wohltaten, doch gab es auch eine allgemeine Wehrpflicht. Durch die machte sich Jérômes Regierung verhasst, denn Heereskontingente wurden ins Feuer nach Spanien und Russland geschickt. Jérôme war ein lebenslustiger Herrscher. In seiner Jugend war er zur See gefahren, er liebte die Frauen, war aber charmant genug, dass sich seine Ehefrau, eine württembergische Königstochter, auch nach der Niederlage Napoleons 1813 nicht von ihm trennte. Jérôme ist der einzige Bonaparte, von dem bis auf den heutigen Tag Nachkommen existieren.

Unten: Blick über den Bergpark Wilhelmshöhe, für den sich Hessen mehr touristische Aufmerksamkeit erhofft.
Ganz unten: Besucher bewundern die Wasserfälle.

GOSLAR UND 3000 JAHRE RAMMELSBERG

43

Auf Silber gebaut

Die »Harzkaiser«, wie Theodor Fontane sie nannte, voran Heinrich II. und Heinrich III., bauten sich ihre wichtigste Burgresidenz vor bald 1000 Jahren am nördlichen Harzrand. Warum gerade hier, warum gerade am Waldhang über der Goslarer Stadtmauer? Das Kupfer und das Münzsilber aus dem nahen Rammelsberg machte den Platz begehrenswert. Der Goslarer Mauerring ist größtenteils erhalten und umschließt einen der schönsten alten Stadtkerne Europas. Rammelsberg reimt sich in Goslars Geschichte mit Reichtum, der Silberausbeute wegen. Für die Hauer und Pochjungen im Mittelalter und noch bis in das 20. Jahrhundert hinein war der Bergbau eine knochenharte, schweißtreibende und lebensgefährliche Plackerei. Erst 1833, um nur ein Beispiel zu nennen, erfand ein Harzer Bergmeister die »Fahrkunst«, die das mühsame, unfallträchtige Leitersteigen in den Schächten abschaffte. Zwei Gestänge mit Handgriffen und Tritten werden gegenläufig über ein »Kunstrad« um je zwei Meter bewegt. Hebt sich das eine, senkt sich das andere, und beim kurzen Stillstand kann der Bergmann auf ein Glockenzeichen übertreten.

Die monumentale Kaiserpfalz am Fuße des Rammelsbergs, der größte erhaltene Profanbau des 11. Jahrhunderts in Deutschland, wurde mehrfach umgebaut und im 19. Jahrhundert restauriert.

Geschätzte 22 bis 30 Millionen Tonnen Kupfer-, Blei- und Zinkerze, mit beträchtlichem Silber- und kleinem Goldanteil, haben die Bergleute über all die Zeiten aus dem Berg geholt. Im 11. Jahrhundert war es für die salischen Könige und Kaiser ein Staatsschatz. Darum entstand der erste Pfalzbau Heinrichs II. in Goslar um 1040/50. Bis 1253 rechnen die Goslarer ihre Zeit als königliche, kaiserliche Residenzstadt. Fast einhundert Mal suchten die gekrönten Häupter die Kaiserpfalz auf, 23 Reichstage wurden dort veranstaltet.

Historischer Stadtkern

Seit 1281 Mitglied der Hanse, seit 1340 Freie Reichsstadt, gewann Goslar seit 1460 seine Gestalt, die im Kern noch heute erkennbar ist. Letzteres verdankt die Stadt freilich auch dem Dornröschenschlummer nach dem Verlust ihrer Bergrechte an die Wolfenbüttler

HISTORISMUS IM KAISERSAAL – H. WISLICENUS

In Goslars Kaiserpfalz, im Kaisersaal, besichtigen viele Besucher die farbenprächtigen großmächtigen Wandgemälde. Den meisten ist wohl klar, dass sie nachträglich im 19. Jahrhundert im viel älteren Palast geschaffen wurden, von dem Maler Hermann Wislicenus, der zusammen mit seinen Schülern fast 20 Jahre lang an ihnen arbeitete.
Die Absicht des figurenreichen Wandschmucks bestand in der Lobpreisung des neuen deutschen Kaiserreichs, als Huldigung an Kaiser Wilhelm I. theaterhaft inszeniert. Wislicenus (1825–1899) war ein »akademischer«, also studierter Maler. Er hatte mit Gemälden aus Geschichte und Mythologie Erfolg gehabt und war Professor an der Kunstakademie in Düsseldorf. Die Gemälde im Kaisersaal schildern nicht wirklich stattgefundene Begebenheiten. Sie bringen das überschäumende Nationalgefühl zum Ausdruck, das damals viele Deutsche erfasste. Das Kaisertum wurde idealisiert, als ob der Ruhm des Mittelalters wieder erweckt wäre. Historismus als Malerei der (gefährlichen) Illusion.

Mit der Grubenbahn ins Mittelalter

Zu den Höhepunkten des Rammelsberg-Besuchs zählen die Fahrten mit der Grubenbahn des 20. Jahrhunderts zum 100-jährigen Richtschacht, mit Vorführungen der Abbau- und Fördermaschinen. Dann werden im rund 200 Jahre alten Roeder-Stollen die riesigen Wasserräder bestaunt, mit denen die Pumpen zur Entwässerung der Stollen angetrieben wurden. Die Erzförderung begann im Tagebau schon vor 3000 Jahren, haben Archäologen erkundet. Das »Bergbaumuseum Rammelsberg« lässt immerhin auf fast ein Jahrtausend Goslarer Bergbaugeschichte zurückblicken. Nachgestellt in einer Felskammer, in der ein Mensch nur hocken konnte, sieht man die Figur eines Bergarbeiters, wie er im europäischen Mittelalter nur mit Schlägel und Eisen das Erz aus der Wand bricht: ein wahrer Sisyphus mit primitivem Werkzeug, knappem Licht und wenig Luft – zum Erbarmen. Doch auch fantastische Farben erlebt man noch in einem der ältesten Bergbaustollen Deutschlands: Im Lampenlicht zeigen sich den Besuchern türkisfarbene, meerblaue und stark rotgoldene Vitriole (Sulfatverbindungen von Kupfer und Zink).

Herzöge; die Stadt »modert mit ihren Privilegien«, notierte Goethe auf seiner Harzreise. Das hemmte den Stadtbildturnus von Abriss und Neubau.
Erhalten blieben zu Dutzenden romanische und gotische Kirchen und Klöster, auch die Gasse um Gasse gepflegten Fachwerkbauten unter ihren Schieferdächern, stattliche Patrizier- und Zunfthäuser. Golden glänzt der Reichsadler auf dem romanischen Marktbrunnen, ohnegleichen ist der »Huldigungssaal« im Rathaus: klein, aber kostbar, aufs Feinste ausgemalt bis in die Fensternischen und auch noch die Decke.
Fast wie neu ist die Kaiserpfalz am Südrand der Stadt anzusehen. Erklärlich, da zu Beginn des 19. Jahrhunderts nur noch eine Ruine geblieben war.
Als Goslar 1866 zum zweiten Mal unter preußische Herrschaft kam – zuerst zwischen 1803 und 1815 –, ging man ans Restaurieren, baute auch neu.
1988 fuhren zum letzten Mal Kumpels zur Arbeit in den Rammelsberg ein. Der Abbau lohnte nicht mehr. Vier Jahre später bekam Goslar den erhofften Platz auf der Welterbeliste – und zwar sowohl für die Altstadt als auch für das Rammelsberg-Museum, das praktisch die gesamten Betriebsstätten am Hang des Berges einschließt. Die Stadt kann doch immerhin auf ein Jahrtausend Bergbaugeschichte zurückblicken. Über Tag bewegen sich die Besucher frei: im Museumshaus A wie (Erz-)Aufbereitung mit Maschinen und einer Mineralogie-Ausstellung, im Museum K und L wie Kraftzentrale und Lohnhalle/Kaue und im Museum M wie Magazin, wo Bergbaugeschichte geboten wird.

In diesem Raum, der heute zur Ausstellung des Bergbaumuseums Rammelsberg gehört, wurde die schmutzige Arbeitskleidung der Bergleute wieder sauber. Das Erzbergwerk wurde 1988 stillgelegt.

Links oben: Der Marktplatz von Egeln an der ehemaligen Heerstraße zwischen Erfurt und Goslar. **Links Mitte:** In der Innenstadt von Goslar. **Links unten:** Lore vor dem Bergwerksmuseum Grube Samson in St. Andreasberg. **Unten:** Das Kaiserringhaus in der Altstadt von Goslar. **Ganz unten:** Die Kaiserpfalz in Goslar gehört zu den größten historischen Touristenattraktionen im Harz.

Die Museumsmacher zeigen einerseits die authentischen Technik- und Arbeitsräume, andererseits laden sie zur Begegnung mit der Entwicklung von Bergbautechnik und Wirtschaft, Sozialgeschichte, auch Kultur- und Kunstgeschichte ein. Das Miteinander von Arbeitswelt und historischer Darstellung ist spannend genug, hinzu kommen die Führungen in das Besucherbergwerk, zur Auswahl ein- bis vierstündig und natürlich auch kombinierbar. Da erscheint einem ein Tag für den Besuch von Rammelsberg bald zu kurz.

BRAUNSCHWEIG, DIE WELFENSTADT

44 Zum dritten Mal: das Schloss

So heftig wie dem Braunschweiger Schloss ist kaum einer anderen Residenz mitgespielt worden. Einmal fackelte es eine revolutionäre Menge ab, ein andermal plädierte der Rat der Stadt für den Abriss, und dreimal wurde das Schloss gebaut – jüngst jedoch nur partiell. Die Burg Dankwarderode, die Residenz Heinrichs des Löwen, hat dagegen bald tausend Jahre lang überdauert. Der Bronzelöwe, kühn auf seinem Burghofpodest, ist ein Abguss; der echte hat Quartier im Museum bezogen, zur Schonung vor Emissionen.

Zurück zum Schloss. Die Welfenherzöge hatten den aufmüpfigen Braunschweiger Untertanen im 15. Jahrhundert die Stadtfreiheit zuerkennen müssen und ihre Residenz ins benachbarte Wolfenbüttel verlegt. Im 17. Jahrhundert holten sich die Welfen die Herrschaft über Braunschweig jedoch gewaltsam zurück. Nach dem Abriss des »Grauen Hofs« der Zisterzienser im Stadtzentrum begann Anfang des 18. Jahrhunderts der erste Schlossbau. Zur Mitte des Jahrhunderts konnte ein Teil der Residenz bezogen werden. Keine hundert Jahre vergingen – Braunschweig war zeitweise dem Königreich Westfalen zugeteilt –, und schon zogen die Braunschweiger 1830 wieder zornig gegen den Herzog, schimpften ihn »Herzog Diamant«, als hemmungslosen Geldverschwender. Das Schloss loderte in Flammen, konnte aber wieder aufgebaut werden. Nur für rund 70 Jahre, dann brannte im Bombenkrieg ganz Braunschweig – auch das Schloss. Lange blieb die Ruine vernachlässigt. 1960 entschied sich der Stadtrat mit knapper Mehrheit für den Abriss und die Anlage eines Parks an gleicher Stelle. Die grüne Oase findet man aber nicht mehr. Denn 2004 beschloss der Stadtrat mit einer Stimme Mehrheit, den vielbesuchten Park zu roden und das Schloss wieder aufzubauen – genauer: seine Fassade. 2007 konnte die Rekonstruktion eröffnet werden, samt mehrstöckigem Einkaufszentrum unmittelbar hinter der neoklassizistischen Fassade.

Eine Denkmalschutzkatastrophe in mehreren Akten? Braunschweig hat mit der Schlossfassade als Vorhang vor dem Supermarkt zwar kein historisches Bauwerk zurückgewonnen. Aber dem Stadtbild wurde wohlgetan. Nüchtern muss man einräumen: Quer durch Europa etablieren sich hinter historischen Fassaden moderne und modernste Geschäfts- und Wohnräume. Glücklicherweise ist Braunschweig nicht arm an historischer Architektur. Lagen nach dem Bombenterror 90 Prozent der Innenstadt in Trümmern und Asche, fand man eine Lösung mit fünf »Traditionszentren«. Dort wurde restauriert und zugleich Respekt gefordert: keine Bausünden! Die beiden wichtigsten Zentren sind zum einen der Burgplatz mit großartigem Dom, Burg Dankwarderode und Bürgerbauten und zum anderen der Altstadtmarkt mit gotischem Rathaus und Renaissance-Gewandhaus. Ganz viel Grün ist um die Stadt, ganz nah der Naturpark Riddagshausen.

HEINRICH DER LÖWE – EIN WIRTSCHAFTSSTRATEGE

Sein Löwe, das Bronzedenkmal, steht auf dem Domplatz. Nur Sage ist, dass Herzog Heinrich den lebendigen Löwen zum Begleiter hatte. Er lebte von etwa 1130 bis 1195 und stammte aus der politisch hochaktiven Familie der Welfen. Sein Vater: Herzog von Bayern, seine Mutter: Kaisertochter. Heinrich wurde Herzog in Sachsen (heutiges Niedersachsen), später auch in Bayern. Er und der Stauferkaiser Barbarossa (Friedrich I.) versuchten, alte Zerwürfnisse zwischen Staufen und Welfen zu beenden, doch das gelang auf die Dauer nicht.

Heinrich gründete Lübeck, Schwerin und München, erstrebte die Herrschaft über Handelsstützpunkte an Ostsee und Isar, dehnte Sachsen ostwärts weit über die Elbe aus. Seine Machtpolitik war gewalttätig, erregte vielfach Klagen. Weil er sich auch oft ungesetzlich verhalten hatte, wurde Heinrich 1179/80 geächtet, er verlor seine Herzogtümer. Nach einem Exil in England konnte er 1185 nach Braunschweig zurückkehren, zu seinem 1173 geweihten Dom, in seine Burg Dankwarderode. Vor seinem Tod versöhnte er sich mit dem Staufer Heinrich VI.

Das mathematische Genie – Johann Carl Friedrich Gauß (1777–1855)

Gauß wurde 1777 in Braunschweig als Sohn armer Leute geboren, schon als Kleinkind soll er Fertigkeit im Rechnen gehabt haben. In der Grundschule überraschte er seinen Lehrer so sehr mit seiner Intelligenz, dass dieser sich für die Weiterbildung des Mittellosen auf dem Gymnasium einsetzte. Herzog Carl Ferdinand ermöglichte ihm später, am Collegium Carolinum (Vorläufer der Technischen Universität Braunschweig) und an der Göttinger Universität zu studieren. Gauß promovierte an der damaligen Universität Helmstedt. Nach dem Tod seines herzoglichen Förderers in der Schlacht von Jena 1806 übernahm Gauß die Göttinger Sternwarte als Direktor und Professor für Astronomie an der Universität.

Gauß war Mathematiker, Astronom, Physiker, Landvermesser. Viele seiner Arbeitsergebnisse wurden erst später in seinen Aufzeichnungen gefunden. Er starb 1855.

Seine Rolle in Daniel Kehlmanns Roman *Die Vermessung der Welt* ist fiktiv – Gauß war nie in Südamerika.

Braunschweig nimmt heute als Brennpunkt naturwissenschaftlich-technischer Lehre und Forschung eine Spitzenposition ein.

Links: Das herzogliche Reiterstandbild vor dem Schloss. **Unten:** Burgplatz und Rathausturm. **Ganz unten links und rechts:** Schloss Richmond wird auch für Trauungen genutzt. **Ganz unten Mitte:** Den Braunschweiger Löwen ließ Heinrich der Löwe 1166 auf dem Burgplatz aufstellen.

HERRENHÄUSER GÄRTEN

45 Das norddeutsche Parkwunder

Hannover, muss man dahin? Die Messe, die Museen – aber die Stadt wurde nach den Kriegsverwüstungen nie wieder wirklich schön. Doch dann fährt man vom Zentrum aus einmal nicht zum Maschsee und zum Sprengelmuseum, sondern nach Nordwesten und findet eine Kostbarkeit: den Großen Garten Herrenhausen, ein weites Riesenrechteck, lebendig ausgefüllt mit barocken Formen symmetrischer Beete. Blumenfarben leuchten, Wasserbecken glitzern – wenn man Glück hat, scheint die Sonne. Das hier ist der größte Barockgarten Europas, der noch heute in seinem Gesamtbild erhalten ist. Die weiße Säule der großen Fontäne im Süden der Anlage ist ein bestätigendes Ausrufezeichen, 80 Meter hoch, also höher als mancher Kirchturm.

ZWEI DAMEN FÜR DEN PARK – EIN GARTENTRAUM

Kurfürstin Sophie lebte von 1630 bis 1714. Als Zeitgenossin des französischen Königs Ludwig XIV. war sie vom barocken Stil Frankreichs beeinflusst. Sie liebte Musik und Theater ebenso wie Philosophie, war dem Philosophen Leibniz freundschaftlich verbunden, dessen Büste im Tempel des Georgengartens zu finden ist. Sophies Tochter Sophie Charlotte war die erste preußische Königin und Gründerin von Schloss Charlottenburg in Berlin.

Drei Jahrhunderte später: Beim Betreten des Großen Gartens kommt man zum barocken Grottengebäude. Dort sollte man unbedingt hineinschauen. Denn die französische Künstlerin Niki de Saint Phalle (geboren 1930 in Neuilly-sur-Seine, gestorben 2002 in den USA) hat die drei Räume zwischen 1999 und 2002 als feenhaftes Kunstwerk gestaltet, mit Mosaik- und Spiegelarbeiten in leuchtenden Farben und fantasievollen Formen und Bildern – ein Traum von leuchtenden Gartentagen. Die fülligen, lebensfrohen Nana-Figuren schmücken Hannover schon länger, 2000 wurde die Künstlerin Ehrenbürgerin der Stadt – und schenkte dem Sprengelmuseum 300 ihrer Werke.

Schon 1666 hatte der damalige Herrscher einen Garten anlegen lassen; von 1696 bis 1714 beauftragte Kurfürstin Sophie den französischen Gartenkünstler Martin Charbonnier damit, den Garten großzügig zu erweitern. Dazu gehören das Schloss Herrenhausen (wiederaufgebaut, Ort festlicher Veranstaltungen), das wunderschöne, heute wieder mit seinen großen vergoldeten Figuren geschmückte Gartentheater von 1692 und das erhaltene Grottenhaus, das zwischen 1999 und 2002 von der französischen Künstlerin Niki de Saint Phalle ausgeschmückt wurde.

Noch mehr Gartenlust: Gleich nebenan der Georgengarten, ein Landschaftspark aus dem 19. Jahrhundert, an dessen Rand im Georgenpalais das Wilhelm-Busch-Museum Karikatur und kritische Grafik zeigt, der Berggarten für Liebhaber der Botanik und der von Studenten bevölkerte Welfengarten mit der Universität.

Unten: Galeriegebäude im Schlosspark Herrenhausen bei Hannover. **Ganz unten:** Die barocke Gartenanlage des »Großen Gartens« prangt mit farbenprächtigen Blumenbeeten und zahlreichen Springbrunnen.

STADTJUWEL CELLE

46 Welfenresidenz und Fachwerkstadt

Auf halbem Wege zwischen Hannover und dem Naturpark Südheide überdauert ein niedersächsisches Stadtjuwel: Celle, einst Residenz der Welfen und anderer Dynastien, gilt zu Recht als eine der besterhaltenen Städte Deutschlands mit Fachwerkbauten. Etwa 500 Häuser sollen es sein, Giebel- und Traufenhäuser, die miteinander das innerstädtische Herz Celles bilden: Mittelalterlicher Städtebau ist zu erleben. Der rührige Welfenherzog Heinrich der Löwe stattete Celle mit dem Stapelrecht aus, so konnten die Kaufherren am Fernhandel verdienen. 1248 folgte das Stadtrecht und ein halbes Jahrhundert später der Bau der herzoglichen Burg mit den noch heute markant oktogonalen Ecktürmen. Über das raue Burggemäuer legten Renaissance und Barock ihren Prunk, es kann besichtigt werden. Hinzu kam nach dem Dreißigjährigen Krieg 1674 auch das Hoftheater, es gilt als das älteste noch bespielte Barocktheater Deutschlands.

Das Hoftheater hat italienische Vorbilder, der Hof wurde bald auch mit französischer Eleganz bekannt: Drei Damen brachten sie, voran die Geliebte des Herzogs Georg Wilhelm, Eleonore Desmier d'Olbreuse (1666–1726). Zwei ihrer Nachfahrinnen mussten ein schweres Schicksal tragen: D'Olbreuses Tochter Sophie Dorothea war mit dem späteren König Georg I. unglücklich verheiratet und begegnete dem Grafen Philipp Christoph von Königsmarck; Letzterer wurde ermordet, sie musste den Rest ihres Leben als geschiedene Gattin auf Schloss Ahlden verbringen, getrennt von ihren Kindern (»Prinzessin von Ahlden«). Ihrer Urenkelin Caroline Mathilde widerfuhr Ähnliches.

Oben: Die Neue Straße mit der Stadtkirche im Hintergrund. **Ganz oben:** Im Celler Schloss ist heute ein Residenzmuseum zur Landesgeschichte untergebracht.

CAROLINE MATHILDE – GLÜCKLOSE KÖNIGIN

Drei Jahre wohnte sie im Schloss zu Celle (1775), bis sie an Scharlach verstarb. Dass sie im hannoverschen Celle (das damals zum britischen Königreich gehörte) im Schloss wohnen durfte, verdankte sie ihrem königlichen Bruder, dem englischen Georg III. In Dänemark, dessen Königin sie war, hätten Intriganten des Hofs sie am liebsten einen Kopf kürzer gemacht. Nach Dänemark, zur Heirat mit einem gestörten jungen König, hatte man sie verschifft, als sie noch nicht 15 Jahre alt war. Das Schicksal des Königspaares nahm eine Wendung: Der König geriet unter den Einfluss seines deutschen Leibarztes und Staatsministers Graf Struensee, der mit dem Eifer eines Aufklärers mitregierte. Natürlich schuf Struensee sich einflussreiche Todfeinde, die die Leibeigenschaft der Bauern und ähnlich Althergebrachtes erhalten wollten. Die überzeugten den schwachen König, die Königin habe Ehebruch mit Struensee begangen. Der wurde als Hochverräter grausam hingerichtet. Der Königin nahm man ihre Kinder und ließ sie nur auf Einspruch ihres Bruders ausreisen. In Celle lebte sie sehr einsam.

HILDESHEIM UND DIE FRÜHE ROMANIK

47 Im Zeichen des Rosenstocks

»… viele enge und winkelige Gassen, besetzt mit hohen, altertümlichen Häusern, deren obere Stockwerke überragen und mit Erkern und reichem Schnitzwerk versehen sind«, so sah Hildesheim einst aus. Im Zweiten Weltkrieg wurden noch im März 1945 70 Prozent der Stadt dem Erdboden gleichgemacht. Aber die Hildesheimer gaben nicht auf. Wie der legendäre 1000-jährige Rosenstrauch am Dom unter den Trümmern des Doms doch wieder austrieb und wuchs, so bauten sie ihre Stadt und die beiden kostbarsten Gotteshäuser – Dom und Michaelskirche – wieder auf. Die UNESCO bestätigte 1985 den Hildesheimern mit der Aufnahme in die Welterbe-Liste das Gelingen des Wiederaufbaus und den historischen und architektonischen Rang von Dom und Michaelskirche. Beide bezeugen die strenge Schönheit der Romanik. Der Dom, ursprünglich älter als die Michaelskirche, nämlich schon aus dem 9. Jahrhundert, brannte 1046 ab und wurde nach der Mitte des 11. Jahrhunderts erneuert, brannte im Zweiten Weltkrieg wieder ab.

Die Klosterkirche St. Michael entstand unter der Leitung Bischof Bernwards bereits seit 1010. Sie ist im Kern eine dreischiffige Basilika, der aber vier Quer-

Das Amtshaus der Zunft der Knochenhauer am Hildesheimer Marktplatz gegenüber dem Ratshaus wurde 1529 im Stil der Gotik und Renaissance errichtet.

schiffe angefügt sind. Als weitere Besonderheit der St.-Michaels-Kirche wechseln erstmals Pfeiler und Säulenpaare zwischen Haupt- und Seitenschiffen und gliedern somit den Raum. Man nennt dies »niedersächsischer Stützenwechsel«. Die üppig bemalte Holzdecke stammt aus dem 12. Jahrhundert und ist original erhalten – 1943 wurde sie abgenommen und sicher gelagert. Bernward war eine der großen Persönlichkeiten um die Jahrtausendwende, geistig und geistlich, kreativ, einer, der Menschen motivieren konnte, in der Welt der Herrscher zu Hause In Europa sind aus jener Zerit zumeist nur die Namen von Kaisern und Königen bis heute im Bewusstsein geblieben. Bernwards Kenntnisse in Theologie, Mathematik und Medizin waren hervorragend. Hildesheim, wo er das Bischofsamt ubernahm, war damals nördlich vom Harz die bedeutendste Stadt

KÜNSTLER UND HEILIGER ZUGLEICH

Bernwards Geburtsjahr ist wahrscheinlich 960, er war von hochadeliger Abkunft und hoch begabt, früh verwaist und an der Domschule Hildesheim erzogen. Zunächst wurde er Erzieher des späteren Kaisers Otto III. Mit 33 Jahren avancierte er schon zum Bischof von Hildesheim. Durch seine Verbindungen zum Kaiserhof sowie seine eigenen Mittel konnte Bernward für seine Stadt sorgen, auch mit festen Stadtmauern. Als Bischof förderte die Domschule und begann den Bau des Klosters St. Michael und der bald berühmten Michaelskirche. Bernward war ausübender bildender Künstler. Noch heute sind seine großartige Kenntnisse im Metallguss an den phantastischen Domtüren mit ihren 16 Bildern biblischer Motive und an der Bernwardssäule mit ihren Reliefs zu bewundern. Auch das mit Edelsteinen geschmückte Bernwardkreuz ist Zeugnis seiner künstlerischen Begabung. Er starb 1022 in dem von ihm gegründeten Michaelskloster. 1193 wurde Bernward heiliggesprochen. Ein der Sage nach vom ihm gepflanzter Rosenbusch am Dom blühte und wuchs trotz Brandvernichtung im Zweiten Weltkrieg neu.

Typisch romanisch

Als »Bernwardskunst« bezeichnet die Kunstgeschichte die niedersächsischen Kunstwerke des frühen 11. Jahrhunderts. Man nennt die damals gebauten Kirchen und Klöster auch frühromanisch oder – in Deutschland – ottonisch, so etwa die St.-Michaels-Kirche in Hildesheim mit ihrer doppelchörigen Basilika.

Woher kommt der Name »Romanik« für diesen europaweiten Baustil? Erst ziemlich spät – Gotik, Renaissance, Barock und Rokoko hatten sich längst etabliert und waren von neuen Bauideen wieder abgelöst worden – setzte sich von Frankreich aus der Stilbegriff Romanik für die Architektur durch. Zuvor sprach man von romanischen Sprachen. Rom und das Imperium Romanum, *Roma aeterna,* das ewige Rom wirkten fort: mit seinen Rundbogen, mit einheitlicher Durchgestaltung der Baukörper. Deutliche Ansätze dazu brachte schon die karolingische Architektur. Doch die Romanik entwickelte sich weiter: mit Wölbungen, mit Kreuzgratgewölben. Etwa um 950 begonnen, endete die Romanikära um die Mitte des 13. Jahrhunderts – da stand Frankreichs Gotik schon in ihrer ersten Blüte.

weit und breit, Hannover existierte noch nicht. Kunstwerke entstanden auf Bernwards Initiative hin oder wurden, wie von seinem Biografen Thangmar bezeugt, von ihm selbst geschaffen. Bernward gründete in Hildesheim eine Kunstschule, die Malerei, Erzgießerei, Goldschmiede- und Buchkunst lehrte.

Die beiden hohen bronzenen Domtüren, ursprünglich für die Kirche St. Michael geschaffen, zeigen auf ihren acht Relieffeldern Szenen vom Paradies, von Kains Brudermord und vom Leben Jesu – in so meisterhaft konzentrierter Form, so anrührender Gestik, dass man bald wieder vor ihnen zu stehen hofft. Auch die technische Leistung im frühen 11. Jahrhundert ist einzigartig: Die 4,72 Meter hohen, tonnenschweren Türen wurden jeweils in einem Stück gegossen.

Links: Taufbecken im Hildesheimer Dom, der bis 2015 restauriert werden soll. **Ganz links:** Blick ins Mittelschiff der Kirche St. Michael. **Oben:** Hildesheim von oben, vom Kirchturm der St.-Andreas-Kirche aus gesehen. **Ganz oben:** Die Michaeliskirche von außen.

ZU WILHELM I. AN DER PORTA WESTFALICA

48 Bronzekaiser über der Weser

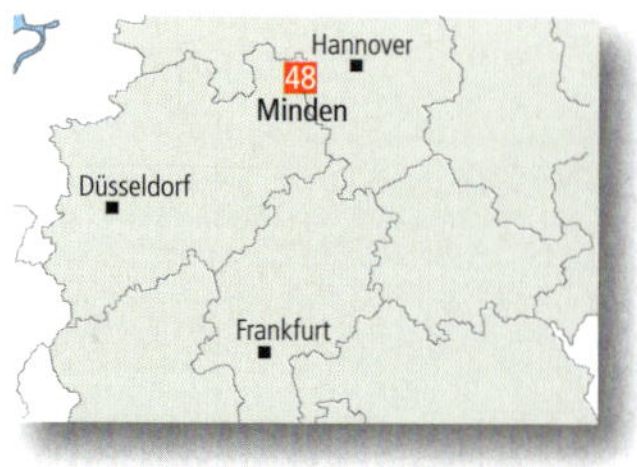

Ob er den Arm zum Gruß oder zum Segnen hebt? Das bleibt zweifelhaft, aber ohne Zweifel haben die Stifter des Denkmals den verstorbenen Kaiser in voller Uniform über der Weser platziert sehen wollen. Dort, wo der Fluss den Durchbruch durchs Gebirge in die Ebene schaffte. Unter breit wallendem Kaisermantel nimmt man den Kürass – den Brustharnisch – und den Uniformrock wahr, am Hals das Eiserne Kreuz, dazu kniehohe Lederstiefel. Wären da nicht der gemütliche Backenbart und ein Schnurrbart noch dazu, der eher lässig behandelt erscheint und jedenfalls nicht derart hochgezwirbelt, wie es der Enkel Wilhelm II. schätzte – man könnte meinen, ebendiesem sei das imposante Monument gewidmet.

Als Bildhauer hatte der Landtag der Provinz einen Westfalen gewählt, der sich in jenen denkmalsfreudigen Jahren als Könner erwies. Kaspar von Zumbusch (1830–1915) studierte in München, wo auf der Maximilianstraße noch immer Zumbuschs Bronzedenkmal von König Maximilian II. steht. Künstlerruhm brachten ihm die Wiener Jahre: Beethoven und Kaiser Franz Joseph, auch Maria Theresia und Feldmarschall Radetzky – mit Denkmälern für sie ist Zumbusch bis heute in der einstigen Kaiserstadt präsent.

Das Kaiser-Wilhelm-Denkmal bei Minden an der Porta Westfalica wurde 1896 eingeweiht – an der Ostflanke des Wittekindsbergs hoch über der Weser.

EINER, DEN MAN WIEDER HABEN WOLLTE

Als Wilhelm I., der erste Kaiser nach der Einigung Deutschlands 1871, gestorben war (1888), kam nach dem frühen Tod seines Sohnes sein Enkel, der junge Wilhelm II., an die Macht. Viele Bürger vermissten den ruhigeren, bescheideneren Stil des alten Kaisers, der ein Preuße war, aber kein säbelrasselnder Herrscher. Sein junger Nachfolger ließ jeden Ansatz zum liberalen Denken und zum diplomatischen Geschick vermissen. Hunderte von Denkmalstatuen Wilhelms I. wurden daher errichtet, oftmals von Bürgervereinen bezahlt.

Auf dem dominierenden Wittekindsberg bei Minden ließ die damalige preußische Provinz Westfalen das Kaiser-Wilhelm-Denkmal errichten, auf steinerner Plattform in tempelartigem Mauerwerk.

Wilhelm I. wurde 1797 geboren. In seinem Leben machte er die Entwicklung vom autokratischen Prinzen zum gemäßigten konstitutionellen Herrscher durch. Seinen Kaisertitel nahm er nur zögerlich an, auf Drängen des Kanzlers Bismarck und etlicher Fürstenkollegen.

Der viel jüngere Architekt Bruno Schmitz (1858 bis 1916), ein Düsseldorfer, der seine Wahlheimat in Berlin fand, gewann den ersten Preis beim Architektenwettbewerb für das Denkmal an der Porta Westfalica. Und er gewann weiter Spitzenaufträge, in Wettbewerben um das Kyffhäuser-Denkmal für die Kaiser Barbarossa und Wilhelm I. und um das Denkmal am Deutschen Eck in Koblenz für Kaiser Wilhelm I. Der Höhepunkt seiner Karriere: das Völkerschlachtdenkmal in Leipzig.

MÜNSTER IM SCHÖNEN MÜNSTERLAND

49 Stadt mit über 1000-jähriger Geschichte

Die stolzen vier- und fünfstöckigen Giebelhäuser am Prinzipalmarkt, das gotische Rathaus eben dort, das die Sonne durch die zart durchbrochene Schmuckfassade scheinen lässt, dazu das Westfälische Landesmuseum, das vor allem mit kostbaren Kunstwerken vom frühen Mittelalter bis zur Gotik prunkt (Monumentalskulpturen, Glasmalerei!) – wen Architektur und Kunst begeistern können, ist in Münster am rechten Platz.

Auch die Stadtgeschichte ist schon wegen der frühen Anfänge interessant. Ein friesischer Missionar namens Liudger war anno 792 von Karl dem Großen beauftragt worden, bei einer schon bestehenden Siedlung ein Kloster zu bauen. Um das Kloster entstand die Stadt, aus dem lateinischen Namen *monasterium* der Stadtname Münster abgeleitet, heißt es. Im 13. Jahrhundert wurde der spätromanische Dom St. Paul erbaut. Das Hauptportal ist zugleich eine Paradiesvorhalle mit lebensgroßen Skulpturen der Apostel, Hauptwerken der Stauferzeit.

Die Bischofsstadt entwickelte sich in den Wirren der Reformationsjahre zur Hochburg der hier militanten

Blick auf das fürstbischöfliche Schloss in Münster, das zwischen 1767 und 1787 von Johann Conrad Schlaun im Stil des Barock erbaut wurde.

Wiedertäufer (siehe linke Spalte), die Rekatholisierung war aber auch eben darum nicht aufzuhalten. Münster ist auch, wie einem schon in der Schule vermittelt wird, Schauplatz der Friedensgespräche gewesen, die dem Dreißigjährigen Krieg ein Ende machen sollten. Im sogenannten Friedenssaal brachten die Delegierten nach vier Jahren des Verhandelns den Spanisch-Niederländischen Friedensschluss zustande. Endlich nahte der »Westfälische Friede«.

Wie angenehm die Großstadt Münster mit ihren Museen, Bibliotheken, der Universität, den Cafés und Alleen ist, erlebt man in der warmen Jahreszeit. Im Umkreis: grünes Münsterland! Verehrer von Annette von Droste-Hülshoff finden ihr »Schneckenhäuschen« im Rüschhaus bei Nienberge nördlich von Münster. Das Stadthaus der Familie wurde nach der Zerstörung im Zweiten Weltkrieg nicht wieder aufgebaut.

KÖNIG DER WIEDERTÄUFER – JOHANN VON LEIDEN

Johann von Leiden war kein Adeliger und hieß eigentlich Jan Beuckelszoon. Ein Verführer, der Menschen zur bedingungslosen Gefolgschaft brachte. Sein Ziel war die persönliche Religiosität, darum selbstgewählte Erwachsenentaufe. Darüber hinaus Erwartung des himmlischen Königreichs. Bis das kam, rief er sein eigenes Königreich aus; er als König machte Gesetze: Gütergemeinschaft, Gehorsam, auch Polygamie. All dies im kleinen Münster, 1533. Widerspruch? Abtrünnige bekamen seine Gewalt zu spüren: Sein Scharfrichter Kniperdolling war ihm mit blankem Schwert stets zur Seite. Die Schreckensherrschaft wurde von außen nach einer 16 Monate langen Belagerung 1534 beendet, das grausame Strafgericht danach galt mehr dem Ketzer als dem Despoten. Seine und seiner Freunde Leichen verrotteten in den heute noch sichtbaren Käfigen am Turm der Lambertikirche.

ZECHE ZOLLVEREIN ESSEN

50 Musterzeche und Kulturkonzepte

1986 war das Jahr des neuen Anfangs, als die einst so moderne Zeche stillgelegt und unter Denkmalschutz gestellt wurde. 1847, als der Unternehmer Franz Haniel den ersten Schacht des Kohlebergwerks abteufen ließ, war der Name »Zollverein« ein Fortschrittssignal – mit der Gründung des Deutschen Zollvereins 1834 waren Schranken der deutschen Kleinstaatereiwirtschaft gefallen.

Gedrungen, breitbeinig, nicht umzuwerfen – so steht der Förderturm als Wahrzeichen der Zeche Zollverein über dem Werksgelände. Den Gründer Franz Haniel (1779–1868) hatten Beobachtungen auf einer Englandreise zum Erwerb von Grubenfeldern bei Essen motiviert. Mussten auf dem Kontinent zur Eisengewinnung noch die knapper werdenden Holzreserven verfeuert werden, benutzte die britische Industrie bereits das »schwarze Gold«, die Steinkohle. 1851 förderte die Zeche Zollverein bereits 13 000 Tonnen Kohle, 40 Jahre später brachte sie Haniels Erben jährlich rund 1 000 000 Tonnen ein.

Warum Weltkulturerbe? Zum einen ist die Zeche ein Denkmal einer in Mitteleuropa verschwindenden Arbeitswelt, zum anderen wegen ihrer Architektur der frühen 1930er-Jahre. Zwei junge, noch unbekannte Architekten, Fritz Schupp und Martin Kremmer, bekamen den Auftrag von der Vereinigten Stahlwerke AG. Diesem größten Stahlkonzern der deutschen Schwerindustrie hatten die Haniels im Jahr 1926 auch ihren Zollverein übereignet.

INDUSTRIELLER IN ESSEN: ALFRED KRUPP

Seine Lebenszeit (1812–1887) war geprägt von der Industrialisierung, der Ausdehnung der Märkte über regionale Grenzen hinaus, von der Bildung von Weltunternehmen und Konzernen. Er stand am Anfang eines Weges von Fortschritt und Gefahr.

Alfred Krupp übernahm als sehr junger Mann die Gussstahlfabrik seiner Eltern. Konsequentes Qualitätsstreben für seinen Tiegelgussstahl und ständige Arbeit an Innovationen brachten ihm Erfolg auf dem europäischen Markt; die aufkommende Eisenbahnindustrie verlangte nach hochwertigem Stahl. Die Nachfrage des preußischen Militärstaats machte den Stahlfabrikanten zum weltweit agierenden Rüstungsindustriellen, der konkurrenzlose Kanonen herstellte. Als er starb, hatte die Firma Krupp 21 000 Beschäftigte. Seine Unternehmensführung war in sozialer Hinsicht der Zeit voraus, aber noch stark patriarchalisch, ohne Verständnis für Mitbestimmungswünsche. Die Villa Hügel in großem Parkgelände in Essen, heute sehenswürdiges Zentrum der Kulturstiftung Ruhr, wurde 1873 als Wohnhaus der Familie Krupp gebaut.

Neue Sachlichkeit

Unterirdisch wurden die selbstständig fördernden Schachtanlagen mit ihren insgesamt zwölf Schächten so verknüpft, dass die gesamte Kohleförderung über einen einzigen neuen Schacht ans Tageslicht transportiert werden konnte. Oberirdisch entwarfen die ambitionierten Jungarchitekten kubische Backsteinhallen, eine schnörkellose, wuchtige Demonstration von Produktionsmacht. Neue Sachlichkeit wird deutlich, aber auch das Verlangen nach der großen architektonischen Geste. Den Kontrast dazu erlebt mancher Besucher schockartig: drinnen in den Hallen die schwer überschaubare, schwärzliche Arbeits- und Maschinenwelt, in ihren unteren Bereichen und niederen Geschossen düster, lichtarm.

Beispielsweise an den »Lesebändern« in der Siebhalle: Die Kumpels lasen dort mit bloßen Händen alle Kohlestücke mit über acht Zentimetern Durchmesser aus, beim pausenlos überlaut dröhnenden Lärm der nebenan entleerten Loren – ohne Ohrenschutz und Handschuhe. Man nutzt die Welterbe-Hallen auch ganz anders, kann zwischen den Maschinen Museumsschätze zeigen, veranstaltet Ausstellungen und Konzerte. Wieder einen überraschenden Kontrast bildet das Freigelände zu den Werkshallen mit Picknickplätzen und dem ehemaligen Werksschwimmbecken. Wer ein Nachtquartier sucht und bei einer Familie wohnen mag, findet Auswahl in der Nähe – auch bei ehemali-

Denkmalstatus rettete die Zeche Zollern

Sie wäre der Abrissbirne zum Opfer gefallen, aber eine energische Bürgerinitiative fand die Unterstützung des Landeskonservators: Der Zeche Zollern in Bövinghausen bei Dortmund wurde 1969 als erstem deutschen Industriebau der Denkmalstatus zuteil. 15 Jahre später, 1981, integrierte der Landesverband Westfalen-Lippe die Zeche Zollern mit sieben anderen Standorten in sein Landesmuseum für Industriekultur. Palastähnlich, mit gotisierender Schmuckfassade zeigt sich die Architektur des Ehrenhofs. Zu Beginn des 20. Jahrhunderts als ein Vorzeigeobjekt der Gelsenkirchener Bergwerks AG erbaut, zeigt auch die aus Stahl, Glas und Ziegeln hell konstruierte Maschinenhalle eine aufwendige Giebelkonstruktion. Die über hundert Jahre alte elektrisch betriebene Fördermaschine wurde jüngst wieder aktiviert – von pensionierten Kumpels. Wie es heißt, investierten sie fast 1000 Arbeitsstunden.
Man kann auf der Zeche Zollern heiraten – allerdings nicht mehr als drei Paare an einem Tag. Man kann auch seine Kinder zur Besichtigung mitbringen und sie für eine Weile mit anderen sich selbst überlassen: in einem Unter-Tage-Erlebnisraum nämlich – um zu erfahren, wie laut,

wie still, wie windig, wie nass, auch wie labyrinthisch die Welt der Bergleute ist. Für die Kinder ein Abenteuer, bei dem es äußerst munter hergeht.

gen Bergmannsfamilien. Dazu gibts es Vollmondführungen über Kohle und Koks, Steigerführungen mit Püttgeschichten, Bier und Wein. Wirtschaftlicher Erfolg ist da, das beweisen hohe Besucherzahlen. Viele Künstler haben sich einquartiert.

Unten links: Der Förderturm der Zeche Zollern in Dortmund-Bövinghausen. **Unten Mitte:** An der ehemaligen Kokerei der Zeche Zollverein in Essen gibt es seit 2004 eine Schlittschuhbahn. **Unten rechts:** Die rot beleuchteten Koksbatterien der Zeche Zollverein.

DIE ALTSTADT DÜSSELDORFS

51 Vom Fischerdorf zur Partymeile

Westlich von Düsseldorfs Vorzeigemeile Königsallee, zwischen Heinrich-Heine-Straße, Hofgarten und dem Rheinufer, erstreckt sich die Altstadt. Erkennungszeichen: überhohe Zahl gastronomischer Stärkungsangebote entlang Straßen, die überwiegend schmal und eng verlaufen und keinem Rechteckraster gehorchen. Dennoch hat man hier »die längste Theke der Welt« untergebracht und lässt die unbeschränkte Bierwahl zu. Freie Parkplätze sind dagegen so selten wie sechsstellige Lottogewinne, ersatzweise umrahmen mindestens sechs Parkhäuser das Altstadtrevier. Von Nord nach Süd misst es kaum mehr als einen Kilometer, ist also auch zu Fuß ohne Schaden zu bewältigen. Fußgängern, die von Restaurants namens Et Kabüffke oder Em Pöötske in Verständnisschwierigkeiten gebracht werden, steht seit mehr als 20 Jahren die »Geschichtswerkstatt« bei; ihre kundigen Begleiter sind auf Verlangen immer zur Stelle und wissen fast alles über die Altstadt. Auch über die Zeit, als sie noch nicht alt, sondern ein winziges Fischerdorf mit der eher bescheidenen Gastronomie des 12. Jahrhunderts war, dort, wo in den mächtigen Rhein auch heute noch die namengebende kleine Düssel strömt.

Das bronzene Jan-Wellem-Reiterdenkmal vor dem Rathaus in der Düsseldorfer Altstadt schuf Gabriel de Grupello zwischen 1703 und 1711.

Wie das Dorf zur Hauptstadt wurde: Der rheinische Adel nahm sich seit dem 13. Jahrhundert des inzwischen mit Stadtrecht ausgestatteten Düsseldorfs an. 1380 wurde Düsseldorf die Residenz der Grafen von Berge. Die Jahreszahl 1614 wies dann zukunftsträchtig schon auf die spätere Rolle Düsseldorfs als Landeshauptstadt Nordrhein-Westfalens hin. Damals wurde die langsam wachsende Stadt der Herrschaft Pfalz-Neuburg zugehörig und Residenz der Pfalzgrafen sowie bald darauf der Kurfürsten von der Pfalz. Dauerhafter Beliebtheit vor allem bei katholischen Düsseldorfern erfreut sich der kunst- und prunkfreudige Kurfürst Jan Wellem (1658–1719), obwohl er seine evangelischen Untertanen malträtierte. Von Gabriel de Grupello ließ er sich hoch zu Ross darstellen. Das Reiterstandbild vor dem Alten Rathaus gilt als eines der besten Barockstandbilder. Jan Wellems Prunksarg steht unter der Kuppel des Mausoleums in der barocken Andreaskir-

FESTIVALS UND BÜCHERMEILE

Feste, Über den rheinischen Karneval und seine Düsseldorfer Helau-Variante muss man nicht reden. Verlässlich melden jedes Jahr die Blätter: »Es ist wieder so weit«, und zählen die Bälle auf. In der Altstadt feiert man noch ein paar Feste mehr, zur Abwechslung und auch gespannt, ob und wie oft es im neuen Jahr für alle Spezialfeste »wieder so weit ist« – für das »Hohe-Straße-Fest«, für das Kulturfest »Altstadtherbst«, für die »größte Kirmes am Rhein« und nicht zuletzt für die »Büchermeile« an der Rheinuferpromenade. Bis zu drei Mal im Jahr haben sich Büchersammler, Bücherhändler und Büchergucker auf der Büchermeile zusammengefunden. Spezialangebot der Veranstalter: Wer meint, eine kostbare Erstausgabe oder einen seltenen Bildband zu besitzen, kann sich von Experten den aktuellen Wert schätzen lassen. Die Altstadt ist lebenswert. Die Stadtwerbung behauptet schlicht: »Unser bestes Stück Düsseldorf«.

che. Üppig barock ist auch die gotische Lambertuskirche ausgestattet.
Die Kunst blühte in Düsseldorf wieder, als im 18. Jahrhundert die Kunstakademie gegründet wurde (heute in einem Neorenaissance-Bau nah dem Hofgarten in der Altstadt). Peter Cornelius, Wilhelm von Schadow, Paul Klee und Joseph Beuys arbeiteten in der Akademie. Ein Stück weiter am Grabbeplatz erwartet die »Kunstsammlung Nordrhein-Westfalen« ihre Besucher, die hier eine der reichsten Sammlungen der Kunst vor allem des 20. Jahrhunderts finden.

Unten: Uferpromenade am Rhein. **Unten links:** Alt – das beliebteste Düsseldorfer Getränk. **Unten Mitte:** Der Neue Zollhof von Frank Gehry. **Ganz unten rechts:** Im Inneren der Kirche St. Lambertus.

Joseph Beuys – die Idee des umfassenden Kunstbegriffs

Als Soldat im Zweiten Weltkrieg hatte Beuys Todesnähe erlebt; sein umfassendes Lebensbewusstsein, das gerade die Kunst auf alle Lebensbereiche ausgeweitet wissen wollte, kann Folge dieser Erfahrung sein. Beuys studierte in Düsseldorf Malerei und Bildhauerei als Meisterschüler bei Mataré. Er setzte sich mit anthroposophischem Gedankengut auseinander, bezog gesellschaftliche und politische Tätigkeit in seine Kreativität ein (Begriff der »Sozialen Plastik«). Als Professor an der Düsseldorfer Kunstakademie untergrub er die Zulassungsreglementierung durch Aufnahme aller Studenten in seine Klasse. Das führte zu einem Rechtsstreit, den er gewann; er behielt seinen Titel und ein Atelier, seine Lehrtätigkeit jedoch war beendet.
Von 1964 an war Beuys jedes Mal spektakulär auf der Documenta in Kassel vertreten, auch 1976 auf der Biennale und 1979 in New York. Beuys war weltweit anerkannt, er arbeitete mit vielen berühmten Künstlern des 20. Jahrhunderts zusammen. Er starb 1986 in Düsseldorf. »Jeder Mensch ist ein Künstler« – auch ein Beuys-Wort, das in Erinnerung bleibt.

EWIGE BAUSTELLE KÖLNER DOM

52 Wahrzeichen des frommen Deutschland

Wer zu den Fundamenten des Doms hinabsteigt, begibt sich in die Tiefe der Zeiten, findet dort in Panzerglasvitrinen nicht nur Teile des kostbaren Domschatzes, sondern auch freigelegtes römisches Mauerwerk und Reste des ehemaligen karolingischen Doms. Auch der war nicht der erste Kirchenbau auf Kölns hohem Rheinufer. Die Kölner hatten Christen schon 1000 Jahre in ihrer Stadt, als sie um das Jahr 1220 mit der Planung eines Neubaus ihres Domes anfingen. Der Handelsplatz Köln war damals die größte Stadt der Deutschen, mit etwa 50 000 Einwohnern.
1248 wurde der Grundstein gelegt, 1322 der Chor geweiht. Im Jahre 1560 war die riesige Westfassade zum Domplatz noch immer fern der Vollendung, aber alle fünf Schiffe des Langhauses waren bis zu der vergleichsweise bescheidenen Höhe von 13,50 Metern` überdacht. Das war auch gut so. Denn der Dombau stockte nun, es blieb eine Bauruine am Rhein.
Vielerlei kam zusammen, um die Baustelle Dom im 19. Jahrhundert neu zu beleben. Vorrangig die steigende Bewunderung der Romantiker für die Welt des Mittelalters. Nach den Napoleonischen Kriegen wuchs auch die Sehnsucht nach einem nationalen Symbol.

Der Dreikönigsschrein (etwa 1185–1200) von Nikolaus von Verdun im Kölner Dom mit dem Detail der Anbetung der Könige und der Taufe Christi.

Ein glücklicher Fund half: Auf einem Darmstädter Dachboden wurde der mittelalterliche Aufriss der Domfassade entdeckt. Geld kam durch Spenden und Lotterien zusammen, zwei Drittel vom Zentraldombauverein. Im Jahre 1880 wurde die Kölner Kathedrale vollendet.
Im Zweiten Weltkrieg verschonte die alliierte Luftwaffe den Dom nicht, doch seine Türme blieben am Rande der zu 90 Prozent zerstörten Altstadt stehen. Später war es die Luftverschmutzung, die den Stein angriff und bis heute schädigt. Den Dom ohne Gerüste zu sehen ist fast unmöglich.

Schätze im Inneren

Im Inneren zieht die Halle des Mittelschiffs den Blick in die Tiefe des Raums und in die Höhe zu den Kreuzgewölben. Von den farbigen Fenstern befinden sich einige der ältesten im Chorumgang, darunter die bei-

BEGEISTERUNG FÜR DIE GOTIK

Die Vollendung des Kölner Doms lag noch in ferner Zukunft, als der weitgereiste Georg Forster, eher ein Mann der kritischen Analyse als ein Romantiker, bei seinem Kölnbesuch im Jahr 1790 notierte: »Wir gingen in den Dom und blieben darin, bis wir im tiefen Dunkel nichts mehr unterscheiden konnten. So oft ich Köln besuche, geh ich immer wieder in diesen herrlichen Tempel, um die Schauer des Erhabenen zu fühlen [...].«
Europas Gotik war eine französische Erfindung, auf der Île de France mit der Kirche St. Denis um 1135 erstmals verwirklicht. Charakteristisch, in Details nach burgundischen und normannischen Vorbildern wurden die Spitzbogen entworfen, mit all ihren Varianten, auch die Kreuzrippengewölbe und die aufgelockerten, mit Strebebogen und Strebepfeilern gesicherten Außenwände. Hochgotik und Spätgotik bestimmten die europäische Architektur bis ins 14. und 15. Jahrhundert hinein, auch in Rathäusern und Palästen. Staunenswert ist immer wieder der Anblick kraftvoller Monumentalität und zugleich zarter, filigraner Gliederung.

Peter Ludwig – der Museumsverwöhner

Das Museum Ludwig nah dem Kölner Dom entstand im letzten Viertel des 20. Jahrhunderts als Schatzhaus moderner Kunst (Architekten: Peter Busmann und Godfrid Haberer). Russische Avantgarde, Spitzenwerke amerikanischer Pop Art und vor allem die umfangreiche Picasso-Sammlung – wohl die drittgrößte der Welt – sind hier zu sehen.

Der 1925 geborene Peter Ludwig studierte Kunstgeschichte, Archäologie, Geschichte und Philosophie. Nach dem Krieg heiratete er 1951 Irene Monheim und trat in die Firma Monheim (Trumpf Schokolade) ein. Geschäftlicher Erfolg ging mit intensiver Sammlertätigkeit einher, bei der ihn seine Ehefrau unterstützte.

1976 wurde ein Schenkungsvertrag mit der Stadt Köln abgeschlossen, in dem Peter Ludwig der Stadt Köln gegen die Zusage eines eigenen Museums für seine Sammlung zahlreiche Werke moderner Kunst übereignete. Ludwig stiftete seine Kunstwerke an Museen in aller Welt.

Nach dem plötzlichen Tod Peter Ludwigs im Jahre 1996 wurde die Picasso-Sammlung von der Peter-und-Irene-Ludwig-Stiftung nochmals erweitert, und zwar um 774 Werke.

Oben: Der Kölner Dom bei Nacht thront festlich beleuchtet über dem Rhein. **Rechts:** Blick in das imposant aufstrebende Hauptschiff des Doms.

den Bibelfenster (um 1260 und um 1275) sowie im Obergaden des Chors die Königsfenster (1310).

Zu den als wunderkräftig angesehenen Heiligtümern des Doms zählen die Reliquien der Heiligen Drei Könige, die der Erzbischof und Reichskanzler Rainald von Dassel 1164 aus Mailand nach Köln entführte. Für diese Reliquien schuf Nikolaus von Verdun zwischen 1190 und 1225 den goldenen Dreikönigsschrein, der beim Hochaltar im Zentrum des Chors steht.

Schauend und bewundernd kann man Stunden im Dom und in der Schatzkammer verbringen. Tatsächlich reichen den meisten der jährlich sechs Millionen Besucher fünf bis zehn Minuten – ob sie Andacht halten oder den authentischen Ort erleben wollen. Umso intensiver sucht das Metropolitankapitel die rechte Art, Domführungen zu veranstalten – nämlich einen Ort des Glaubens zu zeigen, der mehr ist als ein Museum.

SCHLÖSSER UND GÄRTEN VON BRÜHL

53 Weiß-blaues Rokoko im Rheinland

Schon 1984 wurden die beiden Schlösser Augustusburg und Falkenlust in die Liste des Weltkulturerbes aufgenommen. Beide Schlösser – auf halbem Wege zwischen Köln und Bonn – sind herrliche Gesamtkunstwerke von Architektur, Malerei, holländischen Wandfliesen und auch Stuck- und Marmorarbeiten, alles im festlich-vergnüglichen Stil des Rokoko.

Warum weiß-blau? Der Erbauer Clemens August – Kurfürst und Erzbischof von Köln, Fürstbischof von Münster, Paderborn, Hildesheim und Osnabrück – war stolz auf seine Herkunft aus der Wittelsbacher Herrscherfamilie. Man muss sich die genannten Titel anschauen: Was für ein mächtiger Fürst war dieser hohe Geistliche, was in keiner Weise zu vergleichen ist mit einem Erzbischof von heute!

Clemens August war Politiker und hatte zu repräsentieren. Darum wollte er dieses neue Schloss. Dass die Sommerhofhaltung in einem guten Jagdgebiet lag, war auch für den Umgang mit den politisch wichtigen Gästen nützlich, die bei Laune zu halten waren.

Am Bauplatz lagen erst einmal die Trümmer einer Wasserburg, noch aus Kriegswirren von 1689. Baumeister Conrad Schlaun versuchte, zwischen Gräben und alten Mauern Neues zu bauen – aber das missfiel dem Bauherrn. Also musste Schlaun bald gehen. Der bayerische Kurfürst schickte großzügig seinen genialen Hofarchitekten François Cuvilliés. Gleich mit ihm kam der Gartenkünstler Dominique Girard.

Freilich konnte Cuvilliés nicht ständig in Brühl bleiben, er hatte in Franz Leveilly einen sehr begabten Bauleiter. Wand- und Deckengemälde gestaltete Carlo Carlone.

Und schließlich wurde Balthasar Neumann mit dem Bau des Treppenhauses betraut. Ein Raumkunstwerk entstand, gekrönt von Carlo Carlones Deckengemälde, das an der flachen Decke den Eindruck eines Gewölbes hervorruft: eine Apotheose Karl Albrechts, des späteren Kaisers Karl VII.

Weltberühmt ist dieses Treppenhaus, fast wie das Würzburger. Hier wurden mit viel Zeremoniell unter Aufbietung aller Amtsträger und Diener des Hofes (alle in ihren farbigsten Uniformen) hohe Gäste empfangen, alles umrahmt von festlichen Klängen.

Leider wurde schon während der Französischen Revolution das Mobiliar verschleudert. So sehen wir den hellen Gartensaal, den Speise- und Musiksaal nur mit Andeutungen des Mobiliars, können aber beispielsweise den seltsamen Brauch nachempfinden, höchste Gäste in einem Paradeschlafzimmer zu empfangen (wie es Ludwig XIV. hielt) – Clemens August, der in Bonn residierte, soll dort allerdings nie geschlafen haben.

Das kunstvolle Gartenparterre Girards wirkt wie eine Stickerei aus Blumen und Buchsbaum. Terrassen, Wasserbecken, im Hintergrund ein weiter, von Peter Joseph Lenné gestalteter Waldpark mit Seen und Kanälen laden zu Spaziergängen ein.

SCHLOSS FALKENLUST

Das Architekturjuwel Jagdschloss Falkenlust ist so reich mit Stuck und Spiegeln ausgestattet, dass schon 1763 der junge Mozart dort voll Bewunderung war für das Spiegelkabinett im Obergeschoss. Im Untergeschoss ist das Lackkabinett in Schwarz und Gold gehalten und für Kaffee- und Teepausen vorgesehen. Eine Pracht ist auch das vollständig weiß-blau geflieste Treppenhaus, mit Motiven der Falkenjagd und den bayerischen Rauten.

Falkenlust war ein Platz für Geheimverhandlungen, für Jagdurlaub und amouröse Auszeiten vom geistlichen Amt. Zur inneren Einkehr wurde hinter dem Schloss eine Kapelle errichtet, als Eremitengrotte mit Muscheln und Kristallen an den Wänden.

Falkenjagd auf Reiher: Die ausgebildeten Vögel jagten die Reiher, die sich mit ihren scharfen Schnäbeln wehrten. Das Hofpublikum verfolgte gespannt die Luftkämpfe. War es einem Falken gelungen, einen Reiher zu Boden zu zwingen, galoppierten Reiter dazu, trennten die Vögel, beringten den Reiher und ließen ihn fliegen. Spezialausstellung »Falkenjagd«!

Max Ernst (189–1976) – der große Surrealist

Max Ernst wurde am 2. April 1891 in Brühl geboren (im Haus Schloßstr. 23). Sein künstlerisches Werden führte über den Expressionismus (Freundschaft mit August Macke) zum Dada (Freundschaft mit Apollinaire und Arp in Paris). Geprägt vom Schockerlebnis des Ersten Weltkriegs kehrte er nach Köln zurück und war Gründungsmitglied der Kölner Dada-Gruppe. Von den 1920er-Jahren an lebte Max Ernst in Paris und wurde zum bewunderten Surrealisten (Freundschaften mit Delaunay, Paul Éluard). Max Ernst entdeckte neue Ausdrucksmittel, Collagen, auch Fotocollagen, Frottagen (Durchreibetechnik), Grattagen (Schaben von Farbschichten), beziehungsreiche Wald- und Vogelmotive, Bildromancollagen mit Stichen aus dem 19. Jahrhundert.

1941 musste er aus dem besetzten Paris mithilfe der Sammlerin Peggy Guggenheim in die USA fliehen. 1953 kehrte er nach Paris zurück, lebte als Maler, Bildhauer und Grafiker. Am 1. April 1976 starb er in Paris (Grab auf dem Friedhof Père Lachaise). Das Max-Ernst-Museum in Brühl, nah beim Schloss, zeigt eine ausgezeichnete Werksammlung.

Oben und rechts unten: Schloss Augustusburg mit der barocken Treppe von Balthasar Neumann.
Rechts oben: Das Max-Ernst-Museum in Brühl.

AACHENS KAISERDOM IM HERZEN EUROPAS

54 Vision und Heiligtum

Karl der Große ließ seine Palastkirche in Aachen nach dem Vorbild byzantinischer Bauten errichten. Sie war und ist eine Marienkirche. Der Blick fällt auf das Gnadenbild *Unserer Lieben Frau von Aachen* aus dem 14. Jahrhundert, rechts vor dem Hauptaltar ins Oktogon gerückt, Ziel vieler Wallfahrer.

Seit dem Mittelalter ist der Dom eine Reliquienstätte. Alle sieben Jahre (nächstens 2014) werden vier textile Heiligtümer den Pilgern gezeigt, darunter, heißt es, das Lendentuch des gekreuzigten Christus. Aufbewahrt werden die Reliquien im vergoldeten Marienschrein in der spätgotischen Chorhalle, die wegen ihrer schlanken, hohen Fenster bald »das Glashaus von Aachen« genannt wurde. Dort glänzt von der Höhe die Strahlenkranzmadonna, Maria, die die Schlange zertritt.

In der Apsis ruhen die sterblichen Reste von Karl dem Großen im Karlsschrein, einem Meisterwerk maasländischer Goldschmiedekunst. Bei seinem Tod – er starb im damals hohen Alter von 72 Jahren – wurde Karl vor dem Hochaltar bestattet, 1165 ließ ihn Kaiser Friedrich Barbarossa heiligsprechen.

Blick in die Pfalzkapelle zu Aachen. Das Oktogon im Zentrum mit seinen mächtigen Pfeilern entstand in karolingischer Zeit um 793/794 vermutlich nach dem Vorbild der Kirche San Vitale in Ravenna.

Am Ansehen und an der Größe Karls wollten auch andere Herrscher teilhaben – 30 Könige und zwölf

SCHÖPFER EINES GROSSEN REICHS

Er wurde 747 geboren. Sein Vater, der Karolinger Pippin, wurde fränkischer König. Nach dem Tod von Vater und Bruder war Karl Alleinherrscher (771). Die nächsten Jahre führte er Kriege in Sachsen und Oberitalien.
Jahrzehntelang bekriegte er das heidnische Sachsen, ihm wird vorgeworfen, er habe 782 in Verden einen Massenmord an Geiseln befohlen. Auch Bayern gliederte er 788 durch Absetzung König Tassilos in sein Reich ein.
Karl war trotz seiner Kriege kulturell aktiv, zog Gelehrte an seinen Hof (seit 794 in Aachen), kümmerte sich um Bildung (Klosterschulen), beschäftigte Künstler, hielt das Reich zusammen durch Eidesleistung aller freien Männer und kaiserliche Anweisungen, die sich auf das praktische Leben bezogen – auf Landwirtschaft, medizinische Versorgung, kirchliche und Verwaltungsreformen.
Er erwies sich als Beschützer des Papstes, der ihn darauf am Weihnachtstag 800 zum Kaiser krönte. Von dem zunächst protestierenden Ostrom konnte Karl die Anerkennung seines Kaisertums erlangen. Er starb 814 in Aachen.

Königinnen wurden im Mittelalter im Dom gekrönt und nahmen auf dem Thron Karls des Großen auf der Empore Platz. Der beeindruckt durch seine Schlichtheit. Im Zweiten Weltkrieg wollte ihn die Hitlerregierung nach Berlin entführen, aber mit dem Argument, der Thron könne ohne Schaden nicht fortbewegt werden, verhinderten die Aachener das.
Um den Thron im Bombenkrieg zu schützen, ummauerten sie ihn bald darauf. Dieser Schutz bewahrte ihn. Bomben trafen den Dom, doch er stand am Ende noch, inmitten einer völlig zerstörten Innenstadt, auch dank der unermüdlichen Feuerwache von Jugendlichen, die jeden neuen Brandherd bekämpften.

Die Nordfassade des Doms, der die Bomben des Zweiten Weltkriegs überlebte.

Alte Schätze

Man blicke vom 16-seitigen Umgang hinauf zum Obergeschoss: Die Bronzegitter des Obergeschosses stammen noch aus der Karolingerzeit. Der riesige Barbarossaleuchter aus vergoldetem Kupfer (12. Jh.), der an langer Kette von der hohen Kuppel zart über dem Raum schwebt, verkörpert Siegeskrone und Lichterstadt des himmlischen Jerusalem.
Ein Wunderwerk von hohem Alter findet sich an der Südwand der Chorhalle nahe dem Hauptaltar: der Ambo, eine überaus reich geschmückte Kanzel aus der Zeit um das Jahr 1000, wohl die, von der ein neu gekrönter König das Evangelium sang. In seinen vergoldeten Kassettenwänden ist eine Sammlung von Preziosen angebracht: Schalen aus Achat und Bergkristall (römisch), byzantinische Schachfiguren, Goldreliefs der Evangelisten und Elfenbeinreliefs.
Am Bronzeportal der Vorhalle beeindrucken der große Pinienzapfen und eine furchterregende Wolfsfigur, beide aus Bronze: Sie hatten ihren Platz im Krönungszeremoniell. Die Wölfin stammt aus dem 2. Jahrhundert, als Aachen noch römisch war.

Die Schatzkammer des Kaiserdoms

Die Schatzkammer findet man direkt neben dem Domhof. Der antike Proserpina-Sarkophag, ein begeisterndes Marmorkunstwerk, war Ruhestätte der sterblichen Reste Karls des Großen, bevor sie im Karlsschrein geborgen wurden. Das große Armreliquiar aus vergoldetem Silber lässt durch ein Bergkristallfenster den Armknochen des Kaisers sehen. Die imposante, überlebensgroße silberne Karlsbüste mit Vergoldungen und Edelsteinen aus dem 14. Jahrhundert zeigt ein idealisiertes Gesicht. Eine der exklusivsten Raritäten ist das im 10. Jahrhundert entstandene goldbeschlagene Lotharkreuz: ein Vortragekreuz mit einer antiken Gemme – aus dem mehrschichtigen Sardonyx ist kunstreich ein Bild des lorbeerbekränzten römischen Kaisers Augustus geschnitten.
Fast eine Viertelmillion Besucher jährlich sehen die mehr als hundert Kunstwerke der Goldschmiede und Juweliere, Zeugnisse kaiserlicher und kirchlicher Macht, von der Spätantike bis zu den Staufern.

MUSEUMSMEILE BONN

55 Traditionsreiche und junge Sammlungen

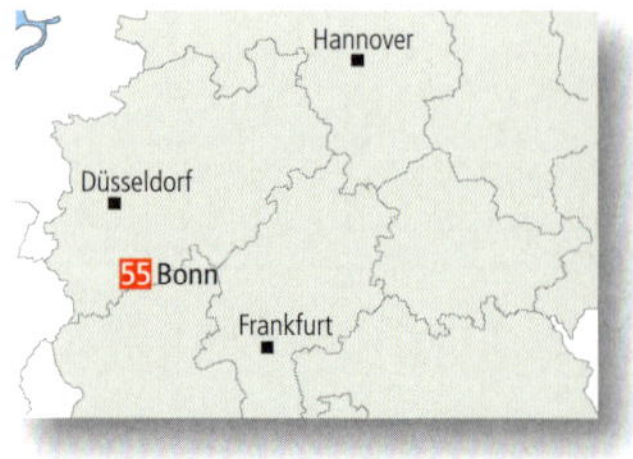

Museumsmeile Bonn

Spitze Kegel haushoch, antike Giebel des Klassizismus, auch Zeltoptik – so bunt reihen sich die Schatzhäuser der Bonner Museumsmeile aneinander. Was den Berlinern ihre Museumsinsel ist, bindet die Bonner Meile mit derzeit fünf teils traditionsreichen, teils jungen Sammlungen zusammen. In ihrer Mehrzahl haben die fünf prominenten Museen ihre Standorte längs der Achse Adenauerallee und Friedrich-Ebert-Allee. Dazu gehört auch ein jährliches viertägiges Museumsmeilenfest, seit 1995 schon. Hier in Stichworten die Museen der Meile: Die Sammlungen beginnen im Norden mit dem »Forschungsmuseum Alexander Koenig«, gegründet 1912. Die Dauerausstellung zeigt so umfassende Themen wie »Unser blauer Planet – Leben im Netzwerk«, eines der bedeutendsten naturwissenschaftlichen Museen der Bundesrepublik *(Adenauerallee 160).*

Noch jung ist das »Haus der Geschichte der Bundesrepublik Deutschland«: Deutschlands Weg vom Ende des Zweiten Weltkriegs bis heute *(Willy-Brandt-Allee 14).* Wichtige Ergänzung: das »Zeitgeschichtliche Forum Leipzig«.

Das »Kunstmuseum Bonn« im Neubau von 1997 (Architekt: Axel Schultes) zeigt vor allem die deutsche Kunst nach 1945, aber auch die Meister des Expressionismus und der Neuen Sachlichkeit *(Friedrich-Ebert-Allee 2).*

Das Kunstmuseum an der Bonner Museumsmeile beeindruckt mit einer der international wichtigsten Sammlungen zur deutschen Kunst des 20. Jahrhunderts.

Die großen, überregional wichtigen Ausstellungen schafft die »Bundeskunsthalle«, samt dem »Forum«, das Symposien, Konzerte, Theater und Filme bringt *(Friedrich-Ebert-Allee 4).*

Konkurrenz für München: das »Deutsche Museum Bonn« präsentiert zeitgenössische Forschung und Technik aus Deutschland, darunter »100 Meisterwerke«. Es gehört zum »Wissenschaftszentrum Bonn Plittersdorf« *(Ahrstraße 45),* wo Wissenschaft und Öffentlichkeit zum Dialog über neueste Forschungsergebnisse und ihre gesellschaftlichen Folgen geladen sind. Anzumerken ist noch, dass Bonn sich generell eine Hauptstadt der Museen nennen kann – denn insgesamt stehen rund 40 Museen auf der Liste.

DER GIGANT – LUDWIG VAN BEETHOVEN

In Bonn wurde er geboren, 1770, als Sohn eines versoffenen Mitglieds der kurfürstlichen Kapelle. Das musikalisch begabte Kind Ludwig sollte zum Wunderkind gequält werden, die Schulausbildung wurde vernachlässigt. Sein Glück war, dass am Bonner kurfürstlichen Hof Menschen seine Begabung erkannten und freundlich förderten. So konnte Beethoven nach Wien gelangen und dort bei ausgezeichneten Lehrern, darunter Haydn, ausgebildet werden. Seine Auftritte mit eigenen Klavierkompositionen machten ihn bei der Gesellschaft beliebt, und er lebte von 1795 an als selbstständiger Komponist. Nach Bonn war er nur für kurze Zeit zurückgekehrt. Tragischerweise nahm ein Gehörleiden nach 1804 schnell zu, nach 1814 (letzte öffentliche Auftritte) konnte er weder Pianist noch Dirigent sein; er komponierte jedoch bis zu seinem Lebensende, so die *Eroica* 1805, die Oper *Fidelio* 1805 (aufgeführt 1814). Die berühmte *9. Symphonie* (1824) und die *Missa Solemnis* hat Beethoven nie selbst hören können. Verständigen konnte er sich nur mit schriftlichen Konversationsheften. Krank, einsam, isoliert und misstrauisch starb er 1827 in Wien.

LIMBURGER DOM

56 Französische Gotik im rheinischen Gewand

Der Dom zu Limburg wird vielen Menschen wohl hauptsächlich durch die Scheiben ihrer Autofenster bekannt sein: Wenn man auf der Autobahn A3 von Köln in Richtung Frankfurt unterwegs ist, ragt dieser spätromanische Prachtbau hoch über Limburg auf. Unter diesem Aspekt könnte man den Limburger Dom gleichsam als erste Autobahnkirche Deutschlands ansehen – zumal Limburg, als »Lintpurc« 910 erstmalig urkundlich erwähnt, auch in früherer Zeit an einer wichtigen Handelsstraße lag. Durch diese Lage an der »Via Publica« (siehe unten) blühte Limburg im hohen Mittelalter auf und kam zu finanziellem Wohlstand und Ansehen.

Dieser Wohlstand, von dem noch die vielen erhaltenen mittelalterlichen Fachwerkhäuser künden, versetzte Stadt und Bürger um 1190 in die Lage, einen derart anspruchsvollen und für damalige Zeiten geradezu modernen Kirchenbau zu errichten, der schon 1235 geweiht wurde. Falsch ist jedoch die Annahme, dieser mittelalterliche Reichtum sei der Anlass gewesen, den einstigen 1000-Mark-Schein (1964–92) mit dem Bild des St.-Georgs-Doms zu schmücken. Das dürfte wohl eher an der außergewöhnlichen Lage und Qualität desselben gelegen haben. Um 1600 brachte es der Chronist Johannes Mechtel so zum Ausdruck: »Limpurg eine edle stad – im Land die schonste kirche had.«

Der Georgsdom und die Burg Limburg auf dem Lahnfelsen von Osten aus gesehen. Bereits um 800 gab es hier eine Burganlage.

Was also ist nun das Besondere an dem sowohl dem Hl. Georg als auch dem Hl. Nikolaus geweihten Dom? Zum einen natürlich die exponierte Lage, die man in der Romantik gleichsam als »ferne Vision des Gottesreiches« empfand, was durch die alte Lahnbrücke noch sinnbildlich verstärkt wurde. Zum anderen ist die Architektur von höchster Qualität: Im Limburger Dom verbindet sich die französische Frühgotik auf das Trefflichste mit der niederrheinischen Romanik. Es handelt sich um eine dreischiffige Emporenbasilika mit Querhaus und halbrundem Umgangschor.
Zu den beiden wuchtigen und reich verzierten Westtürmen gesellt sich der Vierungsturm mitsamt den vier Querhaustürmen. Mit diesen sieben Türmen ist der Dom zu Limburg der turmreichste Kirchenbau der Romanik und Gotik.

DIE HISTORISCHE »VIA PUBLICA«

Die mittelalterliche Handelsstraße »Via Publica« erstreckte sich von West nach Ost durch ganz Deutschland. Sie verband Brüssel in Flandern mit dem böhmischen Prag und wurde 839 erstmals in Aufzeichnungen unter Ludwig dem Frommen (778–840) erwähnt. Sie verband auf deutschem Boden Städte wie Köln, Limburg, Frankfurt, Würzburg, Nürnberg und Passau. Durch die Lage an dieser wichtigen Straße erlebten all diese Städte wirtschaftlichen Aufschwung und Bedeutung. Im Laufe der Jahrhunderte bestärkten sie ihre Position durch die Errichtung von Steinbrücken, die das Reisen sicherer und bequemer machten. Die bekanntesten dieser Brücken sind wohl die alte Lahnbrücke in Limburg (1315–45) und die Steinerne Brücke in Regensburg (1135–46), die beide heute noch in Benutzung sind. Sie zählen zu den ältesten Steinbrücken Europas und unterstreichen die historische Bedeutung dieser mittelalterlichen Straße. Der Verlauf der »Via Publica« entspricht heute weitgehend dem der Bundesstraße 8.

AM OBEREN MITTELRHEINTAL

57

Ritter, Rhein, Romantik

Befragt, von wo nach wo sich das Obere Mittelrheintal erstrecke, zögern viele, die nicht im Umkreis von Koblenz und dem Binger Mäuseturm zu Hause sind. Eher könnten sie beantworten, wo die meisten stattlichen Burgen über den Rheinufern zu finden sind: nämlich eben dort, also zwischen Koblenz und Bingen.

Im Mittelalter konkurrierten die Burgherren um die Zollrechte am Warenverkehr auf einer der schon damals wichtigsten Wasserstraßen Europas. Das Einsammeln von Zöllen machte den Burgenbau rentabel. Später erwiesen sich die stärksten Burgmauern anfällig gegen Kanonenbeschuss, fast alle verfielen zu Ruinen. Ihre Erneuerung verdankten sie zumeist der Burgenleidenschaft von Privatleuten.

In den Jahrzehnten der deutschen Romantik, als man die Schönheit von Märchen und Legenden entdeckte, gab das Rheintal poetische Impulse. Auch die schöne Loreley ist eine Schöpfung junger romantischer Poeten. »Zu Bacharach am Rheine / wohnt eine Zauberin, / Sie war so schön und feine / Und riss viel Herzen hin«, so erdichtete Clemens Brentano im Jahr 1801 die »arme Lore Lay« und ließ sie aus Liebesweh in den Rhein stürzen.

1823 sang der Dichter Heinrich Heine im Volksliedton von seiner Loreley unvergessliche Zeilen: »Ich weiß nicht, was soll es bedeuten / Dass ich so traurig bin«, erzählte »ein Märchen aus alten Zeiten« über die »schönste Jungfrau« und »ihr goldenes Haar«, über den »Schiffer im kleinen Schiffe« und sein »wildes Weh«. Fantastische Bildzeugnisse seiner Sicht auf die Burgen am Rhein hinterließ Victor Hugo, der große Schriftsteller. *Der Glöckner von Notre Dame, Die Elenden*, von der um 1840 am Rhein reiste, auch ein Burgenromantiker war und fasziniert Burgruinen, Türme und Spitzbogen zeichnete.

Die Burg Pfalzgrafenstein bei Kaub im Rheintal diente ursprünglich als Zollwache und wurde nie bewohnt. Den Grundstein legte Ludwig der Bayer um 1326.

Rheinromantik pur

Rheinromantik wurde rasch populär, die Rheintouristen des Biedermeier genossen Ausflüge mit der Pferdekutsche und Schiffsreisen. Der in Koblenz geborene Verleger Karl Baedeker bot seit etwa 1830 das *Hand-*

HEINRICH HEINE – EIN GROSSER DICHTER

Heinrich Heine war mehr als ein Lyriker. Er war ein brillanter Essayist, Satiriker, Polemiker und Journalist. 1797 wurde er in Düsseldorf geboren, in einer jüdischen Familie. Obwohl er zum Protestantismus konvertierte, hatte Heine wegen seiner Herkunft Schwierigkeiten. Sein *Buch der Lieder* machte ihn 1827 zu einem erfolgreichen Poeten. Sein beliebtes Gedicht »Loreley«, von Friedrich Silcher 1827 vertont, wird oft für ein Volkslied gehalten.

Als Journalist führte er eine spitze Feder und erregte Empörung reaktionärer Kreise, seine Werke wurden in Deutschland 1835 verboten. Er lebte und arbeitete danach in Paris, heimwehkrank und kritisch die nationalistischen Strömungen in seiner Heimat verfolgend.

Heine starb nach langem Leiden 1856 und liegt auf dem Montmartre-Friedhof begraben. Seine Geburtsstadt Düsseldorf weigerte sich, ein Standbild der Loreley als Denkmal aufzustellen, es ist kurioserweise heute in der New Yorker Bronx zu sehen.

Mittelalter erleben: die Marksburg

Die einzige unzerstörte Höhenburg am Mittelrhein ist die Marksburg hoch über Braubach, südlich der Lahn-Einmündung in den Rhein. Um das Jahr 1100 bauten die Herren von Eppstein auf dem Gipfel eine Burg mit dreieckigem Grundriss, 1283 kauften die Grafen von Katzenelnbogen die Marksburg und statteten sie zur Residenz aus. 1479 fiel sie dann an Hessen, war später Staatsgefängnis. 1900 von der Deutschen Burgenvereinigung für 1000 Goldmark übernommen und aufwendig restauriert, ist die Marksburg zur Muster- und Vorzeigeburg avanciert. Die Ausstattung wurde erneuert. Ein Besuch ist auch pflanzenkundigen Naturfreunden zu empfehlen, denn seit 1969 gedeihen im pittoresken Burggarten wieder mittelalterliche Nutz- und Zierpflanzen.

Erst seit wenigen Jahren finden Braubach-Besucher den »Burgenlehrpfad« vor, der über Burgenbau, Burgentypologie und Burgenalltag wissenschaftlich fundiert Aufschluss gibt. Dies ist übrigens eine neue Auszeichnung für die Marksburg, die mit nur drei anderen Burgen für dieses besondere Projekt ausgewählt wurde.

Oben: Burg Stahleck bei Bacharach. **Rechts oben:** Der berühmte Felsen der Loreley. **Rechts unten:** Die Burgruine Ehrenfels nordwestlich von Rüdesheim.

buch für Schnellreisende: Rheinreise von Mainz bis Köln an. Wir leben rascher, oft hektischer als unsere Vorfahren damals. Rheinromantik findet doch ihre Zufluchten – ob in Traditionsrestaurants, die ihre Gasträume mit Mobiliar wie zu Kaisers Zeiten ausstatten, oder in den Straußwirtschaften der Winzer, wo der Wein in Hof und Garten auf schlichten Bänken und Tischen verkostet wird.

Und viel ist zu sehen, nicht nur Burgen. Ein Beispiel frommer Architektur: Zu den frühesten gotischen Kirchenbauten Deutschlands zählt der Chor der ehemaligen Propsteikirche in Hirzenach. Ein anderes Mittelalter-Beispiel: Den wohl schönsten himmelstrebenden Kirchenraum von Koblenz bis Bingen findet man in der Liebfrauenkirche in Oberwesel. Hier wurde die Welterbeurkunde der UNESCO übergeben.

KLOSTER EBERBACH

58 Asketische Vollkommenheit

Als am 13. Februar 1136 zwölf Mönche aus Clairvaux die Abgeschiedenheit des Kisselbachtals nahe dem kleinen Ort Kiedrich erreichten, war dies die Geburtsstunde der Zisterzienserabtei Eberbach.

Der Legende nach soll ein wilder Eber mit seinen Hauern eine tiefe Furche gezogen und damit die Umgrenzung des Klosterbezirks festgelegt haben. Das Wappen des Klosters knüpft an diese Legende an und zeigt einen Eber, der mit beiden Beinen in einem Bach steht, auf dem Rücken eine Kirche trägt und im Maul eine Traube hält. In nur wenigen Jahren wuchs Kloster Eberbach zu einem wirtschaftlich überaus bedeutsamen Konvent heran, nach und nach wichen die bescheidenen Unterkünfte einem beeindruckenden Gesamtensemble, das bis heute nichts von seiner Faszination verloren hat. Kirche und Klausur entstanden, es folgten das Konversenhaus für die Laienbrüder und das Hospital. Die gesamte Klosteranlage ist von einer

Mauer umgeben – um das Kloster zu schützen und um es deutlich von der Außenwelt abzugrenzen. Im Zentrum der Anlage steht die romanische Klosterkirche, in ihrer Dimension und handwerklichen Präzision ein beeindruckender, gleichzeitig ein schlichter Sakralbau. Keine aufwendigen Verzierungen und keine auffälligen Kunstwerke schmücken den Raum. Nichts soll vom Glauben ablenken, in asketischer Schlichtheit und religiöser Vollkommenheit soll der Mönch in

Die Kirche des ehemaligen Zisterzienserklosters Eberbach. Das Kloster zählt zu den wichtigsten Denkmälern Hessens.

Demut Gott begegnen. Die neun gotischen Kapellen werden erst im 14. Jahrhundert vor das südliche Seitenschiff der Basilika gesetzt. Im Barock bekam die Kirche einen neuen Dachstuhl, aus dieser Zeit stammen auch die beiden Dachreiter mit ihren zwiebelförmigen Hauben.

Bernhard von Clairvaux ist als bedeutender Mystiker, Theologe und Reformer, aber auch Kreuzzugsprediger in die Geschichte des Mittelalters eingegangen. Aus burgundischem Hochadel stammend, trat Bernhard Anfang des 12. Jahrhunderts in das Reformkloster Citeaux ein. Nur drei Jahre später wurde er als Abt zur Gründung des Klosters Clairvaux gesandt, das schon bald den Glanz von Cluny überstrahlen sollte. Von Clairvaux aus brachte Bernhard den Zisterzienserorden zur höchsten Blüte.

WEINKLOSTER EBERBACH

Weit über die Grenzen des alten Weinlandes Rheingau hinaus gilt Kloster Eberbach als einer der wichtigsten Orte deutscher Weinkultur. Der Weinbergsbesitz der Abtei wuchs im Laufe der Jahrhunderte durch Schenkungen und Stiftungen; der Steinberg, unweit des Klosters gelegen, wurde von den Mönchen zum Musterweingut ausgebaut. Zu dieser Zeit war der Weinberg bereits von einer Hecke umfriedet, die im 18. Jahrhundert durch eine Ringmauer ersetzt wurde. So konnten die wertvollen Trauben vor Dieben und Tierfraß geschützt werden. Standen anfangs nur rote Trauben in den Klosterweinbergen, fand Ende des 14. Jahrhunderts ein langsamer Übergang vom ehemals vorherrschenden Rotweinanbau zur Kultivierung weißer Sorten statt. Die Zisterzienserabtei forcierte diese »weiße Bewegung« und forderte von ihren Pächtern die Pflanzung von Weißweinreben, zu denen ab dem 15. Jahrhundert auch Rieslingreben gehörten, die heute das vinologische Aushängeschild des Rheingaus darstellen.

MATHILDENHÖHE DARMSTADT

59 »Mein Hessenland blühe …«

Auf dem höchsten Punkt der Darmstädter Innenstadt legte Großherzog Ludwig III. von Hessen und bei Rhein eine Gartenanlage im Stil eines englischen Landschaftsparks an und benannte ihn nach seiner Gattin Mathilde. Sein Neffe Großherzog Ernst Ludwig (1868–1937) gründete 1899 dort eine Künstlerkolonie, von der er sich einerseits die Verbreitung des Jugendstils, den er in England kennengelernt hatte, versprach und andererseits die wirtschaftliche Belebung seines Landes durch die Verbindung von Kunst und Handwerk. Von ihm stammt auch das Zitat: »Mein Hessenland blühe und in ihm die Kunst.« Zu diesem Zweck engagierte der kunstsinnige Mäzen sieben junge Künstler um den Architekten Joseph Maria Olbrich (siehe unten). Sie – darunter Peter Behrens (1868–1940), der 1897 in München die »Vereinigten Werkstätten« mitbegründete – sollten durch die Zusammenführung von Architektur, Kunsthandwerk und Malerei zukunftsweisende Wohn- und Bauformen erarbeiten und machten Darmstadt neben München so zum zweiten Zentrum des Jugendstils in Deutschland. 1901 fand auf der Darmstädter Mathildenhöhe die erste Bauausstellung Deutschlands statt. Das Zentrum bildete das von Olbrich ab 1900 errichtete »Ernst-Ludwig-Haus«, das zugleich das gemeinschaftliche Atelier- und Festgebäude der Kolonie war und nach ihrem Mäzen benannt wurde.

Heute befindet sich dort das Museum der Künstlerkolonie Darmstadt. Das ebenfalls von Olbrich gebaute »Große Glückerthaus« beherbergt jetzt die Deutsche Akademie für Sprache und Dichtung, die mit dem Georg-Büchner-Preis den wichtigsten deutschen Literaturpreis vergibt. Der Hochzeitsturm, das 48,5 Meter hohe Wahrzeichen Darmstadts – wegen seiner auffälligen Form auch Fünf-Finger-Turm genannt – schuf Olbrich zwischen 1905 und 1908 zur Erinnerung an die Hochzeit Ernst Ludwigs mit Prinzessin Eleonore Solms-Hohensolms-Lich. Heute residiert hier eine Nebenstelle des Standesamts der Stadt.

Links: Der Hochzeitsturm (1908) von Joseph Maria Olbrich auf der Mathildenhöhe. **Rechts:** Das Museum der Künstlerkolonie Darmstadt im Ernst-Ludwig-Gebäude.

JOSEPH MARIA OLBRICH (1867–1908)

Schon sein erstes Gebäude katapultierte den jungen österreichischen Architekten in die oberste Liga seiner Zunft. Joseph Maria Olbrich war neben seinem Lehrer Otto Wagner, dem Maler Gustav Klimt und anderen der Mitbegründer der »Wiener Secession«, einer Gruppe fortschrittlicher Künstler; mit ihnen schuf er ein Gebäude von bahnbrechender Wirkung, das als »Wegbereiter moderner Formgebung« bezeichnet wurde. Dieses heute noch in Wien zu bewundernde Ausstellungshaus gilt als einer der bedeutendsten Bauten des Wiener Jugendstils. Die Mischung aus klaren Formen und fantasiereichen Details, die in der goldglänzenden Kuppel gipfelt, erregte das Interesse des Großherzogs Ernst Ludwig von Hessen, der ihn 1899 nach Darmstadt berief, damit er die neu gegründete Künstlerkolonie leitete. Dort schuf er die meisten Gebäude, die er nicht nur entwarf, sondern zu denen er meist auch noch die Inneneinrichtung, die Gärten und einige Gebrauchsgegenstände konzipierte.

Olbrich spannte in seinem kurzen Leben einen weiten Bogen vom Jugendstil bis hin zum architektonischen Expressionismus, der ihn sogar zum korrespondierenden Mitglied des angesehenen American Institute of Architects werden ließ. Olbrich starb 1908 im Alter von nur 40 Jahren an Leukämie.

EUROPASTADT FRANKFURT AM MAIN

60 Metropole mit künstlerischem Touch

»Mainhattan« hat man Frankfurt schon vor Jahrzehnten getauft – wegen der sich drastisch vermehrenden Hochhäuser. Offiziell dagegen nennt sich die Mainmetropole »Europastadt«. Das ist kein Titel, den eine Stadt erwirbt oder verliehen bekommt. Der Stadtrat kann vielmehr beschließen, der eigenen Stadt diesen Beinamen zu geben, zum Zeichen besonderen Interesses an der europäischen Verständigung. Sollte die eine oder andere deutsche Metropole den entsprechenden Beschluss nicht nach dem Druck dieses Buches gefasst haben, ist Frankfurt noch immer die größte Europastadt Deutschlands. Grund genug, auf den Namen »Mainhattan« zu verzichten. Statt mit Manhattans Wolkenkratzern städtebaulich zu konkurrieren, weist Frankfurt heute auf die weitaus schwierigere Aufgabe der Europäischen Zentralbank hin. Die nämlich wählte Frankfurt zu ihrem Sitz, um die Währungsstabilität des gesamten Euro-Raums zu sichern – von zentraler Stelle aus und in der Nachbarschaft der Deutschen Bank, die für ihre hohen Renditen unter schweizerischer Leitung bekannt ist.

Frankfurt ist führende Drehscheibe, führendes Drehkreuz für Geld und Aktien wie für Flugzeuge. Internationale Partnerschaften und Freundschaften werden in fünf Kontinenten gepflegt. Rund 10 000 ausländische Unternehmen, heißt es, haben sich in Frankfurt niedergelassen.

Fachwerkhäuser am Römerberg, dem Rathausplatz von Frankfurt am Main. Im Zweiten Weltkrieg größtenteils zerstört, wurde »der Römer« Haus an Haus wiederaufgebaut.

Sympathisch rührt da an, dass der enorm beflügelte Geschäftsverkehr in der Mainmetropole mitnichten die kulturellen Interessen gemindert, vielmehr eher noch gesteigert hat. Theater, Oper, Kunstgalerien und private Fördervereine ziehen Schauspieler, Sänger, bildende Künstler ebenso an wie die Förderer der Kunst. Auch wenn Klaus Gallwitz, langjähriger und erfolgreicher Direktor des Städel, schon in den 1980er-Jahren keinen Hehl aus dem Rückgang großer mäzenatischer Spenden machte: »Die meisten Frankfurter, die es sich heute leisten könnten zu sammeln, haben nicht die Zeit dazu und nicht die Ruhe, sich ihrer Sammlung zu freuen. Zu viele tüchtige junge Leute gehen auch bald wieder an andere Plätze.«

UMTRIEBIG: DER JUNGE GOETHE

»Er ist bizarr und hat in seinem Betragen, seinem Äußerlichen Verschiedenes, das ihn unangenehm machen könnte. Aber bei Kindern, bei Frauenzimmern und vielen anderen ist er doch wohl angeschrieben [...] Aller Zwang ist ihm verhasst« – so Johann Christian Kestner über Goethe, den Kollegen am Wetzlarer Reichskammergericht, der sich in Kestners Braut verliebte. Aber dann ohne Abschied zu Fuß abreiste.

Nach dem Studium in Leipzig schwer krank zurückgekehrt, hat Goethe mit Unterbrechungen (Straßburg, Wetzlar) noch vier Jahre in seiner Heimatstadt gelebt. In Frankfurt war er hochproduktiv, vernachlässigte seine Anwaltskanzlei, schrieb den *Götz von Berlichingen, Die Leiden des jungen Werther*, den *Urfaust*. Mehrere Frauen und Männer wurden ihm auf Dauer wichtig, er las viel, studierte, beispielsweise auch Alchimie, suchte die Natur – und sich selbst. Als er fünf Jahre später nach Weimar reiste, von der Fürstenfamilie eingeladen, war seine Selbstfindung weit vorangeschritten.

Goethehaus und Goethemuseum besuchen sowie die Gerbermühle, wo Goethe als Gast der Familie 1815 Marianne Willemer wiedertraf.

Unten: Warum Frankfurt auch Mainhattan heißt: die imposante Skyline der Stadt. **Rechts:** In der Paulskirche. **Rechts unten:** Händler im Parkettsaal der Frankfurter Börse. Auf den Tafeln an den Wänden stehen die Aktienkurse, am Kopfende des Saals sieht man die DAX-Kurve.

Museumsmeile am Main

Einem der schon damals zahlreichen Frankfurter Bankiers namens Johann Friedrich Städel verdankt Frankfurts beliebtestes, auch international höchstgeschätztes Kunstmuseum seine Gründung per Testament – vor nun bald 200 Jahren (1816). Mit den großen Meistern europäischer Kunst vom mittelalterlichen Paradiesgärtlein und von der Renaissance bis heute lohnt das *Städelsche Kunstinstitut* und *Städtische Galerie* immer wieder den Besuch. Städel war übrigens auch Gewürzhändler, hatte also Verstand für Kunst und Natur.

Das *Deutsche Filmmuseum* am Frankfurter Museumsufer (Schaumainkai 4) entsteht 2010/11 neu, Museum und Kino sollen modernisiert werden, architektonisch und inhaltlich. Eine gute Art, sein 25. Geburtsjahr zu feiern!

Das *Deutsche Architekturmuseum,* kurz DAM, öffnete seine Pforten 1984 und hat eine äußere und eine innere Hülle: Eine traditionelle Doppelhausvilla unter hohem Dachgiebel umschließt eine weiße Stahlbetonkonstruktion. Eine Krise in den 1990er-Jahren – schon drohte der Abzug nach Berlin – bewältigte die Direktorin Ingeborg Flagge mit publikumsnahen Ausstellungen und mit für Laien verständlichen Informationen: Die Besucherzahlen stiegen stark an.

Architektonisch Spitze: das vom US-Amerikaner Richard Meier 1985 geschaffene *Museum für Angewandte Kunst* (MAK). Weitere Museen auf der Frankfurter Museumsmeile: das *Museum für Kommunikation* und das *Skulpturenmuseum*. Insgesamt haben sich laut frankfurt-interaktiv.de am Sachsenhäuser Mainufer zwischen Eisernem Steg und Friedensbrücke zwischen 1980 und 1990 in Neu- oder Umbauten 13 Museen etabliert. Zu danken dem Kulturdezernenten Hilmar Hoffmann!

Das dreitägige Museumsuferfest wird alljährlich am letzten Wochenende im August gefeiert – aus Frankfurt hört man, es sei mit seinen zweieinhalb Millionen oder noch mehr Besuchern das größte Kulturfest europaweit.

DIE DEUTSCHE WEINSTRASSE

61

Panoramatour durchs Rebenmeer

Rund ein Viertel aller deutschen Weine wächst in der Pfalz, die sich vom südlichen Rand Rheinhessens bei Worms bis hin zur französischen Grenze ans Elsass erstreckt. Im rund 85 Kilometer langen Pfälzer Traubengürtel – der bis 1992 als Rheinpfalz bezeichnet wurde – sind die klimatischen Voraussetzungen für den Weinbau geradezu ideal. Mit jährlich etwa 1800 Sonnenscheinstunden zählt die Pfalz zu den wärmsten Anbaugebieten Deutschlands. Diese Klimabedingungen lassen nicht nur Trauben reifen: In der Pfalz gedeihen auch Feigen, Mandeln und andere südlichen Früchte. Wer die Pfalz zum ersten Mal bereist, sollte nach den Hinweisschildern »Deutsche Weinstraße« Ausschau halten. Denn zwischen den hügeligen Ausläufern des Pfälzer Waldes und der Rheinebene schlängelt sich die älteste und auch bekannteste Touristikroute zum Thema »Wein« durch das Pfälzer Rebenmeer, vorbei an idyllischen Weinorten, die mit gemütlichen Landgasthöfen und urigen Gastwirtschaften zur kulinarischen Rast einladen. Im kleinen Grenzort Schweigen markiert das mächtige Weintor den Beginn der Weinstraße. Die Gesamtanlage, zu der auch eine Gaststätte und ein Weinlehrpfad gehören, wurde Mitte der 1930er-Jahre in neoklassizistischem Stil

In Frankweiler an der Pfälzer Weinstraße schmiegen sich die Reben idyllisch an sanfte Hänge. Der Ort ist vor allem für seine Rieslinge bekannt.

erbaut. Längst führt die Straße nicht mehr mitten durch das 18 Meter hohe Tor, nur noch Fußgänger und Radfahrer können unter dem gewaltigen Bogen ihren Weg fortsetzen. Der nördliche Ausgangspunkt der Deutschen Weinstraße liegt nach rund 85 Kilometern in Bockenheim. Dort markiert seit 1995 das Haus der Deutschen Weinstraße das Ende der Route. Im Stil ist das Gebäude an ein römisches Kastell angelehnt; wer sich traut, kann hier die »Weinstraßenhochzeit« feiern. Für Radfahrer bietet die Weinstraße eine eigene Route, rund 97 Kilometer lang ist die Hauptstrecke von Bockenheim nach Schweigen-Rechtenbach. Entlang dem Radweg gibt es immer wieder Abzweigmöglichkeiten auf die sogenannte Panoramaroute, die noch einmal etwa 35 Kilometer umfasst und wunderschöne Blicke auf die Reblandschaft der Pfalz freigibt. Der Radweg verläuft zu 90 Prozent auf befestigten Wegen. Entlang der Panoramaroute sind einige Höhenmeter zu

BLUTWURST, SAUMAGEN & CO.

Wo Wein wächst, wird auch gut und gerne gegessen. Darin macht die Pfalz keine Ausnahme, in den gemütlichen Gasthäusern und urigen Wirtschaften entlang der Weinstraße geht es meist herzhaft zu. Pfälzer Gastlichkeit ist herzlich, die Pfälzer sind bodenständig und immer für einen guten Schoppen Wein zu begeistern. Dazu kommen am liebsten deftige Speisen auf den Tisch; das Pfälzer Nationalgericht ist der legendäre Saumagen, den es in vielen hausgemachten Variationen gibt. Aber auch gebackene Blutwurst mit Apfelstückchen und Bratkartoffeln, Blut-Leberwurst-Strudel, Käseknöpfle und Schwartenmagen sind beliebte Klassiker der kulinarischen Pfalz. Nicht zu vergessen die original Pfälzer *Grumbeersupp* (Kartoffelsuppe) und das traditionelle Pfälzer Rumpsteak mit Zwibbele, das in fast jeder Wirtschaft auf der Speisekarte steht. Ist Jagdsaison, ergänzen Wildgerichte aus heimischen Wäldern das Angebot. Eine Renaissance erlebt vor allem der Fisch aus Pfälzer Gewässern, immer öfter stehen heimische Bachforellen, Saibling, Zander und Barsch auf den Speisekarten. Dazu bietet die Pfalz dank ihres relativ milden Klimas eine gute Auswahl an frischem Gemüse, von einfachen Kartoffeln und Zwiebeln über zarte Möhren bis hin zu edlem Spargel. Und natürlich Wein: Vom knackigen Riesling und sanften Spätburgunder bis zum cremigen Chardonnay und eleganten Cabernet Sauvignon bieten die Pfälzer Winzer eine reiche Auswahl an empfehlenswerten Gewächsen an.

Unbekanntes Zellertal

In Sichtweite des Donnersberges, dort wo die Grenze zwischen der Pfalz und Rheinhessen verläuft, liegt das Zellertal. In der idyllischen Weinlandschaft im Norden der Pfalz wachsen nicht nur Esskastanien, Olivenbäume und Feigen, hier findet der Kenner auch gute Weine.
Das bekannteste Weingut des Zellertals liegt am Ortsrand von Harxheim. Das Anwesen des Weingutes Janson Bernhard wirkt wie eine englische Parklandschaft. Im Sommer findet hier alljährlich ein sehens- und hörenswertes Kulturprogramm mit Konzerten, Theaterabenden, Dichterlesungen und kulinarischen Soireen statt. Gastgeberin ist Christine Bernhard, die zu den Veranstaltungen auch ihre eigenen Produkte ausschenkt. Die Rieslinge und Burgunderweine aus den Zellertaler Kalkmergelböden sind etwas schlanker und filigraner als ihre klassischen Pfälzer Pendants.
Die Jahrgangssekte aus Riesling, Morio-Muskat und Traminer produziert Christine Bernhard nach der traditionellen Flaschengärung, die Sekte werden selbstverständlich von Hand gerüttelt.

bewältigen, in Pleisweiler-Oberhofen besteht zudem Anschluss an den Radweg »Vom Riesling zum Zander«, der auf einer Gesamtlänge von 35 Kilometern von Oberhofen nach Neupotz am Rhein verläuft.

Unten: Das pfälzische Deidesheim im Morgendunst. Hier wurde zuerst Qualitätsweinbau betrieben. **Ganz unten:** Bernd Philippi, der Winzer, Genießer und das Pfälzer Original vom Weingut Koehler-Rupprecht in Laumersheim.

ROUTE 4 Südwestdeutschland

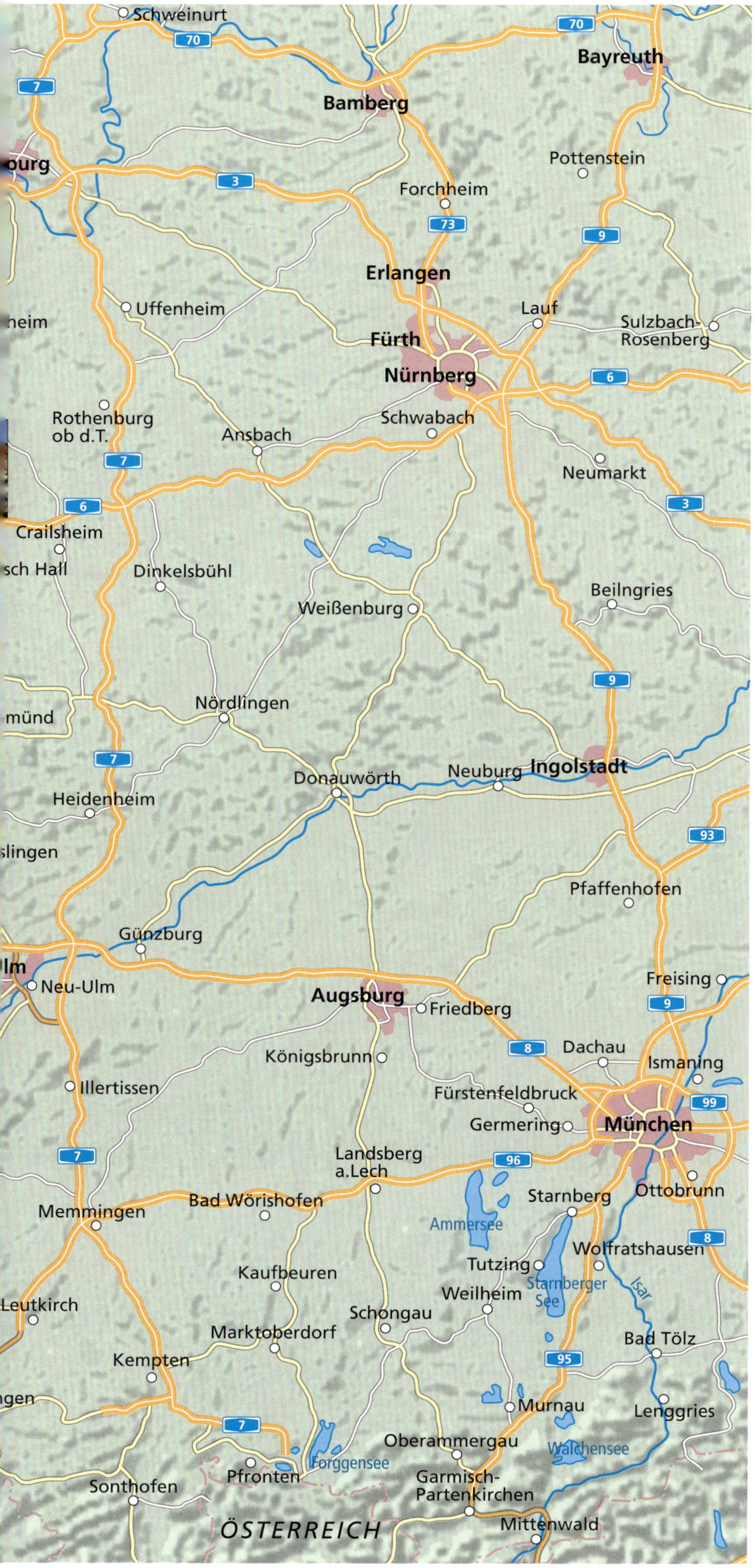

62 Trier und die Porta Nigra 118

63 Die Völklinger Hütte 119

64 Worms und seine Winzer 121

65 Mannheim und sein Barockschloss 123

66 Torhalle Kloster Lorsch 124

67 Traumort Schloss Heidelberg 126

68 Dom und Kaiserkrypta zu Speyer 128

69 Fächerstadt Karlsruhe 130

70 Maulbronn und Hermann Hesse 131

71 Winzerkraft am Kaiserstuhl 133

72 Das Freiburger Münster 135

73 Reiche Insel Reichenau 137

74 Rottweil – Römergründung, Stauferstadt 139

75 Am Neckar – Horb und Tübingen 140

76 Stuttgart – Weißenhofsiedlung 141

77 Schillerstadt Marbach 142

78 Schwäbisch Hall – Salz und mehr 143

79 Obergermanisch-raetischer Limes 144

TRIER UND DIE PORTA NIGRA

62

2000 Jahre und mehr

Trier, Residenzstadt Kaiser Konstantins von 306 bis 316, verdankt ihm einige seiner faszinierendsten antiken Bauten, allen voran die Palastaula, heute meist Basilika genannt, und die Porta Nigra, das wohl berühmteste antike Stadttor auf deutschem Boden.

Die Porta Nigra ist auch ohne den abgetragenen Oberstock des östlichen Turms ein großartiges Monument, von der Stadtseite fast wie eine Palastfassade anzusehen. Und man sollte jenes Griechen Simeon aus Syrakus gedenken, der um 1030 in der Porta Nigra fünf Jahre lang bis zu seinem Tod als Eremit in einer Zelle lebte und damit das Bauwerk wohl gerettet hat. Denn ihm zu Ehren wurde ein Stift gegründet und in den Torbau eine Doppelkirche eingebaut. Erst Napoleon befahl, alle nicht-antiken Teile auszuräumen, doch blieb der romanische Chor zumindest im unteren Teil erhalten.

Auch an anderen Welterbemonumenten Triers koexistiert Antikes mit Christlichem. Es lohnt, das fein ausgeführte Modell der römischen Stadt im Bischöflichen Museum anzuschauen! Dom und benachbarte Liebfrauenkirche entstanden auf dem Palastareal der heiligen Helena, der Mutter von Konstantin dem Großen, so behauptet eine alte Überlieferung.

GROSS UND UNBEKANNT – KAISER KONSTANTIN

Kaiser Konstantin wurde um 280/85 bei Naissus, dem heutigen Nisch, südlich von Belgrad, geboren. Er bleibt in vielem eine der großen Gestalten der Weltgeschichte, deren Motivationen und Überzeugungen letztlich nicht zu entschlüsseln sind. Im Jahr 340 gelang es ihm, zum Weströmischen Reich auch das Oströmische unter seine Herrschaft zu bringen. Er baute einen Militär- und Beamtenstaat auf, mit strikten Vorschriften. Es war Kaiser Konstantin, Sohn einer christlichen Mutter, der den christlichen Ruhetag per Gesetz auf den Sonntag verlegte. Den Sonnennamen leitete der Kaiser von seinem persönlichen Schutzgott, dem »Sol invictus« ab, dem unbesiegten Sonnengott. Was war sein Glaube? Was politische Strategie und List? Konstantin war ein rücksichtsloser Machtmensch, der Konkurrenten beseitigte. Aber: Dank Konstantin konnten die Christen sich frei bekennen und im Staat aufsteigen. Der Kaiser selbst ließ sich erst kurz vor seinem Tod 337 in Nikomedia, dem heutigen Izmit bei Istanbul, christlich taufen.
Die große Konstantin-Ausstellung in Trier 2007 ließ viele Fragen offen.

Das einstige römische Stadttor, die Porta Nigra, wurde zum Wahrzeichen von Trier. Die Torburg bildete den nördlichen Zugang zu »Augusta Treverorum«.

Trier, »Augusta Treverorum«, zählte in der Antike maximal an die 80 000 Einwohner. Mit rund 100 000 übersteigt die heutige Zahl die der Römerzeit nicht weit. Immer blickt man auf die grünen Hänge und die Weinreben über dem Moseltal, die schon die Römer kultivierten. Heute evangelische Kirche, war die Konstantinsbasilika einst ein Palast und gilt mit 67x27 Metenr Grundfläche und 33 Metern Höhe als der größte Einzelraum, der aus der Antike überliefert ist. Damals war es der Thronsaal des Kaisers. Fußboden und Wände waren mit Marmorplatten beheizt und konnten beheizt werden.

VÖLKLINGER HÜTTE

63

Ein Fest der Ideen

Völklinger Hütte

Ihr 100-jähriges Gründungsjubiläum konnte die Völklinger Hütte 1983 noch feiern, damals war sie bereits mit den nahen Burbacher Werken zur ARBED zusammengelegt. Schon drei Jahre später wurde die riesige Industrieanlage stillgelegt – nur der Denkmalschutz bewahrte sie vor dem Abbruch. 1994 nahm die UNESCO das weltweit einzige erhaltene Werk aus der Blütezeit der Eisen- und Stahlindustrie in die Welterbeliste auf. Doch wie füllt man ein arbeitsloses Stahlwerk mit Leben?
Früher blickten Besucher mit einer Mischung aus Stolz und Mitgefühl auf die sechs Hochöfen, die Werkhallen und das undurchschaubare Geschlinge von Rohrleitungen. Mit Stolz, weil die Eisen- und Stahlwerke der Familie Röchling enorm produktiv waren, immer wieder an die Spitze des Fortschritts vorrückten, in den besten Jahren des »Wirtschaftswunders« 17 000 Menschen Arbeit gaben; Mitgefühl rührte sich, wenn man eine Ahnung von der unermesslichen Härte, der hohen Unfallgefahr und von dem ohrenbetäubenden Lärm bekam.

Das Eisenwerk Völklinger Hütte wurde 1873 gegründet. Heute beherbergt es nicht nur ein Technisches Museum, sondern bietet auch kulturelle Veranstaltungen.

DIE MALOCHE DES 19. JAHRHUNDERTS

Historische Filme und eine Multimedia-Schau erinnern an die Maloche des 19. Jahrhunderts, an die Zwölf-Stunden-Arbeitszeit, an die Frauen, die mit ihren Händen die Erzkähne auf der Saar entluden und darum »Erzengel« genannt wurden. Viele ehemalige Hüttenarbeiter befinden sich unter den Besucherbegleitern, die heute den Gästen die Winderhitzer erklären und ihnen die intelligente Technik des Schrägaufzugs zeigen, mit dem die Erzloren zur Gichtbühne hinauffuhren – »eine Mischung aus Wuppertaler Schwebebahn und der Cable Car von San Francisco«. Etage um Etage steigt man zur Gichtbühne hinauf, wo 30 Meter über dem Boden die Hochöfen beschickt wurden. Gicht, erfährt mancher zum ersten Mal, ist im Hüttenwerk keine Krankheit, sondern bezeichnet die obere Mündung des Hochofens, wo das Erz oder aus Erzstaub gebackene Sinterbrocken unter dem kreisrunden, tonnenschweren Deckel in den Ofen gegeben werden. Weil dabei aus der Glut des Hochofens Kohlenmonoxid austritt, war dieser Platz lebensgefährlich; es durfte nur mit Atemschutzmaske gearbeitet werden.

Auf schmalen Treppen ist die Aussichtsplattform der Hochofengruppe zu erklettern. Von hier aus sieht man die Saar und das gesamte, teils von Wildwuchs begrünte Werksgelände, die unmittelbar benachbarte Stadt Völklingen und zwei alte Schlackenpyramiden. Die haben vor langer Zeit die Goethe-kundigen Völklinger auf den Namen »Hermann und Dorothea« getauft: nach dem Werksgründer Hermann Röchling und seiner Frau Dorothea. Übrigens braucht sich kein Besucher einer Führung anzuschließen, man kann nach eigenem Gusto das gesamte Gelände erkunden – und sich einen Audioguide leihen sowie im Bistro B40 oder im Café Umwälzer pausieren.

Zentrum für Kunst und Industriekultur

All das reicht aber nicht, um den Aufwand für die Erhaltung und immer wieder fällige Sanierung des Industriedenkmals Völklinger Hütte auch nur annähernd zu finanzieren. Im Arbeitszimmer des General-

Grewenig und die Kunst des Verwandelns

Man hat Meinrad Maria Grewenig, Kunsthistoriker und erfahrener Museumsmann, nach Völklingen gerufen, als nach der Stilllegung schon viel Geld in den Sand gesetzt war. Grewenig verwandelte den Industrieort Völklinger Hütte in einen Kulturort – und bringt dabei den Industrieort immer wieder neu ins Spiel – als Bühne, Kontrastbild und Schauplatz.

Das Verwandlungsspiel funktioniert auch mit technischen Attraktionen, etwa dem »Ferrodrom«, das im Weltkulturerbe als erstes »Science Center« in der Region Saarland-Lothringen-Luxemburg erschien. In »Erlebnistunneln« sind die vier Elemente Feuer, Wasser, Erde, Luft – die bei der Erzeugung von Eisen unentbehrlich sind – unmittelbar zu erfahren. Man spürt die Wärme, den Wind. Man sieht das Eisen, das vom Himmel fällt – Meteoriten – und einen Dolch mit Eisenklinge aus dem Grab des Tutanchamun. Andere Funde – keltische, römische, mittelalterliche – zeigen den Weg und die Rolle des Eisens in früheren Zivilisationen. Tondokumente von Hüttenarbeitern berichten vom Leben mit dem Eisen.

direktors Dr. Meinrad Maria Grewenig hängt ein Bild der Neunkirchener Hüttenwerke. »Das habe ich mir als Memento mori hingehängt, die Stumm-Hüttenwerke sind völlig abgerissen worden. Da steht jetzt ein Einkaufszentrum«, kommentiert Grewenig mit einem Lächeln. Und holte 2009 z. B. die Weltgeschichte ins Hüttenwerk, als historisch-soziales Schauspiel: quadratmetergroße Fotos von der Elite der internationalen Fotografen zeigen Schlüsselmomente und Persönlichkeiten aus der Weltgeschichte der letzten 50 Jahre – und manches Bild prägt sich in den Hallen und Kammern unvergesslich ein. Am stärksten spielte die große Schau »Macht & Pracht – Europas Glanz im 19. Jahrhundert« den Industriestandort als Standortvorteil ein. Die Lust an der handwerklichen Kunstfertigkeit, an der puren Schönheit der goldschimmernden Einhorn-Schale der Rothschilds, an Bergkristallpokalen und Elfenbeintafeln ist zwischen den düsteren Maschinengiganten der Gebläsehalle größer als in jeder »normalen« Ausstellungsszene. Und spornt auch an, über Luxusbesitz und Arbeitslohn nachzudenken.

Intensive Kontraste deuten an, wie sich das Weltkulturerbe Völklinger Hütte als Europäisches Zentrum für Kunst und Industriekultur versteht. Die Ziele sind hochgesteckt: Dies will »einer der spannendsten Orte der Welt« sein.

Unten links: Im Technischen Museum der Völklinger Hütte kann man auch die ehemalige Gebläsehalle besichtigen. **Unten rechts:** Bei Nacht schmuck beleuchtet, hat sich das einstige Eisenwerk mittlerweile auch als Kulturzentrum einen Namen gemacht.

WORMS UND SEINE WINZER

64 Dom, Wein und Nibelungen

Rund um die Liebfrauenkirche in Worms liegt ein Weinberg, der zum Inbegriff überragender Weißweine, aber auch abscheulicher Plörre geworden ist: die Lage Liebfrauenstift-Kirchenstück. Nach Jahrzehnten billigster Massenproduktion unter dem Namen »Liebfrauenmilch« erlebt der Weinberg heute wieder eine Renaissance.

Alles hatte so schön angefangen. Im Mittelalter kreuzten sich in Worms wichtige Handelswege, Pilger zogen auf ihrem Weg nach Santiago de Compostela durch die Stadt, und der Weinbau florierte – nicht zuletzt deshalb, weil der Bedarf an Messwein riesengroß war. Am beliebtesten wurde rasch der von den Kanonikern des Liebfrauenstifts in Worms angebaute Tropfen, von dem geschrieben wurde, er sei »süßer als die Milch der heiligen Jungfrau«.

Nach ihrer Revolution besetzten die Franzosen linksrheinische Gebiete, so auch Rheinhessen. Deutscher Adel und Klerus flohen auf die andere Seite des Flusses, ihre Weingüter fielen an den französischen Staat und wurden 1808 wiederum an bürgerliche Deutsche versteigert. Peter Joseph Valckenberg erwarb den größten Teil der Rebflächen

Blick in den Dom von Worms, das wichtigste Bauwerk der Wormser Romanik. Er entstand zwischen 1130 und 1180 und wurde später immer wieder erweitert.

an der Liebfrauenkirche und verschiffte den Wein nach London. Hier trank man, nachdem Prinz Albert von Sachsen-Coburg, Gatte von Queen Victoria, es vorgemacht hatte, nun auch Weißwein zum Essen.

Abstieg einer großen Lage

Der Schriftsteller Victor Hugo schrieb 1838 in seinen »Lettres à un ami« über Worms: »Und was ihre Liebfrauenkirche betrifft, so schätze ich sie bloß wegen ihres Weinbergs, der die Liebfrauenmilch liefert. Trinken Sie diesen Wein, er ist vortrefflich.« Der restsüß ausgebaute Tropfen aus Rieslingtrauben genoss höchstes Ansehen, stand auf einer Stufe mit den edelsüßen Weinen von Château d'Yquem und erzielte 1900 bei Versteigerungen in London den gleichen Preis wie Weine von Château Margaux. Valckenberg, der der Nachfrage nicht mehr Herr wurde, stimmte auf dem Weinbaukongress von 1908 – der die Lagennamen schützen sollte – der Einstufung der Liebfrauenmilch als »Regionalwein« zu.

DER DOM ZU WORMS

Drei rheinische Kaiserdome gibt es, der kleinste ist der Dom St. Peter in Worms, steiler und schlanker als seine Pendants in Mainz und Speyer. Er stammt aus dem 12. Jahrhundert, brannte in den Pfälzischen Erbfolgekriegen völlig aus und litt nach seinem Wiederaufbau unter der Besetzung durch französische Revolutionstruppen. Ende des 19. Jahrhunderts begann dann eine gründliche Renovierung. Prunkstück des Doms ist der Hochaltar aus vergoldetem Holz und verschiedenfarbigem Marmor, erschaffen von Baumeister Johann Balthasar Neumann. Die farbigen Glasfenster stellen die Geschichte des Wormser Bistums dar.

Auch in der Nibelungensage spielt der Dom eine wichtige Rolle. Gemäß der Sage sollen die Königinnen Brunhild und Kriemhild sich am Portal darüber gestritten haben, wem als Ranghöheren der Vortritt zum Dom gebührt. Heute finden seit 2002 vor dem Dom auf einer Freilichtbühne Nibelungenfestspiele mit renommierten Regisseuren und Schauspielern statt.

Die Verbindung zu einem anderen Wormser Gotteshaus, der Liebfrauenkirche, ist ähnlich profan: Das Weinhaus Valckenberg, Begründer der Liebfrauenmilch, befindet sich direkt zu Füßen des Doms.

Jüdisches Leben in Worms

Eine der ältesten Synagogen Deutschlands steht in Worms, errichtet im Jahr 1034. Trotz zahlreicher Zerstörungen ist die Stifterinschrift noch erhalten, die besagt, dass Jakob ben David und seine Ehefrau Rahel für diese Synagoge ihr Vermögen opferten. In jenem Jahrhundert studierte hier der spätere Rabbi Salomon ben Isaak, genannt Raschi, aus der französischen Stadt Troyes, der als einer der bedeutendsten Gelehrten des abendländischen Judentums gilt. Im Innenhof der Synagoge erinnert ein Denkmal an ihn. Im 12. Jahrhundert erbaute man ein Kultbad, die Mikwe, bald darauf dann einen Frauenraum. Während der Pogrome 1349 und 1615 wurde die Synagoge stark in Mitleidenschaft gezogen, in der Pogromnacht 1938 niedergebrannt und in den folgenden Jahren verwüstet.
Im Jahr 1961 stellten Stadt, Land und Bund Mittel zur Verfügung, um das Gebäude mit zahlreichen Originalbauteilen wieder aufzubauen, so das Portal in seiner ursprünglichen Form. Die Synagoge kann täglich besucht werden, der Eintritt ist frei.

Er hatte die Hoffnung, daran als größter Anbieter noch mehr verdienen zu können, leitete mit seiner Zustimmung aber den Niedergang seines Weins ein.
Heute ist der Name nur noch ein Gattungsbegriff für einen säurearmen Wein, mit wenig Alkohol und lieblichem Charakter. Als Trauben müssen zu 70 Prozent Riesling und/oder Silvaner und/oder Müller-Thurgau und/oder Kerner verwendet werden. Der Wein darf aus den Anbaugebieten Rheinhessen, Pfalz, Nahe oder Rheingau stammen. Qualitätsvorschriften sehen allerdings anders aus.
Vom historischen Weinberg selbst kommen jedoch jetzt wieder grandiose Gewächse, trockene Rieslinge, produziert von den renommierten rheinhessischen Winzern Gerhard Gutzler in Gundheim und Arno Schembs in Worms – und vor allem vom Weingut Valckenberg unter der Regie von Wilhelm Steifensand, einem Nachkommen des Peter Joseph Valckenberg, mit Unterstützung von Kellermeister Tilman Queins.

Unten: Uraltes Gestein – der Rote Hand, Lage Pettenthal, bei Nierstein. Die Rheinterrassen in der Umgebung von Worms sind Weinhänge seit uralter Zeit. Hier werden heute Weine mit Charakter gekeltert.

MANNHEIM UND SEIN BAROCKSCHLOSS

65 Architektur, Kunst, Automobile

»Nicht immer nur ein Objekt der Liebe, sondern auch des Hasses ist die Kunsthalle gewesen, aber kaum je gleichgültig hingenommen«, so fasste ein Mannheimer Museumsdirektor zusammen, was der Kunsthalle seit ihrer Gründung 1907 als einem »Vorposten der Moderne« quer durch das 20. Jahrhundert widerfuhr. Heftig verspottete Ankäufe avancierten zu Juwelen der Gemäldesammlung, wie Bilder von Cézanne, Goya, van Gogh …

Der Neckar mündet hier in den Rhein, günstig für den Handel, man hat Ideen, Mannheim ist neben Heidelberg ein Hauptort der »Europäischen Metropolregion Rhein-Neckar-Dreieck«. Erfinderisch sein – wie jener Carl Friedrich Benz aus Karlsruhe, dessen Automobil mit Verbrennungsmotor erstmals 1886 in Mannheim fuhr. Rund 60 Jahre früher hatte Karl Freiherr von Drais das Laufrad in Mannheim erfunden (»Draisine«), daraus wurde das »Velociped«, zu Deutsch: das Fahrrad.

Den Nachglanz fürstlicher Architektur verdankt Mannheim den pfälzischen Kurfürsten, die um 1600 zwar in Heidelberg residierten, aber in Mannheim schon Stadtbildpflege betrieben. Zur prächtigen Barockstadt wurde Mannheim – nach zweimaliger kriegerischer Verwüstung –, als der kurfürstliche Hof um 1720 Mannheim statt Heidelberg zur Residenz wählte. In dieser Zeit entstand nach Versailler Vorbild auch das 400-Zimmer-Schloss, dazu das Stadtzentrum in einer Hufeisenform, die das schachbrettartige Straßensystem noch heute umfasst. Viel jünger dagegen, neoklassizistisch, prunkt der Wasserturm am Friedrichsplatz (1886 bis 1889 erbaut) Wahrzeichen einer Stadt, die immer wieder den Neuanfang wagte.

Das Mannheimer Schloss mit dem neu gestalteten Schlosshof. Neben einem Museum hat im Schloss auch die Universität Platz gefunden.

DER PFÄLZER, DEN ES NACH BAYERN VERSCHLUG

Karl Theodor, geboren 1724, erbte 1742 das Kurfürstentum Pfalz. Der junge Herr liebte die Künste, machte seine Residenz Mannheim zu einem kulturellen Mittelpunkt, über die Grenzen seines Landes hinaus. Er gründete in Mannheim das Kupferstich- und Zeichenkabinett, das später nach München kam. Seine Gründung naturwissenschaftlicher Akademien gelang im Geiste der Aufklärung, seine Vorliebe für barocke Fülle ist bis heute in der Mannheimer Residenz zu spüren. Als Musikfreund lud er führende Musiker – voran Johann W. A. Stamitz – nach Mannheim ein. Berühmt wurde sein Theater (u. a. Uraufführung von Schillers *Räubern*).

1777 erbte der Kurfürst wieder: die Kurwürde in Bayern. Kein Glücksfall für ihn, er mochte nicht in Bayern sein.

Den Versuch, Bayern an die Habsburger abzutreten, durchkreuzte der Preußenkönig Friedrich II. mit dem Aufmarsch seiner Armee (»Kartoffelkrieg«). Karl Theodor, nun seinerseits in München sehr unbeliebt, starb 1799 ohne lebende eheliche Erben.

TORHALLE KLOSTER LORSCH

66

Das Reichskloster an der Bergstraße

Jahrhundertelang war das Reichskloster Lorsch ein kulturelles, religiöses und wirtschaftliches Zentrum. Bald nach seiner Gründung gewann es an Einfluss, beherbergte 774 Karl den Großen und erwarb Grundbesitz von der Nordsee bis zu den Alpen. Es wurde Grablege der deutschen Karolinger und war ein Zentrum der Buchkultur. Aus seiner Glanzzeit ist die Tor- oder Königshalle als wertvolles Zeitdokument in die Liste des Welterbes aufgenommen worden.

Wer die berühmte Torhalle zum ersten Mal sieht, staunt über die Eleganz des Gebäudes, das eines der frühesten nachrömischen Bauwerke in Deutschland ist. Keine grobe Schwere, sondern mit viel Fantasie ausgeführte Gestaltung sieht man hier, ein offenes Untergeschoss mit weiten Arkaden, dazwischen Halbsäulen mit antikisierenden Kapitellen, darüber ein Palmettenfries und ein durch kannelierte rote Pilaster gegliedertes Obergeschoss mit weißen Kapitellen.

Der Besucher wird am meisten von der Farbgebung fasziniert sein – neben den schmalen Fenstern, steilgiebeligen Simsen und einem hohen steilen Dach mit einem sichtlich viel jüngeren zierlichen Dachreiter. Die roten Sechsecke auf weißem Grund unten, oben rote Rechtecke – das ist keine Fassadenbemalung, sondern geschickter Farbwechsel durch römische Mauertechnik, die 1200 Jahre überdauert hat.

Faszinierendes Bauwerk mit rätselhafter Geschichte

Wozu die Torhalle diente, weiß man nicht genau zu sagen – vielleicht zu religiösen Feiern beim zeremoniellen Empfang der Könige. Auch über das genaue Jahr des Bauwerks herrscht Ungewissheit – sollte der Torbau etwa schon 774 fertig gewesen sein, als Karl der Große in Lorsch war?

Im Obergeschoss hat man Wandgemälde mit religiösen Themen aus karolingischer Zeit aufgedeckt. Sie sind später von neueren Wandschichten überdeckt worden, beim Anbringen von Stuck im 17./18. Jahrhundert wurden sie dann durch Bearbeiten des Untergrunds mit der Spitzhacke verletzt. Die Decke war ursprünglich flach, sie wurde Ende des 14. Jahrhunderts durch eine Tonnenform ersetzt. Damals besaß das Kloster zahlreiche Nebengebäude.

Durch den Bogengang kommt man auf einen langgestreckten Hof, an dessen Ende ein hohes Kirchengebäude aus groben Steinen mit romanischem Tor aufragt. Dieser Kirchenrest ist alles, was von Kirche, Klausur, Kreuzgang und Grabgruft des Klosters noch steht. Man muss sich zwei massive Türme am Ende des Hofs – also des »Atriums« – vor der Front des romanischen Kirchenrests vorstellen, hinter der Kirche aber das hohe Dach einer Basilika und noch dahinter, tiefer liegend, die angebaute Gruftkapelle. Rechter Hand hatten neben den Kirchenbauten die Klausurgebäude ihren Platz, um einen Hof mit Kreuzgang. Sonst sind von der Klosteranlage noch eine stattliche Zehntscheuer und Reste der Ringmauer erhalten.

LUDWIG – EIN ENKEL KARLS DES GROSSEN

Im uralten Kloster Lorsch ist, so sagt man, Ludwig begraben, der um 806 bis 876 lebte. Sein Leben war von Erbstreitigkeiten mit seinen Brüdern und dem Vater Ludwig dem Frommen bestimmt. Es ging um das große Karolingerreich, das zur Zeit Karls des Großen das ganze heutige Frankreich und Deutschland bis zur Elbe umfasste und im Süden bis nach Oberitalien reichte.

843 einigten sich die Brüder im Vertrag von Verdun. Ludwig erbte das Ostfrankenreich bis an den Rhein, mit den Bistümern Mainz, Speyer und Worms. Es gelang ihm, sein Ostfrankenreich gut zusammenzuhalten. Dabei half ihm sein Erfolg bei der Abwehr von kriegerischen Eindringlingen – besonders der Normannen (Wikinger) im Norden. Die kamen zu Schiff den Rhein hinauf und plünderten, wo sie konnten. Ludwig wurde »Rex Germanorum« (König der Deutschen) genannt – obwohl es ein deutsches Reich noch nicht gab. Das Ostfrankenreich war ein früher Vorläufer der deutschen Nation. Der Name »Ludwig der Deutsche« wurde erst nach 1700 geläufig.

Oben: Das Innere der karolingischen Königshalle des Klosters Lorsch wurde umfassend restauriert und ist heute wieder der Öffentlichkeit zugänglich. Ob die Torhalle wirklich anlässlich des Siegs von Karl dem Großen über die Langobarden 774 erbaut wurde, ist umstritten.
Rechts oben: Der Fassadenschmuck der Königshalle zeichnet sich durch seine atemberaubende Farbigkeit aus und geht auf eine römische Mauertechnik zurück.
Rechts unten: Detailaufnahme der restaurierten Fresken in der Königshalle.

Einst Klosterbuchkunst, heute Museumspädagogik

Was die Archäologie an Architekturresten des Klosters Lorsch zutage gefördert hat, zeigt das Lapidarium, die Sammlung der Steinobjekte. Ein Hauptstück: der Sandsteinsarkophag von König Ludwig dem Deutschen, dessen Dekor von Halbsäulen mit Kapitellen ein Element der Torhallenarchitektur aufnimmt. Zu finden sind auch Reste des Mosaikfußbodens der Kirche und Säulenkapitelle. Wer mehr vom Klosterleben erfahren will, begibt sich zum wenige Schritte entfernten Museumszentrum. Auch eine Computersimulation des Klosters Lorsch ist zu sehen, samt einer Einführung in die Buchkultur des Klosters. Kloster Lorsch besaß eine große Bibliothek mit kostbaren Handschriften. Nach dem Ende des Klosters wurden sie in mancherlei Kriegswirren zu Beutekunst.
Die Museums- und Welterbepädagogik macht Kinder durch historisch überlieferte Tätigkeiten mit mittelalterlicher Kultur bekannt. Da wird mit der Gänsefeder geschrieben, werden Kerzen gezogen, Mosaike gelegt, Brot gebacken und nach alt überliefertem Vorbild ein Kräutergarten gepflegt.

TRAUMORT SCHLOSS HEIDELBERG

67 Wo man sein Herz verlieren kann

Tatsächlich haben schon viele ihr Herz in Heidelberg verloren, so schön schmiegt sich die Altstadt an die waldgrünen Hänge über dem Fluss, so stattlich thront die Schlossruine auf halber Höhe über dem dichten Dächergewinkel. Einen Ausblick von der Höhe hinunter auf die Stadt kann man tun, ganz leicht ist die Station Königsstuhl zu erreichen, mit einer modernen Bergbahn, von der für den Rest der Fahrt in die historische Seilzugbahn umgestiegen wird. Technisch wurde diese völlig erneuert, doch im Holzdesign des frühen 20. Jahrhunderts wiederhergestellt, ein täglich aktives Technikdenkmal.

Heidelberg, die viel besungene einstige Residenzstadt der Kurpfalz, zieht seit Jahrhunderten Tausende und Abertausende von Besuchern an – unter ihnen eine ganze Schar der deutschen und globalen Literaturgeschichte: Goethe, Brentano, Hauff, Eichendorff, Mark Twain, um nur an einige Namen zu erinnern.

Seit 1386 ist Heidelberg Universitätsstadt, die älteste deutsche (im Heiligen Römischen Reich nach Prag und Wien). Derzeit verjüngen 27 000 Studenten und Studentinnen das Stadtbild, sind es doch nur 140 000 Einwohner, und hinzukommen jährlich mehr als eine halbe Million Besucher. In den Altstadtgassen, mehr noch in der Kaufmeile zwischen Kornmarkt und Bismarckplatz herrscht Gedränge, amerikanisches Englisch, japanische, chinesische, koreanische Laute mischen sich mit den deutschen. Auf den Neckarwiesen wird derweil das sonnenwarme Klima genossen, auf dem lebhaft strömenden Fluss zieht das fast durchsichtige Solarschiff vorüber, ein Stück modernster Gegenwart zwischen dem Gemäuer in der Altstadt. Die blieb vom Bombenkrieg verschont.

Die spektakuläre Ruine des kurpfälzischen Schlosses ist ein älteres Denkmal eines wüsten Kriegsvandalismus'. Französische Truppen des Sonnenkönigs Ludwigs XIV. zerstörten am Ende des Pfälzischen Erbfolgekriegs (1688–97) Heidelberg samt dem Schloss. Mit leeren Fensterhöhlen und geborstenem Turm leuchtet der Bau in der Abendsonne. Die historische Apotheke und das

WITZ UND VERSTAND – LISELOTTE VON DER PFALZ

Elisabeth Charlotte hinterließ rund 60 000 Briefe, die mit ihrer kritisch-witzigen Art und ihrem reichen Insiderwisse des Hofs von Versailles erheiternde Lektüre sind. Liselotte, die Tochter des Kurfürsten Karl Ludwig von der Pfalz wurde 1652 geboren, lebte als »Scheidungskind« einige Jahre in Hannover, kehrte nach Heidelberg zurück und wurde 1671 nach Frankreich mit dem Bruder Ludwigs XIV. verheiratet, dem Herzog Philipp I. von Orléans. Die Ehe war nicht erfreulich, das intrigenreiche Leben bei Hof schwierig.
Ihre Erfahrungen beschrieb sie ihren Brieffreundinnen mit Herzenswärme, auch mit Spott. Traurig musste sie erleben, dass Ludwig XIV. gegen ihren Willen und vorliegende Verträge nach dem Tod ihres Bruders ihre geliebte Heimat, die Pfalz, besetzte. Nicht nur Heidelberg, die ganze Pfalz wurde gründlich verwüstet, als die französischen Truppen sie nicht dauerhaft erobern konnten. Später wurde Liselottes Sohn Regent für den unmündigen Ludwig XV., so war sie am Ende ihres Lebens 1722 die First Lady von Frankreich.

Oben: Das Heidelberger Schloss aus der Vogelperspektive, eine der berühmtesten Ruinen Deutschlands – und das Wahrzeichen der Stadt. Das Schloss wurde 1693 zerstört und nur teilweise wieder aufgebaut. Mit seiner Lage 80 Meter über dem Talgrund am Nordhang des Königstuhls dominiert es das Bild der Altstadt.
Rechts oben: Das Schloss in Abendstimmung.
Rechts unten: Brückentor und Alte Brücke.
Gegenüberliegende Seite unten: Im Weinkeller des Heidelberger Schlosses lagert das »Große Fass«.

Heidelberger Riesenfass kann man besichtigen. Weinkenner schaudert es, wenn sie sich das Gemisch vorstellen, das die Winzer ihrem Fürsten dort hineinschütten mussten.
Umträumt ist das Schloss von Garten und Park, mit prächtigen alten Bäumen, mit Ruheplätzen und mit den Gedichtzeilen, die Marianne von Willemer im Gedenken an Goethe schrieb – am »Stückgarten«, im westlichen Teil des Parks, sind sie auf einer Tafel zu lesen. Seine Suleika nannte Goethe die Freundin Marianne, anno 1815 schmiedeten sie in Heidelberg Verse zum *West-Östlichen Divan*. Viel schöner noch als vom Königstuhl ist der Blick vom Schlosspark hinunter auf die Altstadt, mit dem glitzernden Neckar ist sie nah und rührt mit ihren spitzen Dächern und kleinen Gärten das Herz.

Typisch Renaissance

»Rinascita« sagen die Italiener, und es ist auch Italien, dem die Wiedergeburt der antiken Architektur zu verdanken ist. Ihre Hochblüte hatte die italienische Renaissance vom frühen 15. bis zum frühen 16. Jahrhundert; begonnen hatte sie in Florenz, mit den Bauten Filippo Brunelleschis, allen voran der Domkuppel, Kapellen und dem Palazzo di Parte Guelfa, der als das Urbild des Frührenaissance-Palasts gerühmt wird. Die Hochrenaissance hatte ihr Zentrum in Rom, mit den Architekturgenies Bramante und Michelangelo. Nach der ornamental reichen Gotik mit Spitzbögen und Strebepfeilern suchte man klare Gliederungen, einfache geometrische Grundformen. Kubische Paläste mit langen Fensterreihen, Kopien antiker Triumphbögen, der Zentralbau von Kirchen (Santa Maria della Consolazione in Todi/Umbrien) werden noch heute bewundert.
In Deutschland beginnt die Renaissance nach italienischem Vorbild, als dort schon der Manierismus aufkommt. Beispiele sind Rathäuser in Leipzig und Rothenburg, in München die St.-Michael-Kirche und das Antiquarium der Residenz. Mit dem Heidelberger Ottheinrich-Bau entstand zwischen 1556 und 1559 der erste deutsche Renaissance-Palast.

DOM UND KAISERKRYPTA ZU SPEYER

68 Symbol kaiserlicher Macht

Dom und Kaiserkrypta zu Speyer

Man darf den Bürgern Speyers dankbar sein: Ihrem Kaiserdom auf dem Hochufer über dem Rhein haben sie die erhabene Lage und den Abstand zu den umgebenden Bauten bewahrt. Die lagen vor 1000 Jahren deutlich niedriger als heute: Wie werden damals die Menschen über Türme und Langhaus gestaunt haben! Der Dom zu Speyer ist der älteste der drei rheinischen Kaiserdome und der Bestattungsort von vier Kaisern, drei Kaiserinnen und mehreren Königen.

»Ein Bauwerk ist wie ein Baum«, sagt der Dombaumeister Klimt, »jeder Jahresring bleibt erhalten.« Und schränkt den Satz gleich ein, berichtet von der Re-Romanisierung des Doms zwischen 1957 und 1961, als die Vielzahl der Bildwerke aus dem 19. Jahrhundert abgenommen wurde. Es war König Ludwig I. von Bayern (die Rheinpfalz gehörte zu Bayern), der für den feierlichen Nazarenerstil gesorgt hatte. Keine Wand, kein Bogen, kein Kapitell blieb unbemalt, »der romanische Charakter des Innenraumes [...] ging vollständig verloren«.

Nach der Entfernung der Ausmalung bis auf einen Bilderzyklus im Mittelschiff standen dann Langhaus, Seitenschiffe und Chor so rein und klar in ihrer Architektur vor Augen, dass die Speyerer ihren Dom kaum wiedererkannten.

Der Weg bis zu dieser Baugestalt war lang. Der königliche Bauherr Konrad II. – er regierte von 1024 bis 1039 – legte den Grundstein wohl kurz nach der Rückkehr von seinem Zug nach Rom 1026/27 und der Kaiserkrönung dort. Der Kaiser wollte den größten Dom im christlichen Abendland errichten, ein Symbol seiner kaiserlichen Macht, die sich auch auf die Reichskirche und ihre Bischöfe erstreckte. Doch weder Konrad II. noch sein früh verstorbener Sohn Heinrich III. vollendeten den Bau. Als der Dom 1061 geweiht werden konnte, waren sie beide – ebenso wie Konrads Gattin Gisela – bereits vor dem Hochaltar bestattet. Nur zwei Jahrzehnte später kam es zu jenem Umbau, der dem Kaiserdom im Wesentlichen die heutige Gestalt gab.

An all dies mag sich erinnern, wer in den Dom zu Speyer eintritt, unter die 33 Meter hohe Decke des Langhauses. Als Heinrich IV. um 1090 den von seinem Vater und Großvater errichteten Dom zu einem großen Teil wieder abreißen ließ, diente das wohl auch dem Ersatz statisch zu schwach geratener Bauteile. Eine außen halbrund gestaltete Apsis wurde neu errichtet. Unter dem Dach wurde eine Zwerggalerie mit kleinen Säulen und Bögen eingefügt, erstmals in dieser hochromanischen Gestalt.

Die wichtigste, architektonisch kühne Änderung: Heinrich IV. ließ die flache Decke des Mittelschiffs durch Kreuzgratgewölbe ersetzen, die 14 Meter überspannten. Seine Baumeister setzten zur Verstärkung der Pfeiler vor jeden zweiten eine Mauervorlage, um so den Gewölbeschub aufzufangen. Im Jahr 1106 war der Umbau abgeschlossen, doch im selben Jahr starb Heinrich IV. Er hinterließ den damals größten Bau des Abendlandes.

EIN HEFTIGES LEBEN – KAISER HEINRICH IV.

Der künftige König Heinrich IV., der Sohn Kaiser Heinrichs III., wurde 1050 vermutlich in der Kaiserpfalz in Goslar geboren. Mit drei Jahren war er schon König. Nach dem Tod seines Vaters 1056 herrschte seine Mutter Agnes als Regentin. Bischof Anno von Köln entführte ihn, als er zwölf Jahre alt war, aus politischen Gründen. 1065 wurde Heinrich volljährig.

Bei einem Aufstand der Sachsen konnte er 23-jährig nur knapp aus der Harzburg entkommen. Doch viel bedrohlicher war Papst Gregor: Aus Machtgründen beanspruchte Gregor das alleinige Recht, Bischöfe einzusetzen. Heinrich bestritt Gregors Papstwürde – dieser bannte ihn, das entsprach einer Absetzung. Um die Macht wiederzuerlangen, musste Heinrich die Lösung vom Bann erreichen. Im Winter 1077 überquerte er mit seiner Familie – teils zu Fuß – die Alpen im Schnee. Vor der Burg Canossa in Oberitalien wartete Heinrich als Büßer, bis der Papst ihn empfing und den Bann aufhob. Sieben Jahre später wurde Heinrich von Papst Gregors Nachfolger zum Kaiser gekrönt. Nach wechselvollen Jahren starb er 1106 in Lüttich.

Öffnung der Kaiserkrypta

Am 16. August 1900 herrschte gespannte Erwartung: Die kaiserlichen Gräber im Dom sollten geöffnet werden. 1899 hatte ein Münchner Gymnasialprofessor den elenden Zustand der Gruft beklagt und die Gräberöffnung vorgeschlagen.

Niemand wusste mehr, wo genau sie sich befanden, im Bereich des Königschors am Ende des Mittelschiffs, unter einer mit Marmorplatten abgedeckten Erdschicht. Ein Teil der Marmortafeln und der Gräber war von französischen Truppen General Melacs 1689 im Pfalzkrieg zerstört worden. Tatsächlich fand man dann unter 18 Steinplatten bei den Knochenresten die Grabkronen von Konrad II., seiner Gattin Gisela, von Heinrich III. und Heinrich IV. Alle Kronen sind schlicht aus Kupferblech gefertigt.

Von der Krypta aus steigt man einige Stufen zu der Grablege hinauf, die 1902 in ihrer heutigen Form unter einer niedrigen Decke für sieben Kaiser und Kaiserinnen, vier Könige und mehrere Bischöfe erbaut wurde.

Oben: Der Dom zu Speyer von oben. **Rechts oben:** Der Dom von der Maximilianstraße aus. **Rechts unten:** Blick in das Mittelschiff der 134 Meter langen Kirche.

FÄCHERSTADT KARLSRUHE

69 Vom Traum zum Verfassungsrang

Der Name »Fächerstadt Karlsruhe« könnte zu einigen Verwirrungen führen. Mitnichten pflegt man hier das Handwerk des Fächermachens; vielmehr bezeichnet der Name die städtebauliche Anlage der Stadt. Die Legende besagt, dass Markgraf Karl-Wilhelm (1679–1738) während eines Ausrittes im Hardtwald ruhte und von einem Schloss träumte, das, der Sonne gleich, von Strahlen umgeben war. Er ließ eine solche Stadt entwerfen und gründete sie am 17. Juni 1715 mit der Grundsteinlegung ebendieses klassizistischen Schlosses. Vom zentralen Schlossturm aus konnte man alle 32 Straßen wie auf einer Kompassrose einsehen. Die nach Süden ausgerichteten neun Alleen, die zunächst das Stadtgebiet bildeten, ergaben eine Fächerform. Diese und die »Ruhe« des Markgrafen gaben der Fächerstadt Karlsruhe also ihren Namen. Zur Gründung entwarf Karl-Wilhelm den »Privilegienbrief«, in dem er ein sehr modernes Menschen- und Staatsbild zeichnete, das in den Grundzügen die Prinzipien der Französischen Revolution vorwegnimmt. Diese weitgehenden Freiheiten führten dazu, dass viele Bürger aus dem Ausland – etwa aus Frankreich, Polen und Italien – zuzogen.

An den Stadtgründer erinnert das von Friedrich Weinbrenner (1766–1826) errichtete Grabmal in Form einer Pyramide auf dem Marktplatz (1832). Weinbrenner war auch maßgeblich für das klassizistische Stadtbild verantwortlich. Von ihm stammen u. a. das Rathaus (ab 1805), die evangelische und katholische Stadtkirche (1807–16 bzw. 1808–14) und das Markgräfliche Palais (1803–14).

Seit 1950 ist die Stadt Karlsruhe Sitz des Bundesgerichtshofs und seit 1951 auch des Bundesverfassungsgerichts. Die roten Richterroben sind der traditionellen Richtertracht aus dem Florenz des 15. Jahrhunderts nachempfunden.

1984 wurde an der Universität Karlsruhe Deutschlands erste E-Mail empfangen, 1987 wurde hier China erstmals mit dem Internet verbunden. Außerdem werden rund 40 Prozent aller deutschen Webseiten von Karlsruhe aus verwaltet. Das brachte der Stadt 2003 den Titel »Internethauptstadt Deutschlands« ein.

INNOVATIONEN UND REKORDE

Karlsruhe scheint ein gutes Pflaster für Innovationen und Rekordhalter zu sein. Nicht nur begann hier das Internet in Deutschland (siehe Hauptartikel), auch manch bahnbrechender Erfinder wurde hier geboren. Karl Drais (1785–1851) erfand nicht nur die Urform des Fahrrades (Draisine), sondern auch den Urtyp der mechanischen Schreibmaschine. Den nächsten Schritt machte der in Karlsruhe geborene Carl Benz (1844–1929), der 1885 das Automobil erfand.

Noch besser scheint das süddeutsche Klima für Sportler zu sein. 1928 erblickte Kurt Sommerlatt in Karlsruhe das Licht der Welt. Er ist der bisher einzige Fußballer, der drei Mal hintereinander den DFB-Pokal gewann (1955–57). Und auch die Wiegen ein paar zeitgenössischer Heroen des Sports stehen in Karlsruhe. »Torwart-Titan« Oliver Kahn (*1969) und sein späterer Mitstreiter Mehmet Scholl (*1970) spielten in Karlsruhe, bevor sie zu Bayern München wechselten. Der Karlsruher Oliver Bierhoff (*1968) machte einen Umweg über Italien, bevor er 1996 mit dem ersten Golden Goal die deutsche Mannschaft mit Kahn und Scholl zur Europameisterschaft schoss. 2002 folgte der Titel des Vizeweltmeisters. Weltmeisterin von 1995 bis 2007 wurde – und zwar ungeschlagen – die Karlsruher Boxerin Regina Halmich (*1976).

Der fächerförmige Grundriss der Stadt Karlsruhe auf einer Vogelschau von 1740 (G. M. Seutter d. Ä.).

MAULBRONN UND HERMANN HESSE

70 Wo das Maultier rastete

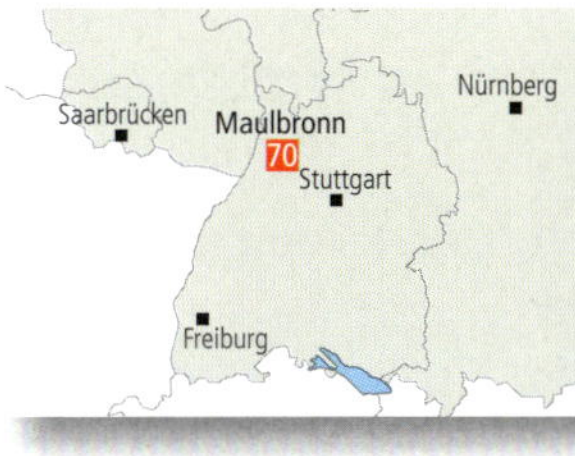

Das Städtchen Maulbronn liegt an der Weinstraße Kraichgau-Stromberg, nordwestlich von Stuttgart. 1147 gründete hier der Orden der Zisterzienser ein Kloster, nach seinen Grundsätzen in einer abgeschiedenen Gegend, wo ungestört Gebet und Arbeit gelebt wurden. Keine andere mittelalterliche Klosteranlage nördlich der Alpen ist mit so wenigen Änderungen erhalten. Die Zisterzienserabtei wurde während der Reformation geschlossen und in ein evangelisch-theologisches Seminar sowie eine berühmte Internatsschule umgewandelt, in der viele herausragende Persönlichkeiten ausgebildet wurden.

Das Rechteck des Klosterbereichs, der weite Klosterhof mit den ziegelgedeckten Fachwerkhäusern, die Kirche aus hellem Sandstein mit den ehemaligen Klausurgebäuden – alles wirkt unangetastet, umgeben von der alten Klostermauer. Wenn man sich anstelle des heute süd- und ostwärts anschließenden Städtchens das Ackerland und den Wald näher beim Kloster und noch viel wilder als heute vorstellt, hat man die mittelalterliche Stätte vor Augen. Sie war ebenso ein Zentrum frommen Glaubens wie harter Arbeit, die von den Zisterziensern – deren Orden aus dem Burgund stammt - als Gebet verstanden wurde.

Klausurgebäude des Klosters Maulbronn von Westen aus gesehen. Das ehemalige Zisterzienserkloster wurde im Jahr 1147 gegründet.

Dass sich an den Klostergebäuden äußerlich wenig verändert hat, unterscheidet Maulbronn von anderen ehemaligen deutschen Wirkungsstätten der Zisterzienser. Sogar die aufgestauten Seen, die wohl als Fischteiche angelegt wurden, sind noch vorhanden.
Nach bescheidener Zisterzienserart hat die Kirche keinen Turm, sondern einen Dachreiter. Innen beeindruckt eine dreischiffige, 1178 geweihte romanische Pfeilerbasilika mit ihrer kraftvollen Strenge, die durch die hohe gotische Netzgewölbedecke mit Deckenmalerei von 1424 und das gotische Chorfenster gemildert und ins Lichte, Feierliche erhoben wird. Der erhöhte Chor trägt ein geschnitztes Chorgestühl mit 92 Sitzen.

DASEINSDRUCK IN MAULBRONN

Hermann Hesse wurde 1877 in Calw, in schwäbisch-pietistischem Umfeld geboren. Sein Vater war Missionar und Verleger, sein Großvater mütterlicherseits war der Indologe und Missionar Hermann Gundert. 1891 bestand der junge Hermann das Württembergische Landesexamen, das kostenlose Ausbildung ermöglichte. Aus dem Klosterseminar (Internat) Maulbronn flüchtete er im ersten Jahr (September 1891 bis Mai 1892). Dieser Lebensabschnitt voller Daseinsdruck kehrt wieder in seinem Buch *Unterm Rad* und auch in *Narziss und Goldmund* (1930).
Hesse absolvierte eine Buchhändlerlehre und begann bald zu schreiben, zunächst Gedichte, Kritiken, dann Romane (u. a. *Peter Camenzind, Unterm Rad, Demian, Siddharta, Der Steppenwolf, Narziss und Goldmund* und – viel später *Das Glasperlenspiel.* Drei Mal war Hesse verheiratet, aus erster Ehe hatte er drei Söhne. 1911 unternahm er eine Indienreise mit dem Freund Hans Sturzenegger. Von 1924 an war Hesse Schweizer Staatsbürger, seit 1919 mit dem Wohnsitz Montagnola/Tessin (winters in Zürich). Er wurde mit vielen Preisen ausgezeichnet, 1946 mit dem Nobelpreis für Literatur. Er starb im Jahre 1962 an Leukämie.

Vom Kloster zum Internat

Zu besichtigen sind im Kloster Maulbronn auch das Laienrefektorium mit dem sechsteiligen Deckengewölbe, das Herrenrefektorium (der Speisesaal der Mönche), das Parlatorium (einst Bibliothek, ursprünglich der Raum, wo die sonst zum Schweigen verpflichteten Mönche wichtige Gespräche führen konnten) und schließlich der Gewölbekeller, in dem das im 13./14. Jahrhundert zu Reichtum gekommene Kloster seine Weinvorräte lagerte.
Das Klostergut erbrachte so reiche landwirtschaftliche Erträge, dass damit nach der Reformation eine Schule finanziert werden konnte. Sie besteht noch heute (Evangelisches Seminar, Gymnasium mit Internat) und ist berühmt, weil Größen der Literatur und Wissenschaft aus ihr hervorgegangen sind, unter ihnen Johannes Kepler, Friedrich Hölderlin, David Friedrich Strauß, Georg Herwegh und Hermann Hesse.

Vom Innenraum ins Paradies

Sehenswert ist auch das »Paradies«, die Kirchenvorhalle, eine herrliche frühgotische Architektur aus dem 13. Jahrhundert. Die romanische Schwere ist hier aufgehoben, die mächtigen Pfeiler sind durch Säulenbündel ersetzt. Diese Vorhallen dienten im Mittelalter als Verkündigungsorte, zur Gerichtssprechung und als Gebetsort für Büßer, die nicht in die Kirche durften. »Paradiese« bewirkten Asylschutz. Heute lässt die Vorhalle erkennen, dass schon zu Beginn des 13. Jahrhunderts, weniger als hundert Jahre nach der Klostergründung, viele Menschen hierher pilgerten.

Zum frühgotischen Kreuzgang gehört die kostbare, immer wieder abgebildete gotische neuneckige Kapelle mit dem dreischaligen Brunnen. Im Deckengewölbe ist das Maultier der Quartier suchenden Mönche dargestellt. Laut Gründungslegende rastete es an dieser Stelle und trank aus der Quelle, das Zeichen für die neue Klosterniederlassung. Nach dem Zweiten Weltkrieg übernahm der Staat die Schule.

Unten: Der Kreuzgang der am besten erhaltenen Klosteranlage nördlich der Alpen mit ihrem Brunnenhaus verströmt eine Atmosphäre heiterer Ruhe.

WINZERKRAFT AM KAISERSTUHL

71 Wein auf dem Vulkan

Das Herz des badischen Weinbaus schlägt im Gebiet Kaiserstuhl-Tuniberg, nördlich von Freiburg. Hier wogen Meere von Reben, seit je herrscht hier fast Monokultur. Geprägt wird das Gebiet vom Gestein längst erloschener Vulkane, wie dem weithin sichtbaren Totenkopf mit 557 Metern Höhe. Hinzu kommt Lössboden, der vor etwa 100 000 Jahren aus dem Alpenraum durch den Rheingraben geweht wurde und sich an den windabgewandten Seiten des Kaiserstuhls niederließ. Der Löss ist hier oft mager und stark kalkhaltig und lässt damit Weine entstehen, die gerade in ihrer Jugend mineralisch schmecken und von appetitlicher Kraft sind. Tropfen vom Vulkanboden wirken dagegen in ihrer ersten Phase oft streng, um sich dann zu komplexen, fülligen Weinen zu entfalten.

Eine privilegierte Region innerhalb der deutschen Weinbaugebiete ist der Kaiserstuhl zusätzlich durch sein Klima. Dank des warmen Südwinds im Sommer, des sich stark erwärmenden Vulkangesteins und eines meist freundlichen Herbstes fühlen Burgundersorten sich hier besonders wohl. Zwar überwiegen insgesamt Weißweine – schmelzige Grauburgunder und vollmundig-würzige Weißburgunder –, den meisten Platz in den Weinbergen nimmt hier mit 39 Prozent jedoch die rote Sorte Spätburgunder ein, aus der bei den besten Winzern Weine mit einer großen Harmonie von Frucht und Mineralität entstehen. Aufgrund des warmen Klimas ist Baden als einziges deutsches Anbaugebiet in die EU-Weinbauzone B eingestuft, ebenso wie das benachbarte Elsass oder die Champagne.

Blick über den Kaiserstuhl nach Oberrotweil im südlichen Schwarzwald. Hier kann man nicht nur Wein genießen, sondern auch Wanderwege erkunden.

Das Gebiet verändert sich

Die Reblandschaft am Kaiserstuhl ist ein Mosaik aus natürlichen Gegebenheiten und dem Wirken der Men-

VERRÜCKT NACH WEIN UND FUSSBALL

Eine der schillerndsten Persönlichkeiten am Kaiserstuhl ist Fritz Keller, Winzer, Weinhändler, Gastronom und Fußballfunktionär in einem. Sein Vater Franz galt als Pionier des Kaiserstühler Weinbaus. Neben dem Weingut »Schwarzer Adler« in Vogtsburg-Oberbergen baute er auch das gleichnamige Hotel-Restaurant auf, das vom Michelin regelmäßig mit einem Stern ausgezeichnet wird, dazu das bodenständigere Gasthaus »Rebstock« sowie einen Weinhandel mit vielen großen Weinen aus dem Burgund und Bordeaux. 1990 übernahm Fritz die Leitung des Familienunternehmens.

Nach dem Gewinn der Fußballweltmeisterschaft 1954 hatte der Fußball begeisterte Franz Keller die Elf im Ort untergebracht – zwei Tage lang von der Presse unbemerkt. Mannschaftskapitän Fritz Walter wurde dann später Patenonkel von Fritz Keller. Der erbte zwar nicht dessen fußballerisches Genie, aber die Leidenschaft für diesen Sport. So ist er heute als Vizepräsident des Bundesligisten SC Freiburg aktiv, neben der Begeisterung für die Profimannschaft mit großem Herzblut für die Jugendarbeit.

Größte Winzergenossenschaft Europas

Am Kaiserstuhl und insgesamt in Baden existieren knapp 50 Winzergenossenschaften. Bundesweit sind das 212, die gemeinsam ein Drittel der Weinproduktion ausmachen. Anlass für den Zusammenschluss von Winzern war die bittere Not im 19. Jahrhundert, bedingt durch Laissez-faire-Politik und mangelnden Widerstand der Weinbauern. Viele mussten auswandern, andere gründeten landwirtschaftliche Vereine, in Baden erstmals 1821. Gegen Ende des Jahrhunderts machten wiederum Reblaus und Mehltau den Winzern ganz heftig zu schaffen. Die erste Winzergenossenschaft wurde in Baden 1881 von Pfarrer Hansjakob in Hagnau am Bodensee gegründet. Anfang der 1950er-Jahre existierten in Baden mehr als 100 Winzergenossenschaften, die sich gegenseitig Konkurrenz machten. Um das zu unterbinden, wurde eine gemeinsame Zentralkellerei der Kaiserstühler Genossenschaften ins Leben gerufen. Heute ist der Badische Winzerkeller Landeszentrale für ganz Baden und gilt als die wohl größte Winzergenossenschaft Europas.
Etliche Kaiserstühler Genossenschaften zählen zu den besten Produzenten der Region, so die WGs Königschaffhausen, Alde Gott, Bickensohl, Bischoffingen und Sasbach.

Das idyllische Burkheim im Breisgau liegt zwischen Markgräflerland, Ortenau und dem Hochschwarzwald in einer der wärmsten Regionen Deutschlands. Kein Wunder, dass hier ausgezeichneter Wein gedeiht. Auch die farbenfroh mit Blumen geschmückten Fachwerkhäuser sind mehr als sehenswert.

schen. Nicht immer waren deren Eingriffe ein Segen für die Landschaft und den Wein. So wurden im Zuge der Weinrechtsreform von 1971 viele kleine Parzellen zerstört, planiert und zu Großterrassen zusammengeschoben. Historisch gewachsene Weinbergseinheiten wurden unwiderruflich zerstört.
Neudefinitionen einiger Lagen tragen dazu bei, dass für den Verbraucher die Qualität undurchschaubarer geworden ist. So konnte er früher sicher sein, dass beispielsweise ein Wein vom Ihringer Winklerberg – der wärmsten Lage Deutschlands – auf Vulkangestein gewachsen war. Doch aus den ursprünglich 40 Hektar Steillagen wurden heute 117 Hektar, darunter auch Lössböden und Sedimentböden in der Ebene – der Geschmackstypus ist anhand der Lagenbezeichnung nicht mehr erkennbar.
Mittlerweile geht man wieder feinfühliger mit dem Terroir um. Weinbau und Naturschutz gehen heute meist Hand in Hand. Einige der besten deutschen Winzer sind am Kaiserstuhl zu Hause, so Joachim Heger in Ihringen, Karl Heinz und Patrick Johner sowie Wolf-Dietrich und Konrad Salwey in Oberrotweil, Fritz Keller in Oberbergen (siehe Kasten) oder Reinhold und Cornelia Schneider in Endingen. Ihre Weine sind im Gegensatz zu den früher vorherrschenden schweren, süßlichen Weißen leichte, säurebetonte und durchgegoren-trockene Weine, die aber auch Extrakt haben und vorzügliche Essensbegleiter sind.

DAS FREIBURGER MÜNSTER

72 Der »schönste Turm auf Erden«

»Freiburg wird wohl der schönste Turm auf Erden bleiben«, urteilte der Schweizer Kulturhistoriker Jacob Burckhardt im 19. Jahrhundert über das Münster Unserer Lieben Frau, das um 1200 als Pfarrkirche der Stadt und der Bürgerschaft Freiburgs gegründet wurde. Der Silberbergbau versetzte die damals etwa 8000 Einwohner zählende Stadt in die Lage, einen derart kostspieligen Kirchenneubau zu finanzieren. Begonnen wurde nach dem Vorbild des Basler Münsters im spätromanischen Stil, wovon heute noch das Querhaus mit der Vierungskuppel und die Untergeschosse der wegen der Wetterhähne auf den Turmspitzen genannten »Hahnentürme« zeugen: Deutlich zu erkennen ist dieser Stil an den Rundbogenfenstern mit Mittelsäulen und dem Nikolausportal an der Südseite, das ein typisches Beispiel für ein romanisches Säulenportal darstellt.

Um 1230 gab es eine grundlegende Planänderung, nach der man das Langhaus und den Westturm nach dem seinerzeit modernsten Bau der Umgegend, dem Straßburger Münster, gotisch gestaltete. Zu Zeiten der Fertigstellung des Langhauses um 1330 lasen täglich 40 bis 50 Priester an 18 Altären Messen. Der Turm selbst, Burckhardts »schönster Turm auf Erden«, entstand in zwei deutlich unterscheidbaren Bauphasen: Die erste umfasste den fast festungsartigen, nahezu quadratischen Teil bis hin zur Sterngalerie (bis 1290/91), die den Übergang zu dem 33 Meter hohen Oktogon bildet. Der zweite Abschnitt (bis um 1330/40) trieb den achteckigen Turmaufsatz mit dem durchbrochenen Turmhelm schließlich bis in die Höhe von 116 Metern. Diese nur noch aus Rippen und Maßwerkplatten bestehende Spitze ist die erste vollständig durchbrochene Turmspitze der Gotik und war Vorbild für viele andere Kirchtürme. Auch die Hahnentürme wurden in den 40er-Jahren des 14. Jahrhunderts mit entsprechenden Turmaufsätzen gekrönt, um sie dem Westturm künstlerisch anzugleichen. Der polygonale Chor mit Kapellenkranz entstand mit einer Bauunterbrechung von mehr als 100 Jahren zwischen 1354 und 1513. Der Architekt war Hans von Gmünd, der der bekannten schwäbischen Baufamilie der Parler entstammte.

Rundgang durch das Kircheninnere

Durch das steile, spitzbogige Hauptportal gelangt man zunächst in die Portalhalle mit ihrem reichen und bunt gefassten Figurenschmuck. Kirchentüren galten im Mittelalter als Pforten zum Himmel, folglich werden hier die wichtigsten Themen der christlichen Heilsgeschichte dargestellt: Geburt und Passion Christi, das

Unten links: Hans Baldung gen. Grien (1484/85–1545): *Marienkrönung* am Hochaltar. **Unten rechts:** Blick vom Münster nach Westen zum Schlossbergturm (2002) auf dem »Salzbüchsle«.

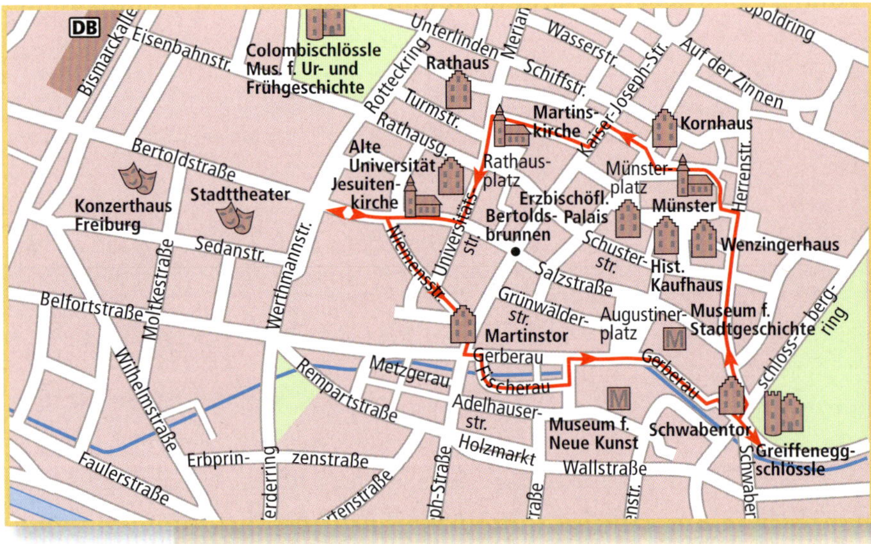

Stadtrundgang Freiburg

Unser Stadtrundgang beginnt, wie sollte es auch anders sein, auf dem *Münsterplatz*. Das Münster im Rücken gehen wir nach Westen und gelangen nach wenigen Schritten auf die wichtigste und teuerste Einkaufsstraße Freiburgs, die Kaiser-Joseph-Straße, die sich über 900 Meter von Nord nach Süd durch die Innenstadt erstreckt. Richtung Süden treffen wir zunächst auf den *Bertoldsbrunnen* (1965), der den »Herzögen von Zähringen, Gründern und Herren von Freiburg« gewidmet ist, und schließlich auf das 1210 errichtete *Martinstor*, eines der beiden noch erhaltenen, historischen Stadttore.

Links kommt man in die Gerberau und Fischerau, die ehemaligen Handwerkerviertel, die sich wegen der Geruchs- und Lärmbelästigung im Mittelalter außerhalb der Stadtmauern befanden. Vorbei am größten Museum der Stadt, dem *Augustinermuseum*, einem ehemaligen Kloster aus dem 14. Jahrhundert, das eine der wichtigsten Sammlungen oberrheinischer Kunst beherbergt, gelangt man zum *Schwabentor* (1230). Direkt gegenüber des historischen Torturms steht das 1311 erstmals urkundlich erwähnte Gasthaus »Zum Roten Bären«, das angeblich älteste Gasthaus Deutschlands. Nach einem kleinen, aber steilen Abstecher auf den Schlossberg mit dem *Greiffeneggschlössle*, von dem man einen wunderbaren Blick auf die Stadt genießen kann, tauchen wir wieder in die mittelalterliche Altstadt ein. Durch die Oberlinden und die Herrengasse führt der Weg vorbei an der ehemaligen Münsterbauhütte, von wo wir von Osten kommend wieder den Münsterplatz betreten.

Im Süden des Münsters befinden sich mehrere wichtige historische Gebäude: ganz links das *Wentzingerhaus* (1761), das im Originalzustand erhaltene Haus des gleichnamigen Künstlers. Seit 1994 beherbergt es das Museum für Stadtgeschichte. Das auffälligste Gebäude ist das rote *Historische Kaufhaus*, das erste kommunale Kaufhaus zum Warenumschlag und die ehemalige Zollverwaltung der Stadt. Von 1947 bis 1951 diente es dem Bundesland Baden als Parlamentsgebäude. In einem der vielen Cafés auf dem Münstermarkt kann man zum Abschluss des Rundgangs den Blick auf das Münster genießen.

Weltgericht und – als Vorläufer Christi – Gestalten aus dem Alten Testament. Auf dem Mittelpfeiler thront die Patronin der Kirche, Maria mit dem Jesuskind.

Betritt man das Langhaus, gelangt man in eines der frühesten gotischen Bauwerke in Deutschland. Die dreischiffige, rippengewölbte und kreuzförmig angelegte Basilika ist mit den für die Zeit typischen Bündelpfeilern und spitzbogigen Arkaden ausgestattet.

Auch hier gibt es einige Glanzstücke: Der Hochaltar (1512–16) von Hans Baldung Grien wurde als Wandelaltar mit elf Bildtafeln konzipiert und ist eines der bedeutendsten Altarwerke der Dürerzeit. Einmalig ist auch das Fastentuch (1612, auch Hungertuch genannt), das mit über 124 Quadratmetern und einer Tonne Gewicht das größte noch erhaltene seiner Art in Europa ist. Seit 2003 wird der Chor während der Fastenzeit wieder damit verhüllt.

Das Fenster der Malerzunft mit der Kreuzigungsgruppe im nördlichen Seitenschiff. Im Vordergrund die Statue des Hl. Andreas am Bündelpfeiler.

REICHE INSEL REICHENAU

73 Gotteshäuser im Gemüseland

Auf der Insel Reichenau sind uns drei kostbare Kirchen als Zeugen benediktinischer Klosterkultur erhalten geblieben. Vor 1200 Jahren wurde die Reichenau mit ihren Mönchen zu einem Zentrum der künstlerischen und geistigen Entwicklung des Abendlandes.

Nur knapp viereinhalb Quadratkilometer Fläche misst die Insel. Ein ganzer Tag kann gerade lang genug sein, um sie ufernah zu umwandern und die drei erhaltenen Kirchen zu besuchen. Ihre Türme ragen über Gemüsefelder, Naturschutzgebiete und heute auch wieder über Weingärten hinaus.

Dem Wanderbischof Pirmin, verstorben in der Gegend um Zweibrücken, setzte man im vorigen Jahrhundert ein monumentales Denkmal an der Allee des Inseldamms. Pirmin gründete 724 auf der Reichenau das erste Benediktinerkloster auf deutschem Boden rechts des Rheins. Die Reichenauer Äbte wurden politische Ratgeber Karls des Großen und seiner Nachkommen, Diplomaten, Prinzenerzieher und Dichter. Das Kloster wurde wegen seiner Bibliothek und wegen seiner Schule der Buchmalerei berühmt. Walahfried Strabo, seit 838 Abt der Reichenau, verfasste die erste Schrift über den Gartenbau *De cultura hortorum*, bald kurz »Hortulus« genannt.

Im Chor des Münsters St. Maria und Markus in Mittelzell sind Malereien von Marx Weiß von Balingen (um 1518 bis 1580) aus dem Umfeld des »Meisters von Messkirch« zu sehen.

Die drei romanischen Kirchen der Reichenau sind ergreifende Beispiele früher benediktinischer Architektur. Das Münster St. Maria und St. Markus in Mittelzell ist die älteste Kirche, erweitert im 9. und im 10. Jahrhundert. Das reiche Schmiedeeisengitter der Chorschranken entstand im 18. Jahrhundert, die farbigen Fenster folgten im 20. Jahrhundert.

Kirchen im Westen der Insel

Die Kirche Peter und Paul im Westen der Reichenau, in Niederzell, stiftete ein Veroneser Bischof im späten 8. Jahrhundert. Was wir heute sehen, ist rund 200 bis 300 Jahre jünger. Um 1900 wurde eine Wandmalerei in der Apsis aus dem 12. Jahrhundert freigelegt: der thronende Christus als Weltenrichter.

St. Georg im Ortsteil Oberzell liegt unweit der Einmündung der Straße zum Damm, der die Insel erst seit

GRAF ZEPPELIN AM BODENSEE

Als Sohn wohlhabender Eltern wurde der künftige Luftschiffer 1838 in Konstanz geboren. Familiensitz war Schloss Girsberg/Kreuzlingen, nah bei Konstanz. Nach Kadettenanstalt und Studium (u. a. Maschinenbau) wurde Zeppelin württembergischer Offizier, die Verwendung von Ballons im Krieg 1870/71 bei Paris brachte ihn auf die Idee eines Luftschiffs mit starrer Hülle.

Seine militärische Laufbahn führte ihn nach Berlin, er brachte es zum General. 1894 lehnte man das Luftschiffprojekt offiziell ab, Zeppelin erwarb jedoch ein Patent. Zum Bau von Luftschiffen setzte er sein Privatvermögen ein, 1900 ließ er ein Luftschiff starten – das Kapital aber war verbraucht. Nach Verlusten einiger Luftschiffe im Sturm halfen Spenden des begeisterten Publikums weiter. Bis 1914 beförderte die Deutsche Luftschiff AG (Delag) über 34 000 Passagiere. Graf Zeppelin starb 1917 in Berlin. Seine Idee bleibt aktuell; heute verheißt sie, mit geringem Energieverbrauch große Objekte über weite Strecken zu transportieren. Das Zeppelinmuseum in Friedrichshafen besuchen!

Die zweite Heimat der Annette von Droste-Hülshoff

Wie kam sie an den Bodensee? Die Tochter aus westfälischem Adel war kränklich, von der Familie für sonderbar gehalten, da sie dichtete und unverheiratet blieb. Das burgartige alte Schloss Meersburg gehörte dem Altertumsforscher Laßberg, dem Schwager der Annette von Droste-Hülshoff, einige lange unbequeme Reisen unternahm sie aus dem münsterländischen Rüschhaus zur Schwester und den geliebten Nichten. Ab 1841 wohnte sie länger dort, in den biedermeierlich eingerichteten Stuben des Schlosses. Ihr junger Freund Levin Schücking war als Bibliothekar gleichfalls am Ort, bis er auf Distanz ging von Annette und vom Bodensee.

Neue aufblühende Freude: Sie fand, bezahlt mit dem Honorar ihrer Kriminalnovelle *Die Judenbuche*, oberhalb von Meersburg in den Weinbergen ein eigenes Häuschen. Das sogenannte Fürstenhäusle konnte sie sich wohlig einrichten, um ungestört zu dichten: Balladen, Lieder, romantische Gedichte. Doch schon 1848 starb sie in der Meersburg – an einer Lungenentzündung, da sie trotz Sturm spazieren gegangen war.

1839 mit dem Festland verbindet. Die Kirche ist fast tausend Jahre älter; sie wurde gebaut, als das Kloster im Jahre 896 mit dem Kopfreliquiar des Heiligen Georg beschenkt wurde. Die Heilungs- und Segenstaten Christi sind als große Wandmalereien zu bewundern. Das Museum nicht versäumen! Es steht am Ergat, dem dreieckigen Dorfplatz in Mittelzell. Man findet wunderbare Buchmalerei – freilich nur in Faksimile-Beispielen. Die Buchkünstler der Reichenau schufen Evangeliare, Bilder auf Purpur- oder Goldhintergrund von feierlicher Frömmigkeit und expressiver Kraft.

Heute stehen die Kirchen wie getürmte Inseln im Landschaftsbild der Reichenau. Ländliche Stille um die Welterbestätten, Wanderungen zu Fuß und per Rad, ein schön gelegener Jachthafen, Campingplatz und großes Strandbad locken alljährlich Tausende von Besuchern.

Unten: St. Georg in Oberzell. **Rechts:** Mittelalterliche Wandmalereien (1104–26) zieren die Stiftskirche St. Peter und Paul in Niederzell.

ROTTWEIL – RÖMERGRÜNDUNG, STAUFERSTADT

74 Vom Municipium zum Hofgericht

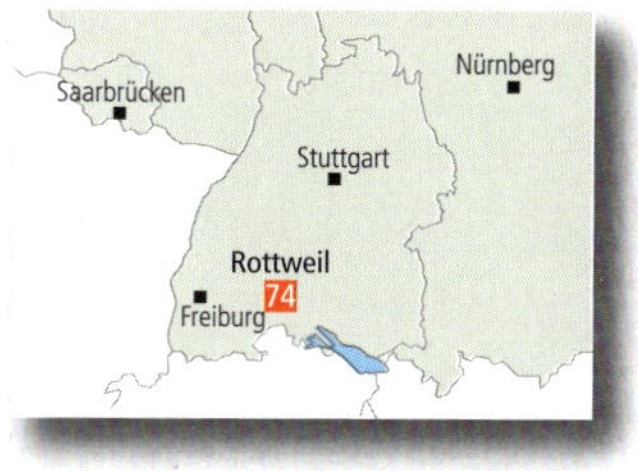

Im Jahr 73 n. Chr. wurde zwischen dem Schwarzwald und der Schwäbischen Alb in der römischen Provinz Germania superior das Municipium Area Flaviae gegründet. Die damals 18 Hektar große Stadt entstand an einer strategisch wichtigen Verbindung zwischen Mainz und Augsburg. Erst 1950 konnte durch den Fund der sogenannten Pentingertafel (heute im Dominikanermuseum), einer hölzernen Schreibtafel von 186 n. Chr., der Nachweis erbracht werden, dass es sich bei der römischen Stadt tatsächlich um die Vorgängerin des heutigen Rottweil handelt. Somit ist Rottweil nicht nur die älteste Stadt Baden-Württembergs, sondern war zu Zeiten der Römer auch eine der größten in Süddeutschland. Das Wenige, das von den Römern geblieben ist, ist u. a. das »Orpheus-Mosaik« (Dominikanermuseum) und als wichtigstes Baudenkmal das 1967 entdeckte Römerbad. Im 3. Jahrhundert begann der vorläufige Niedergang der Stadt, die allerdings 771 n. Chr. als karolingischer Königshof »Rutovilla« (Rote Villa) zu neuer Größe aufstieg.

Im späten Mittelalter schließlich gehörte das Rottweiler Hofgericht zu den bedeutendsten Gerichtsstädten im Deutschen Reich. Die Befugnisse des Hofgerichts reichten vom Alpenkamm bis Köln, von Franken bis zum Thüringer Wald und von den Vogesen bis zum Lech. Der Hofgerichtsstuhl (1781) an der Königstraße erinnert noch an das Kaiserliche Hofgericht, das hier seit 1418 tagte. Rottweil ist von der spätmittelalterlichen Architektur mit ihren vielen Erkern geprägt. Besonders sehenswert sind das alte Rathaus, das 1321 erstmals erwähnt wurde, und die Gerichtsstube des kaiserlichen Hofgerichts beherbergte, das Heilig-Kreuz-Münster, dessen Ursprünge bis ins 12. Jahrhundert zurückgehen, sowie die Kapellenkirche.

In mittelalterlicher Pracht präsentieren sich bunt geschmückte Erker und kunstvoll geschmiedete Schilder in der Rottweiler Altstadt.

Der Narrensprung

Am Rosenmontag und Faschingsdienstag findet in Rottweil eine der traditionsreichsten und schönsten Fasnachtsumzüge Europas statt, der Narrensprung. Die Fasnet fand in Rottweil schon 1310 erste urkundliche Erwähnung, 1546 werden Larven (Masken) und Verkleidungen im Stadtrecht erwähnt. Im 17. Jahrhundert entstand die Narrenzunft, die allerdings 1803, als Rottweil württembergisch wurde, aufgelöst wurde. Die Fasnet, die nun mehr rheinisch geprägt war, blieb weiter bestehen, wurde jedoch zusehends unpopulärer. Als 1902 nur noch knapp 20 Narren unterwegs waren, wurde von der Wirtin des »Kamel« eine Neugründung der Narrenzunft angeregt und im folgenden Jahr vollzogen. Heute sind es etwa 4000 Narren, die am Fasnetmontag und -dienstag mit den Narrensprüngen durch das Schwarze Tor kommen und in einem langen Zug hinter den Reitern, der Stadtkapelle und den »Narrensamen« (Nachwuchs) in die Stadt strömen.

Beim Rottweiler Narrensprung gibt es verschiedene traditionelle Kostüme, etwa den »Federhannes«, der mit Sprungstange, gebleckten Zähnen und Federn auf dem weiten Mantel den Winter symbolisiert. Dazu kommen das »Gschell«, der »Schantele« und viele andere Larven. Die Narrenzunft achtet darauf, dass der Narrensprung nicht zu einem kommerziellen Großevent verkommt und dadurch seine Identität verliert.

AM NECKAR – HORB UND TÜBINGEN

75

Schwabenland so schön

»Städt' und Städtle gibt's viel am Necker, Donau und Rheine, aber so hoch und schö' bucklich wie ons're ischt keine!« –, so haben die Leute von Horb es an ihr stattliches Rathaus geschrieben. Eingekuschelt in die hügelige Neckarlandschaft, macht Horb schon seit dem Mittelalter mit seiner turmreichen Stadtsilhouette eine gute Figur. Die Tübinger Pfalzgrafen gaben Horb im 13. Jahrhundert das Stadtrecht, im 14. Jahrhundert kam die Stadt mit der Region Rottenburg per Kauf unter habsburgische Herrschaft (als »Vorderösterreich«). Auf dem Renaissance-Brunnen am Markt posiert noch immer ein Löwe und erinnert an die österreichische Herrschaft, die sich rund 100 Jahre behauptete.

Heute sind etliche kleinere Orte im Umkreis eingemeindet, viel Fachwerk prunkt in Horb, das schon erwähnte Rathaus ist prächtig bemalt mit dem »Horber Bilderbogen«. Der »Steinerne Geschichtsgarten« findet sich im Ortsteil Hohenfeld. Stolz können die rund 25 000 Einwohner auf ihre Heilig-Kreuz-Kirche mit der »Horber Madonna« weisen. Der Name des Meisters, der diese kostbare gotische Figur geschaffen hat, ist zwar nicht bekannt. Vermutlich gehörte er zu dem Kreis des großen Veit Stoß (1447/48–1533), des Malers, Bildhauers und Kupferstechers, der in Krakau, Breslau und Nürnberg tätig war. Lange galt Veit Stoß als gebürtiger Nürnberger, doch ist er in Horb sowohl geboren als auch gestorben. Dokumente, die erst um 1983 bekannt wurden, bestätigen das. Warum fährt man unterwegs auf der Autobahn von Stuttgart zum Bodensee nur immer so schnell an der Stadt vorbei?

Hölderlin lebte von 1807 bis zu seinem Tod 1843 in dem nach ihm benannten Turm am Neckar.

TÜBINGEN – SCHLÖSSER UND DICHTERFÜRSTEN

Immer den Neckar entlang, von Horb nach Tübingen! Die Orte links und rechts der Straße heißen Eyach und Bieringen, Schwalldorf und Kiebingen. So gemütlich wie ihr Namenklang reist sich's auch, keine 40 Kilometer, und schon ist man in Tübingen – erlebt wieder eine andere Altstadtvariante schwäbischer Historie, schwäbischer Gastlichkeit sowie schwäbischer Bildungs- und Literaturgeschichte. Das stattliche Schloss Hohentübingen mit der Renaissance-Pracht seines Torbaus bewohnten die Grafen und Herzüge von Württemberg. Einige Treppen hinab und man steht vor dem üppig bemalten Rathaus und der astronomischen Uhr am Marktplatz, trifft in den Gassen Studenten aus aller Welt. Viele Prominente zog es nach Tübingen. Goethe und Schiller verhandelten mit ihrem Verleger Johann Friedrich Cotta in der Münzgasse 5, Hermann Hesse lernte am Holzmarkt 9 den Buchhandel. Der so arme und kranke, doch zuvor so sprachmächtige Dichter Hölderlin verbrachte seine halbe Lebenszeit im »Hölderlinturm«, einem Teil der Stadtmauer über dem Neckar, dank der Familie Zimmer (heute Museum).

STUTTGART – WEISSENHOFSIEDLUNG

76 Internationale Avantgarde im »Ländle«

1927 entstand auf dem Stuttgarter Killesberg Außergewöhnliches. 17 internationale Architekten schufen unter der Leitung des jungen Ludwig Mies van der Rohe (siehe unten) in nur 21 Wochen ein neuartiges städtebauliches Konzept mit 63 Wohnungen in 21 Häusern, das 500 000 Besucher anlockte und weltweite Beachtung fand. Als Teil eines Bauprogramms, das die Wohnungsnot nach dem Ersten Weltkrieg lindern sollte, stellte die Stadt für die vom Deutschen Werkbund initiierte Bauausstellung nicht nur den Baugrund zur Verfügung, sondern übernahm auch die Baukosten und Honorare. Die Architekten, damals nur der internationalen Avantgarde bekannt, gelten heute als Wegbereiter der modernen Architektur: Le Corbusier, Walter Gropius, Peter Behrens (siehe auch Darmstädter Mathildenhöhe), Hans Scharoun und andere schufen auf stereometrische Grundfiguren reduzierte Baukörper ohne jeden Schmuck und lieferten damit bedeutende Beispiele für modernes Bauen. Auch wurde mit neuen Materialien und neuen Bautechniken wie dem Skelettbau, der Leichtbetonbauweise und Trockenbau experimentiert. Eine weitere Neuerung als Bauausstellung bestand darin, dass es sich um voll funktionsfähige Häuser handelte, die später in normale Mietwohnungen umgewandelt wurden. Auch heute dienen die Gebäude als normale Wohnungen; Le Corbusiers Haus an der Rathenaustraße beherbergt heute das Museum der Weißenhofsiedlung.

Das »Hans-Scharoun-Haus« im Hölzleweg hebt sich von den anderen, kubischen Gebäuden der Siedlung durch seine zunächst kritisierte »Kurvenromantik« ab.

Zu Zeiten des Nationalsozialismus wurde die Siedlung als Schandfleck und »Araberdorf« verfemt und sollte für das Generalkommando V des Heeres Platz machen; der Ausbruch des Zweiten Weltkriegs verhinderte den Abbruch der Gebäude jedoch glücklicherweise. Erst 1956 wurde die Siedlung als bedeutendes Architekturensemble »wiederentdeckt«; die Kriegsschäden wurden beseitigt, und 1958 wurde die Weißenhofsiedlung schließlich unter Denkmalschutz gestellt.

MIES VAN DER ROHE – »LESS IS MORE«

Ludwig Mies van der Rohe (1886 bis 1969) gehört zu jenen Ausnahmearchitekten, die wie die Erbauer der ersten gotischen Kathedralen, der »Erfinder der Renaissance« Filippo Brunelleschi oder auch Andrea Palladio nicht nur ihre Zeit prägten, sondern auch weit darüber hinaus umfassenden Einfluss auf die Architektur der nachfolgenden Generationen hatten.
Mies arbeitete schon früh mit den besten Architekten seiner Zeit und entwickelte mit seinen Entwürfen von Glas-Stahl-Hochhäusern (1919–21) geradezu revolutionäre Ideen. Im Stil des Neuen Bauens schuf er mit der Weißenhofsiedlung Beachtliches und kam mit dem meisterhaften »Barcelona-Pavillon« von 1929 zu internationalem Ruhm. Von 1930 bis 1933 leitete er das Bauhaus in Dessau und Berlin. 1938 übersiedelte Mies nach Chicago, wurde Professor am dortigen Illinois Institute of Technology und entwarf dafür 1939 ein vollkommen neues Hochschulgelände. Mit dem Seagram Building in New York (1956–59) schuf er einen neuen Typus von Wolkenkratzer, der noch auf die heutige Architektur nachwirkt. Sein bekanntestes Gebäude in Deutschland ist die Berliner Nationalgalerie (1962–68), die wie seine anderen Werke unter seinem Motto steht: »Weniger ist mehr«.

SCHILLERSTADT MARBACH

77 Fachwerk, Wein und Dichter

Mancher Literaturfreund kommt nach Marbach, bleibt eine oder zwei Wochen – und reist ab, ohne die Altstadt recht wahrgenommen zu haben. Die ist seit 300 Jahren gut erhalten und misst nur 350 mal 250 Meter im Geviert. Zum großen Teil steht noch die Stadtmauer, dazu der 40 Meter hohe Obere Torturm. Was die kleine Stadt über dem Neckar mit ihren rund 16 000 Einwohnern an Architektur, Poesie und Rebengenuss zu bieten hat, kündigen schon die Namen der Spezialstraßen an, die alle drei durch Marbach führen: die Deutsche Fachwerkstraße, die Württembergische Weinstraße und die Schwäbische Dichterstraße.

Genauer: Es gibt stattliche Häuser in Marbach, trinkbare Weine wie den Trollinger und den immer beliebteren Dornfelder – und es gibt das Deutsche Literaturarchiv Marbach. Dieses unerschöpfliche Schatzhaus literarischer Lebenswerke, ihrer gedruckten oder handgeschriebenen Materialien und Zeugnisse samt Briefen und Tagebüchern entstand nach dem Zweiten Weltkrieg aus dem 1903 gegründeten Schillermuseum. Erst 1972 erhielt das Literaturarchiv ein eigenes Haus. 2006 kam das Literaturmuseum der Moderne hinzu. Den größten Zugang seiner Sammlungen konnte das Marbacher Literaturarchiv 2009 verbuchen: das Archiv des Suhrkamp Verlags, der gerade nach Berlin umzog. Es handelte sich beiläufig um 2600 Kisten, und das war noch nicht alles. Kein Wunder, wenn mancher Archivbesucher kaum Zeit für die Stadtbesichtigung erübrigt. Zu danken haben die Marbacher den Eltern Schillers, die ihren berühmten Sohn hier in der Niklastorstraße zur Welt brachten. Jüngst erneuerten Chipperfield-Architekten das Schiller-Nationalmuseum und Literaturmuseum der Moderne samt dem zentralen Schillersaal. Den preist die neue Direktorin Heike Gfereis als den schönsten poetischen Imaginationsraum an, den man sich denken kann – auch dank der Ausblicke auf Bezugsorte in der schwäbischen Landschaft. In der Dauerausstellung begegnet man dem ganzen Kreis schwäbischer Poeten und Literaten.

In Schillers Geburtshaus befindet sich heute ein Museum, in dem rund 30 Originalstücke aus Leben und Wirkungsgeschichte des Dichters gezeigt werden.

VOM STURM UND DRANG ZUR KLASSIK

1759 wurde Schiller in Marbach, in einem schlichten Haus geboren. Als er 14 Jahre alt war, bestimmte der Dienstherr seines Vaters, Herzog Karl Eugen von Württemberg, den Eintritt des Jungen in die Karlsschule, später in die herzogliche Militärakademie: Schiller musste Medizin studieren. Er beschäftigte sich heimlich mit Literatur, arbeitete zwischen 1777 und 1780 an seinem Drama *Die Räuber*, das 1782 im pfälzischen Mannheim mit großem Erfolg uraufgeführt wurde. Schiller floh aus dem Dienst des Herzogs. Heimatlos wohnte und schrieb der Dichter bei Freunden in Thüringen und Sachsen; *Kabale und Liebe, Fiesco* und *Don Carlos* entstanden. Ruhm ohne Brot – 1789 wurde Schiller unbesoldeter Professor in Jena. Nach seiner Heirat mit Charlotte von Lengefeld verbesserte sich die Situation, er befreundete sich mit Goethe, wohnte von 1799 an in Weimar. Alle seine großen Dramen entstanden, doch mit Schillers Gesundheit stand es immer schlechter. 1805 starb er, das ärztliche Protokoll stellte die völlige Zerstörung seiner Lunge fest.

SCHWÄBISCH HALL – SALZ UND MEHR

78 Solebad und Große Festspieltreppe

Rundheraus begeistert urteilte der Münchner Architekturkenner Gottfried Knapp: »Von oben ist es am schönsten. Der Rundumblick von der Dachterrasse des Sudhauses über die zu Füßen liegende Altstadt von Schwäbisch Hall übertrifft fast alles, was Deutschland an Stadt- und Landschaftsbildern zu bieten hat.« Die Salzgewinnung – Stichwort: »Sudhaus« – und die Große Treppe am Rathaus mit dem Blick über die Altstadt hinunter zur Kocher prägen die Geschichte und auch Gegenwart der Stadt. »Hall« ist ein keltisches Wort für Salz und Saline. Weil die beiden Salzstädte Hall in Tirol und Hall in Schwaben so oft verwechselt wurden, heißt es schon lang Schwäbisch Hall. Der Ort wurde vor 4000 Jahren in der Steinzeit besiedelt und stieg zu Reichtum auf; im Mittelalter wurde er gern von gekrönten Häuptern besucht. Die Stadt hatte Münzrecht, die Heller aus Hall waren über die deutschen Grenzen hinaus im Umlauf.

Traditionelle Brunnen- und Kuchenfeste der Salzsiedergesellen leben im Tourismus fort. Schon vor zwei Jahrhunderten, 1827, bot man Gästen Kuren in Solebädern an, noch 2003 wurde das Solebad wieder vergrößert. Allsommerlich feiert Schwäbisch Hall seine Freilichtfestspiele: vor dem Rathaus und der Kirche St. Michael auf der Großen Treppe von Mitte Juni bis Ende August – ein großartiges Ambiente.
Was fällt den Deutschen ein, beim Namen »Schwäbisch Hall«? Die Bausparkasse – die rettete sich 1944 aus Berlin nach Schwäbisch Hall, legte sich den schwäbischen Namen zu und hat seither zahllose Häusle und Häuser finanzieren geholfen.

Die Altstadt von Schwäbisch Hall liegt an der Kocher im schroff eingeschnittenen Tal des Flusses bei einer alten Salzquelle.

EDUARD MÖRIKE (1804–1875)

In seinen Gedichten klingt die Landschaft seiner schwäbischen Heimat. »Gelassen stieg die Nacht ans Land, / lehnt träumend an der Berge Rand ...«. Oder: »Frühling lässt sein blaues Band / wieder flattern durch die Lüfte ...« – die Zeilen sind heute noch vertraut. Mörike wurde 1804 in Ludwigsburg geboren. Nach dem Studium der Evangelischen Theologie trieben ihn acht Vikariatsjahre mit Ortswechseln im Schwabenland umher. Mörike hatte Zweifel an der kirchlichen Laufbahn, fand Erhebung in der Natur, schrieb Gedichte und den Roman *Maler Nolten.* Von 1834 an amtierte er in der Pfarre Cleversulzbach, hatte Not mit Seelsorge und diversen familiären Problemen. Von 1844 an war er bei geringer Rente pensioniert, lebte kurz in Schwäbisch Hall, dann in Bad Mergentheim, heiratete 1851 zum Entsetzen von Freunden und Familie eine Frau katholischen Glaubens. Mit der Zeit kam literarischer Erfolg: *Die Historie von der schönen Lau, Mozart auf der Reise nach Prag.* Mörike wurde zwar Ehrendoktor der Universität Tübingen und erhielt den Bayerischen Maximiliansorden, lebte aber zuletzt vereinsamt und starb 1875.

OBERGERMANISCH-RAETISCHER LIMES

79 Erster Mauerbau auf deutschem Boden

Limes heißt Grenze, und diese Grenze verlief mitten durch Deutschland. Auf der einen Seite war das römische Imperium mit einem bis zum Luxus verfeinerten Lebensstil, mediterran und orientalisch geprägt. Über die Bauernkultur auf der anderen Seite ist wenig bekannt: unruhig, vital und empfindlich gegen Abhängigkeiten. Eine Konfrontation der Kulturen!

Einen »Verein Deutsche Limes-Straße« zu gründen, gemeinsam mit den Städten und Gemeinden längs des Limes, und diese »Deutsche Limes-Straße« touristenfreundlich auszuschildern – das waren die Ideen, mit denen Ulrich Pfeifle, Oberbürgermeister im schwäbischen Aalen, den eingesunkenen Erdwällen sowie den Resten von Kastellen und Wachttürmen zu neuer Aufmerksamkeit verhalf.

Von Rheinbrohl nördlich von Koblenz bis nach Regensburg an der Donau sind es rund 550 Limes-Kilometer. An denen kannte man voran die Saalburg bei Bad Homburg, wo schon 1853 ein Römerkastell ausgegraben und später nur unzureichend rekonstruiert wurde.

Weißenburg im Altmühltal erregte 1979 mit dem Fund des »Römerschatzes« Aufsehen. Silberne Statuetten und Teile von Paraderüstungen waren darunter. Mit dem »Castellum Biriciana« aus dem 1. Jahrhundert n. Chr. zeigt die Römerstadt eine teils rekonstruierte Grenzbefestigung. Und auf das Thermenmuseum folgte auch noch ein Römermuseum.

Im Schwäbischen befindet sich das hochinteressante Limesmuseum Aalen auf dem Gelände des »größten Reiterkastells nördlich der Alpen«. Seit der Aufnahme des Limes in das UNESCO-Weltkulturerbe wurden ein Archäo-Park eröffnet und eine römische Reiterbaracke rekonstruiert.

Im Limesmuseum Aalen wird während der Römertage den Besuchern das Leben der Antike vorgeführt.

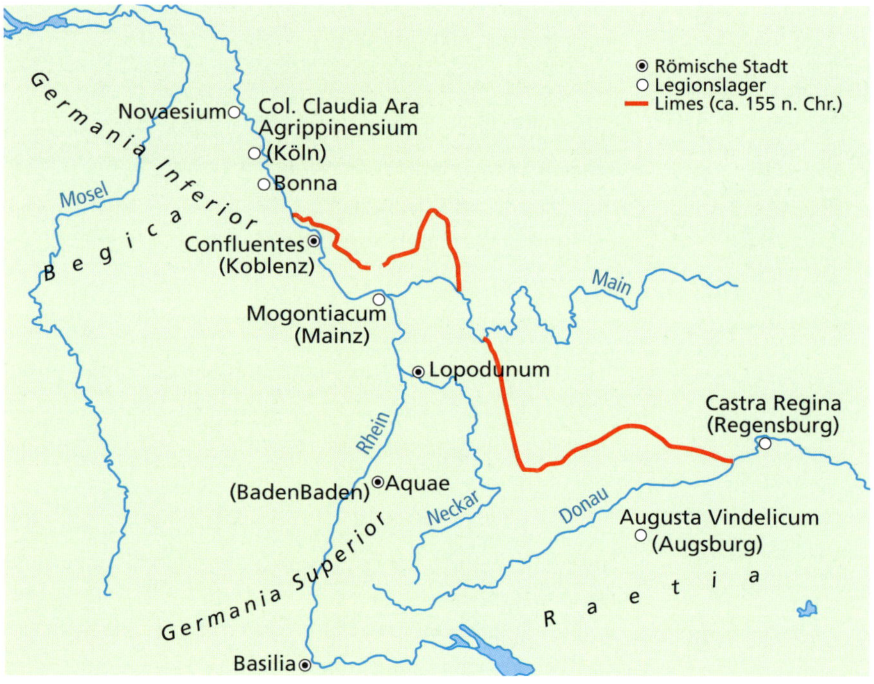

Am Limes wohnten nicht nur die Soldaten, sondern – außerhalb der Kastelle in Lagerdörfern – auch ihre Familien (obwohl für Soldaten ein Heiratsverbot galt), Handwerker, fahrendes Volk, Prostituierte und Geschäftemacher. Mauern lösten die Palisaden ab, das ging so in der Provinz Obergermanien bis etwa 260 n. Chr., in der südlicheren römischen Provinz Rätien bis etwa 400 n. Chr., als der Druck der Hunnen und Goten zu stark wurde.

Ob der Limes tatsächlich zur Abwehr eines Ansturms »barbarischer« Stämme bestimmt war? Eher diente er wohl der Unterbindung von Warenschmuggel und Zuwanderung. War Gefahr im Verzug, konnten die Reitertruppen dank der Nachrichtenübermittlung von Wachtturm zu Wachtturm schnell eingreifen.

Oberirdisch blieben nur geringe Spuren von den rund 900 Wachttürmen und rund 120 Kastellen des Limes erhalten. Die Deutsche Limeskommission besitzt dennoch eine exakte Kartendarstellung, Maßstab 1:10000. Schon 1987 nahm die UNESCO-Welterbekommission den Hadrianswall (118 Kilometer) in England in die Welterbeliste auf. Als sie sich nun auch für den Limes entschied, legte sie die beiden Grenzwälle zusammen: als »Grenzen des römischen Imperiums/Frontiers of the Roman Empire«.

Ganz oben: Abbildung eines rekonstruierten Pfahlgrabens an der Saalburg. **Links oben:** Auf einem Spaziergang entlang des etwa fünf Kilometer langen Limespfads bei Walldürn im Odenwald kann man anhand von freigelegten Palisadenzäunen und Wachtürmen die ehemalige Grenzanlage hautnah erleben.
Oben: Kopflose antike Skulpturen stehen am Römischen Limeskastell in Welzheim (Baden-Württemberg). Das Kastell wurde 150 n. Chr. erbaut. Heute ist es ein viel besuchter archäologischer Park.

ROUTE 5 Süddeutschland

80 München – barocke Kleinodien 148

81 München – die Kunststadt 151

82 Augsburg – Stadt der Renaissance 153

83 Schloss Herrenchiemsee 155

84 Buchheims Museum in Bernried 157

85 Die Wieskirche 158

86 Kempten im Allgäu 160

87 Ulm – zwischen Schwaben und Bayern 161

88 Rokokoresidenz Ansbach 163

89 Die Würzburger Residenz 164

90 Glücksfall Bamberg 167

91 Festspiel- und Universitätsstadt Bayreuth 170

92 Geschichtsträchtiges Nürnberg 172

93 Regensburg – Altstadt vom Schönsten 174

94 Kloster Weltenburg 177

95 Römerschatz Straubing 179

96 Klosterbibliothek der Abtei Metten 181

97 Kulturbrücke Passau 182

98 Die gotische Stadt Landshut 183

99 Der Domberg Freising 185

100 Die Deutsche Märchenstraße 186

MÜNCHEN – BAROCKE KLEINODIEN

80

Sinnenlust und Pracht

Der Beginn der Barockarchitektur in München fällt mit der Geburt des späteren Thronfolgers Max Emanuel 1662 zusammen. Die gebürtige Italienerin Henriette Adelaide, Prinzessin von Savoyen, schenkte ihrem Gemahl Kurfürst Ferdinand Maria (1636–1679) einen Erben. Zum Dank für dieses lang herbeigesehnte Ereignis bekam sie von ihrem Mann ein kleines Lustschloss mit angefügtem Park geschenkt – das heutige Schloss Nymphenburg. Und da die Erleichterung über die Geburt eines Thronfolgers so groß war, stiftete sie selbst noch dem Orden der Theatiner die Kirche St. Kajetan mitsamt dem dazugehörigen Kloster. Henriette Adelaide allerdings, tonangebend bei den künstlerischen Belangen am Hof, bestand auf italienischen Baumeistern.
Ihre Meinung über die einheimischen Baumeister war alles andere als positiv – sie waren für sie »più idioti nell' edificare« – also engagierte sie den Bologneser Barelli (1627 bis 1687). Er begann 1663 mit einem Paukenschlag: Die von ihm entworfene Theatinerkirche war etwas, das die Stadt so noch nie gesehen hatte. Barelli erdachte ein Langhaus mit einer Tambourkuppel über der Vierung und zwei Fassadentürmen, die ihrerseits von zwei außergewöhnlichen Kuppeln bekrönt wurden. Barelli war jedoch nicht nur bei der Theatinerkirche derjenige, der das gewünschte italienische Flair einbrachte, sondern auch bei Schloss Nymphenburg. Hier baute er nach dem Vorbild der italienischen Villa den Mitteltrakt und somit den Kern des mit 685 Metern Breite heute größten Schlossbaus Deutschlands.
Diese beiden Pole, die kirchliche und die höfische Architektur, waren auch in der Folgezeit für die unterschiedlichen Entwicklungen bestimmend. Während in der Kirchenarchitektur weiterhin der italienische, vor allem der römische Geschmack bestimmend war, nahm die höfische Architektur französische Formen an, die vor allem durch die Exilzeit des Kurfürsten Max Emanuel (1662–1726) geprägt sind. Hier lernte er die französische Lebensart und die entsprechende höfische Architektur kennen, die er nach seiner Rückkehr 1714 nach Kräften förderte.
Zu sehen ist das besonders bei Schloss Nymphenburg und den dazugehörigen Parkschlösschen. Die Pagodenburg wurde zwischen 1716 und 1719 von dem in Paris ausgebildeten Joseph Effner entworfen: ein wohlproportioniertes »Schmuckkästchen«, um dessen oktogonalen Salon (»Salettl«) in einem Achsenkreuz vier rechteckige Räume gruppiert sind. Die 1719 begonnene Badenburg beherbergt das erste heizbare Hallenbad Europas der Neuzeit.
Den »französischen« Schlussakzent setzte François de Cuvilliés mit der Amalienburg, wobei von Burg hier keine Rede sein kann. Denn die von 1734–1739 entstandene »Maison de Plaisance« – für die Frau des Thronfolgers Karl Albrecht (1697–1745), Amalie, erbaut – gilt als das schönste Rokoko-Schlösschen Deutschlands. Das Zentrum bildet der kreisrunde Spiegelsaal, zwischen dessen Spiegeln und Fenstern die Raumgrenzen zu verwischen und Innen- und Außen-

FRANÇOIS DE CUVILLIÉS (1695–1768)

1708 trat der erst 13-jährige François de Cuvilliés in die Dienste des im französischen Exil lebenden Kurfürsten Max Emanuel und reiste mit ihm als Hofzwerg durch Frankreich. 1714 begleitete er ihn bei seiner Rückkehr nach München, wo er seine Laufbahn als Militärarchitekt begann. Er war außergewöhnlich talentiert, sodass Max Emanuel ihn von 1720 bis 1724 nach Paris schickte, um Architektur zu studieren. Nach seiner Rückkehr 1725 wurde er als Hofarchitekt eingestellt und begann, die Architektur Münchens maßgeblich zu beeinflussen. Seit 1728 war er für das Hofbauwesen zuständig und beerbte seinen ehemaligen Lehrer Joseph Effner 1753 als Oberhofbaumeister. Neben seinen Bauten in München lieferte er auch Pläne für das Jagdschloss Falkenlust beim Schloss Brühl bei Köln (1728) und das Schloss Wilhelmstal bei Kassel (1747).
Neben seinen berühmten Münchner Bauten – etwa das nach ihm benannte Cuvilliés-Theater (1751–53) – schuf Cuvilliés auch einen Gebrauchsgegenstand, der in seiner heutigen Form nicht mehr wegzudenken ist. In der Amalienburg baute er 1735 den ersten »Castrol-Herd« (von frz. casserolle, Topf) ein: den ersten Herd mit geschlossenem Feuerkasten mit oben liegender, offener Herdplatte.

Oben: Der Odeonsplatz mit der Theatinerkirche, der Feldherrenhalle und – ganz links – der Residenz. **Unten:** Die Klosterkirche St. Anna im Lehel von Johann Michael Fischer ist die erste Rokokokirche Münchens. Die Ausstattung stammt von den Brüdern Asam und von Johann Baptist Straub.

Oben rechts: Die Amalienburg im Schlosspark Nymphenburg wurde 1734–39 von François de Cuvilliés erbaut. Sie gilt als das schönste Rokokoschloss Deutschlands. **Oben Mitte:** Das Cuvilliéstheater entstand zwischen 1751 und 1753. 1781 wurde hier Mozarts Oper *Idomeneo* uraufgeführt. **Unten:** Das Schloss Nymphenburg ist – den Außenmaßen nach – der größte Schlossbau Deutschlands und auch einer der charmantesten.

Multitalent Karl Valentin (1882 bis 1948)

»Alle anderen mit Ausnahme der Eskimos und Indianer haben mehr Interesse an mir als meine ›Landsleute‹.« Von dem einst so gefeierten Bühnenstar Karl Valentin wollte in München nach dem Krieg niemand mehr etwas wissen. Seine letzte Radiosendung wurde 1946 nach nur fünf Folgen abgesetzt – den Zuhörern waren seine Späße zu pessimistisch. Zu seinen Glanzzeiten war das anders. Valentin füllte vor allem mit Liesl Karlstadt die Kabaretts der Stadt und auch die renommierten Bühnen, etwa das Residenztheater und die Kammerspiele. Gastspiele in Berlin, Wien und Zürich standen auf seinem Programm. Neben seiner Bühnenarbeit trat er auch in mehr als 50 Filmen auf. Und auch hier schuf der verbale Querdenker Meisterwerke, beispielsweise die *Mysterien eines Frisiersalons*. Der Stummfilm, der 1923 unter Mitwirkung von Bert Brecht und des Nosferatu-Darstellers Max Schreck entstand, ist eine surrealistische Komödie, die von Filmkritikern zu den 100 besten deutschen Filmen gezählt wird. Während des Naziregimes wendete sich das Blatt. Sein Film *Die Erbschaft* (1936) wurde wegen »Elendstendenzen« verboten, der berühmte *Firmling* (1934) unterlag dem Jugendverbot. Valentin starb verarmt an den Folgen einer Erkältung in Planegg.

raum sich zu durchdringen scheinen. Dieses im Rokoko beliebte Spiel mit Schein und Sein wird hier auf die Spitze getrieben und ist in größter Perfektion durchgearbeitet.

Eine eigene spätbarocke Formensprache

Während die höfische Architektur weiterhin unter französischen Einfluss stand, wie man es auch in den »Reichen Zimmern« der Residenz oder dem Cuvilliéstheater (1753) sehen kann, herrschte in der kirchlichen weiterhin die italienische Schule vor – nicht zuletzt aufgrund von Persönlichkeiten wie Giovanni Antonio Viscardi (1645–1713), dessen Dreifaltigkeitskirche (1711–18) eine der interessantesten Barockkirchen Münchens ist. Durch die erstmalig konvex hervortretende Fassade betont sie den römischen Einfluss. Das Besondere an der bayerischen Barockarchitektur ist letztlich aber das, was die hiesigen Baumeister daraus machten. Denn Architekten wie Johann Michael Fischer (1692–1766) oder die Brüder Asam destillierten aus den verschiedenen Strömungen eine ganz eigene Art des Spätbarock, eine eigene Sprache, die für den gesamten süddeutschen Raum stilprägend wurde. Fischer selbst schuf mit der Klosterkirche St. Anna (1727–33) die erste Rokokokirche Münchens. Das Besondere an seinem Entwurf ist die Durchdringung von Längs- und Zentralbau, wodurch er einen von Nischen umgebenen Ovalraum schuf, der wie in Schwingung versetzt erscheint.

Der kreisrunde Spiegelsaal der Amalienburg mit seiner Dekoration in Blau und Silber (Stuck: J. B. Zimmermann) bildet das Zentrum der meisterhaften Grundrissgestaltung des exquisiten Jagdschlösschens.

Die Asambrüder steigern die Ideen Fischers noch einmal, indem sie den Raum, den sie meist in allen Details als Gesamtwerk konzipieren, in eine allübergreifende Bewegung versetzen und durch die geschickte Lichtführung einen architektonischen Akkord kreieren, der alle Sinne anzusprechen scheint. Ihre Privatkirche, St. Johann Nepomuk, kurz Asamkirche (1733–46), ist ein derart einheitlich und konsequent gestalteter Raum, in dem sich die Einflüsse auf das Großartigste verbinden. Diese Bauten, wahre Kleinodien, sind nur einige Beispiele des barocken Münchens, die weniger durch ihre äußere Größe als vor allem durch ihre inneren Qualitäten auffallen.

MÜNCHEN – DIE KUNSTSTADT

81 Pinakotheken im Kunstareal

Mit der Eröffnung des Museums Brandhorst im Mai 2009 wurde den drei Pinakotheken in München noch eine private Bildersammlung hinzugefügt, die das ohnehin schon überwältigende Angebot an Malerei noch um eine Komponente der modernen und zeitgenössischen Kunst erweitert.

Begonnen hat das heutige »Kunstareal« mit dem Bau der Alten Pinakothek, den der kunstbegeisterte König Ludwig I. für seine und die Sammlungen, die die Wittelsbacher im Laufe der Jahrhunderte zusammengetragen haben, bei Leo von Klenze (1784–1864) in Auftrag gab. Die Alte Pinakothek stellt eines der wichtigsten Museen für die Malerei des 14. bis 18. Jahrhunderts dar. Unter den mehr als 700 ausgestellten Meisterwerken befinden sich Gemälde der größten Maler ihrer Zeit: Giotto, Raffael, Leonardo, Tizian, Velazquez, Rubens, Rembrandt und Dürer, um nur einige zu nennen. Dazu findet man in der Alten Pinakothek einige Gemälde, die für sich Kunstgeschichte geschrieben haben, etwa das erste Stillleben von Jacopo d'Barbari (*Stillleben mit Rebhuhn und Eisenhandschuhen*, 1504), das erste reine Landschaftsgemälde (Altdorfer, *Schloss Wörth an der Donau*, um 1520) oder die erste Darstellung der Milchstraße (Elsheimer, *Ruhe auf der Flucht*, 1609).

Gegenüber der Alten Pinakothek befindet sich die Neue Pinakothek, die bei ihrer Eröffnung 1853 das weltweit erste öffentliche Museum für »moderne« Kunst war. Ludwig I. wollte seine Gemäldesammlung, die er seit 1809 aufbaute, der Öffentlichkeit präsentieren. Dieser erste Bau wurde im Zweiten Weltkrieg weitgehend zerstört und in den 1950er-Jahren vollends abgetragen, worauf die Kunstwerke vorübergehend im Haus der Kunst untergebracht wurden. 1981 eröffnete der heutige, postmoderne Museumsbau, dessen Architektur in seiner Kleinteiligkeit nicht unumstritten ist.

Ludwigs Sammlungsschwerpunkt lag auf der »Münchner Schule«, deren bekannteste Vertreter Franz von Lenbach und Wilhelm Leibl sind. Dazu kamen Gemälde der deutschen Romantik (C. D. Friedrich), des Klassizismus (Carl Rottmann) sowie internationale Größen wie Francisco Goya und Jacques-Louis David. 1909 kam mit Hugo von Tschudi ein neuer Wind in die Sammlung, denn er öffnete die Pinakothek für die französische Moderne, wodurch eine bedeutende Sammlung französischer Impressionisten wie Monet, van Gogh und Cézanne entstand.

Mit der Eröffnung der Pinakothek der Moderne 2002 gelang schließlich der Schritt bis hin zur Gegenwartskunst. Das neue Haus vereinigt vier eigenständige Sammlungen unter einem Dach: die staatliche Graphische Sammlung, die Sammlung Moderne Kunst, die wie die beiden anderen Pinakotheken zu den Bayeri-

Das Museum Brandhorst wurde 2009 eröffnet. Die Architekten Sauerbruch Hutton verzierten die Fassade mit 36 000 bunten Keramikstäben. Im Inneren finden sich Werke von Warhol, Beuys und vor allem Cy Twombly.

Altdorfers »Alexanderschlacht«

Eines der bekanntesten und gleichzeitig außergewöhnlichsten Werke in der Alten Pinakothek ist die sogenannte *Alexanderschlacht* von Albrecht Altdorfer (um 1480 bis 1538), die er 1528/29 schuf (eigentlich *Die Schlacht bei Issos*, Öl auf Lindenholz, 158,4 x 120,3 m) und für dessen Fertigstellung er sogar davon absah, ein Bürgermeisteramt in seiner Heimatstadt Regensburg zu übernehmen. In diesem grandiosen Werk schildert Altdorfer die Schlacht zwischen dem Perserfürsten Darius III., der von den zahlenmäßig unterlegenen Truppen Alexander des Großen besiegt wurde. Die Inschrift erläutert die Überlegenheit des persischen Heeres und rühmt Alexanders strategisches Geschick, sie dennoch zu besiegen. »Alexander der Große besiegt den letzten Darius, nachdem in den Reihen der Perser 100 000 Mann zu Fuß und über 10 000 Reiter erschlagen und Mutter, Gattin und Kinder des Königs Darius mit etwa 1000 in Auflösung fliehenden Reitern gefangen worden waren.« Dargestellt ist der Moment der Niederlage Darius', der in seinem Streitwagen, von Alexander verfolgt, die Flucht Richtung Osten antritt. Gleichzeitig zeigt Altdorfer einen völlig neuen, kosmischen Blick auf die Welt. Im Hintergrund erkennt man das östliche Mittelmeer mit der Insel Zypern, den Isthmus von Konstantinopel mit dem dahinter liegenden Roten Meer und das Nildelta.

Zurzeit Altdorfers wurde das Gemälde auch als eine weltpolitisch aktuelle Aussage gedeutet, die die Überlegenheit des Abendlandes gegenüber dem Morgenland, symbolisiert durch den sichelförmigen Mond und die untergehende Sonne, demonstrieren sollte. Denn 1529 standen die Türken erstmals vor Wien und wurden als Bedrohung des Abendlandes angesehen.

1800 wurde das Gemälde von den französischen Truppen unter Napoleon nach Paris gebracht. Preußische Truppen fanden es 1814 schließlich in Saint-Cloud – im Badezimmer des Kaisers.

schen Staatsgemäldesammlungen gehört, das Architekturmuseum und die Neue Sammlung, eine der größten Designsammlungen der Welt.

Mit den drei Pinakotheken, der Sammlung Brandhorst, den in der Nähe gelegenen Antikensammlungen und der städtischen Galerie im Lenbachhaus, die eine der größten Sammlungen des »Blauen Reiters« beherbergt, hat München mit dem Kunstareal somit eine Sammlungsdichte, die ihresgleichen sucht und in Deutschland nur mit der Berliner Museumsinsel zu vergleichen ist.

In der Alten Pinakothek (Leo von Klenze, 1826–36) findet man eine bedeutende Sammlung von Kunstwerken vom Mittelalter bis zum späten 18. Jahrhundert. Die Neue Pinakothek (Alexander von Branca, 1975–81) zeigt Werke des 19. und frühen 20. Jahrhunderts.

AUGSBURG – STADT DER RENAISSANCE

82 Zwischen Marionetten und Magnaten

Augsburg, eine der ältesten Städte Deutschlands, erlebte seine größte Blüte zu Zeiten der Renaissance. Wirtschaftlich war dafür hauptsächlich die Familie Fugger und dabei vor allem Jakob »der Reiche« (siehe Kasten) verantwortlich. Künstlerisch wurde die Stadt in dieser Zeit von dem auch in Italien ausgebildeten Architekten Elias Holl (1573 bis 1646) geprägt, der einer der führenden deutschen Architekten zwischen Renaissance und Barock war. Er schuf von 1615 bis 1620 das Rathaus, dessen Größe und Pracht das Selbstbewusstsein der Stadt, die wiederholt Schauplatz von Reichstagen war, widerspiegelte. Es gilt als der bedeutendste Renaissance-Profanbau nördlich der Alpen und wurde zu einem Wahrzeichen der Stadt. Gleich daneben befindet sich ein weiteres Wahrzeichen, der ebenfalls von Holl erbaute Perlachturm (1614), den dieser 70 Meter über die Westempore der Stiftskirche St. Peter am Perlach, die von 1182 stammt, emporragen ließ. Holl war noch für andere Bauten in Augsburg verantwortlich, darunter

Das Augsburger Rathaus (1615–20) von Elias Holl gilt als der bedeutendste profane Renaissance-Bau Deutschlands. Links der 70 Meter hohe Perlachturm.

das Heilig-Geist-Spital (1626–30), in dem heute das berühmte Marionettentheater »Augsburger Puppenkiste« residiert (siehe Seite 154).

Neben diesen Renaissance-Bauten prägen die mittelalterlichen Kirchen das Stadtbild, allen voran der Dom Unserer Lieben Frau zu Augsburg, dessen Ursprünge auf das 8. Jahrhundert zurückgehen. Die fünfschiffige Basilika mit Umgangschor und zwei Glockentürmen hat neben vier Tafelbildern aus der Hand Hans Holbein d. Ä. (1465–1524) auch mit seltenen Kunstwerken der Romanik aufzuwarten: In der südlichen Mittelschiffswand befinden sich die fünf »Prophetenfenster« (um 1140), die einzigen erhaltenen Fenster

JAKOB FUGGER »DER REICHE« (1459–1525)

Jakob Fugger war der Ahnherr der heute allmächtigen Banken- und Industriebosse. Durch sein politisches und wirtschaftliches Geschick wurde er zu einem der mächtigsten und reichsten Männer seiner Zeit. Die Grundlage seines Reichtums bildete der Silber- und Kupferbergbau, bei dem es der innovative Magnat nicht beließ. Beispielsweise beteiligte sich Fugger am Gewürzhandel, kurz nachdem Vasco da Gama 1498 den Seeweg nach Indien fand. Seine wirtschaftlichen und politischen Verbindungen machten ihn zu einem der ersten »Global Player« mit Verbindungen von Osteuropa bis nach Südamerika. Ab 1500 waren die Fugger u. a. Bankiers der Päpste, wickelten deren Ablassgeschäfte ab und prägten ihre Münzen. »Man müsste wirklich dem Fugger und dergleichen Gesellschaft einen Zaum ins Maul legen«, mahnte Luther, für den der Ablasshandel ein Anlass zur Reformation war. Um die weltliche Macht nicht zu kurz kommen zu lassen, finanzierte Jakob Fugger u. a. 1519 die Wahl Kaiser Karls V. als Nachfolger von Maximilian I.

Für sein Seelenheil stiftete er 1514–23 die Fuggerei und die Fuggerkapelle in der Augsburger St.-Anna-Kirche. Sein Neffe Anton steigerte den Reichtum noch. 1546 betrug das Vermögen rund sechs Millionen Gulden, was etwa zehn Prozent des Volkseinkommens des Heiligen Römischen Reiches Deutscher Nation entsprach.

Stars an Fäden – die »Augsburger Puppenkiste«

Das wohl berühmteste Requisit der Theatergeschichte (zumindest in Deutschland) dürfte die blaue Plastikplane sein, die als Meer fungierte, in das Jim Knopf und Lukas der Lokomotivführer von Lummerland aus in See stachen, um die Welt zu erkunden. Seit 1953 staksten die berühmten Stars an Fäden aus der »Augsburger Puppenkiste« über den Bildschirm, jedoch nie über die Bühne ihres eigenen Hauses. Denn die Fernsehproduktionen, durch die die »Kiste« berühmt wurde, waren für das eigene Theater zu aufwendig. So waren das Urmel, Kater Mikesch oder der kleine König Kallewirsch nie in der wirklichen Puppenkiste zu sehen. Dafür aber der Räuber Hotzenplotz und die kleine Hexe, die seit ihren Premieren unverändert aufgeführt werden.
Seit 1948 öffnet die Augsburger Puppenkiste fast jeden Tag ihren Deckel im Heilig-Geist-Spital am Roten Tor. Das von Walter Oehmichen und seiner Frau Rose 1943 gegründete Marionettentheater hat aber nicht nur Kinderstücke im Programm, sondern z. B. schon 1960 die *Dreigroschenoper* des lange Zeit geschmähten Sohnes der Stadt, Bert Brecht, sowie ein jährlich wechselndes Kabarettprogramm. Eine besondere Ehre wurde dem Urmel zuteil: Seit 2006 ist es das offizielle Maskottchen der deutschen Eishockeynationalmannschaft.

mit romanischer Glasmalerei, und das alte Bronzeportal von 1065, das zu den qualitätvollsten seiner Art gehört.
Neben dem Dom sind auch die katholische Kirche St. Ulrich und Afra mit der zwillingshaft mit ihr verbundenen evangelischen St.-Ulrichs-Kirche von großer Bedeutung. Diese eigenartige »Verbundenheit« rührt von der Aufteilung der Augsburger Kirchen nach dem Dreißigjährigen Krieg her.
Zu den kirchlichen Bauten gesellten sich die Prachtbauten der Fugger, allen voran die Fuggerhäuser an der Maximilianstraße (1512–17). Von diesem Gebäude wurde das Fuggersche Imperium geführt; hier wohnte Luther während seines Verhörs durch Kardinal Cajetan, und hier nächtigte der Kaiser während der Reichstage. Der Damenhof gilt als einer der prächtigsten Renaissance-Höfe des Nordens.
Eine weitere Besonderheit Augsburgs ist die »Stadt in der Stadt«, die Fuggerei, die Jakob Fugger »der Reiche« 1521 gegründet hat und die damit die älteste bestehende Sozialsiedlung der Welt ist. Die 140 Wohnungen in 67 Häusern sind von jeher bedürftigen und schuldlos in Not geratenen katholischen Augsburgern vorbehalten, wobei sich die Jahresmiete seit der Gründung nicht geändert hat. Sie entspricht dem Gegenwert eines Rheinischen Talers, also 88 Cent, und beinhaltet die Verpflichtung zum täglichen Gebet für den Stifter.
Und gerade für Arbeitnehmer hält Augsburg noch ein besonderes Schmankerl bereit: Sie ist die einzige deutsche Stadt mit einem eigenen gesetzlichen Feiertag: Der 8. August ist der Tag des Augsburger Friedensfestes, das seit 1650 gefeiert wird.

Rudolf I. von Habsburg (1218–1291) belehnt 1282 seine beiden Söhne auf dem Reichstag zu Augsburg mit den Herzogtümern Österreich und Steiermark und begründet so die Habsburger Macht. Aus dem *Ehrenspiegel der Fugger*, um 1555, Wien, Nationalbibliothek.

SCHLOSS HERRENCHIEMSEE

83

Ein bayerisches Versailles

Zeitig aufstehen, um 9 Uhr schon am Schloss Herrenchiemsee sein! So hat man eine Chance, dieses bayerische Versailles nicht inmitten von Menschenmengen zu erleben. »Ein Rätsel will ich bleiben mir und anderen«, bekannte Ludwig II., schon als Mittdreißiger hochgradig menschenscheu. Kein Wohnschloss, sondern ein überdimensionales Denkmal für das absolutistische Sonnenkönigtum Ludwigs XIV. von Frankreich ließ Ludwig II. erbauen (Architekt: Georg Dollmann). 1873 kaufte der König die Herreninsel, im Jahr 1876 legte Carl von Effner die Pläne für Park und Garten vor.
Mit 98 Metern übertrifft die Große Spiegelgalerie noch das Vorbild von Versailles, an die 2000 Kerzen sind auf Lüster und Kandelaber aufgesteckt. Sie werden heutzutage aus Gründen des Denkmalschutzes freilich nicht mehr entzündet. Einen der kostbarsten je ausgestatteten Räume hat man die »Chambre de Parade« genannt, das 14 x 12 Meter große und 10 Meter hohe Zeremonialschlafzimmer im Zentrum der Schlossanlage. Es war Ludwig XIV. gewidmet.

Der Latonabrunnen auf der Herreninsel im oberbayerischen Chiemsee. Im Hintergrund erhebt Schloss Herrenchiemsee seine stolze Pracht.

Und wo blieb Ludwig II. selbst in diesem Denkmal für den »Roi soleil«? Er ließ sich ein Apartement mit sechs Zimmern einrichten, gleichsam eine Einliegerwohnung. In seinem goldenen Prunkbett hat Ludwig II. nur neun Mal geschlafen, beim Licht einer blauen Lampe – der märchenhafte Mondkönig, der die Nacht dem Tage vorzog. Auch ein mit damals moderner Technik in die Küche versenkbares »Tischlein-deck-dich« und ein ins Schloss integrierter »Swimmingpool« sind dort zu bestaunen.
1885, ein Jahr vor Ludwigs Tod, wurden die Bauarbeiten abgebrochen, der König drohte wegen der verweigerten Kredite mit Selbstmord. Zwei Jahrzehnte später wurde der Rohbau des linken Seitenflügels abgerissen, der rechte war noch nicht begonnen. Um das »Halb-Versailles«, das wir heute sehen, liegt bei aller Pflege doch ein Hauch von Bauruine. Und wer sich der blindwütigen Zerstörung Heidelbergs und anderer Städte im

DER MÄRCHENKÖNIG – LUDWIG II. (1845–1886)

Er wurde 1845 in Nymphenburg geboren als Sohn König Maximilians II. Eine schematische, freudlose Erziehung hatte Sehnsucht zu überschwänglichen Träumen zur Folge. Der Kronprinz schwärmte für die Musik Richard Wagners, die Sagenwelt seiner Opern. Als 18-jähriger König gab Ludwig erhebliche Summen für Wagner aus, der Skandal veranlasste die Abreise des Komponisten.
Ludwig zog sich aus der Öffentlichkeit zurück. Eine angekündigte Heirat hatte er vermieden. Spätere Vermutungen einer Neigung zur Homophilie sind unbewiesen. Der König lebte seine Neigung zur Architektur und zur Natur. Er entwarf selbst Pläne für seine Schlossbauten. Die Schlösser Linderhof, Herrenchiemsee und Neuschwanstein erwiesen sich nach seinem Tod als millionenschwere Attraktionen.
Seine Regierungsgeschäfte erledigte Ludwig II. oft in abgelegenen Orten im Gebirge, wohin ihm Kuriere Akten und Dokumente bringen mussten. Intrigen und ärztliche Fehlurteile brachten ihn zu Fall, sein Tod im Starnberger See am 13. Juni 1886 gleich nach seiner Absetzung blieb ungeklärt.

Wo die Basis des Grundgesetzes entstand

Im Alten Schloss auf Herrenchiemsee gingen Politiker 1948 daran, in einem »Konvent« eine Verfassung für den neuen Staat Bundesrepublik Deutschland vorzubereiten. Die Ministerpräsidenten der schon bestehenden Bundesländer ernannten die Delegierten, die zum Teil Parteipolitiker, meist auch Juristen waren. In Diskussionen ging es darum, die Fehler der Weimarer Republik vor 1933 zu vermeiden. Man schlug vor, die Macht des Staatsoberhauptes stark zu beschränken (keine Notverordnungen), dem föderalen System festen Platz in der Verfassung zu geben, keine Volksabstimmungen zuzulassen.

Als Verfassungsziel nannte man die Wiedervereinigung, betonte den provisorischen Charakter – deshalb wurde der offizielle Name »Grundgesetz« statt »Verfassung« gewählt. In den Tagen vom 10. bis 23. August 1948 wurde so eine Basis des später formulierten Grundgesetzes erarbeitet. Ein Museum für Verfassungsgeschichte (und 1000 Jahre Inselgeschichte) erinnert im Alten Schloss an die historische Tagung.

Südwesten Deutschlands erinnert, die Ludwig XIV. seinen Truppen befohlen hatte, wird Ludwigs II. Verherrlichung des »Sonnenkönigs« eher als abwegig, zumindest als extrem einseitig qualifizieren.

In den nicht vollendeten Räumen des Schlosses zeigt das König-Ludwig-II.-Museum heute Zeugnisse dieses umschatteten Lebenslaufs, der immer eigenbrötlerisch die Schönheit suchte, so zum Beispiel in Richard Wagners Musik und in Meißener Porzellan, in der Architektur ferner Zeiten und Länder und nicht zuletzt in der Gartenkunst. Eine fesselnde Schau voller Kostbarkeiten und Merkwürdigkeiten.

Um die nur wenig über zwei Quadratkilometer große Insel gibt es einen Wanderweg mit schönen Ausblicken, es gibt eine Fledermausausstellung – selten! –, und im Alten Schloss findet man eine Gemäldegalerie des Malers Julius Exter (1863–1939) sowie eine Galerie »Maler am Chiemsee«. Schon im 7. Jahrhundert wohnten Mönche auf der Herreninsel, Benediktiner, später Augustinerchorherren.

Links: Der berühmte Spiegelsaal entstand nach Versailler Vorbild und übertrifft dieses in der Länge sogar noch um 15 Meter. **Unten:** Auch die Parkanlage lässt die Verwandtschaft des Schlosses zu seinem französischen Pendant in Versailles deutlich erkennen.

BUCHHEIMS MUSEUM IN BERNRIED

84 Drama am See

Den Bayerischen Staatsgemäldesammlungen war Lothar-Günther Buchheim lange gram. Seine wahrhaftig herrliche Expressionistensammlung war kaum von ihrer global gefeierten Tour (1981–85) nach München zurückgekehrt, da wurde der Großteil der Bilder ins Magazin geschoben. Buchheims Museums-Suchtour begann, eine Tour der Enttäuschungen. Viel fehlte nicht, und die Expressionisten wären nach Japan abgewandert.

Buchheim wollte seine Bilder im Licht sehen, und zwar etwa so wie im dänischen Louisiana Museum für moderne Kunst am Öresund: im Zusammenklang von bildnerischer Kunst, Architektur und Landschaft. Mehr noch: ein Museum der Phantasie sollte es werden – offen für Exotisches wie für farbenbunt Plakatives, für Rustikales wie für Spielerisches. Kulturreferenten schreckten zurück. Heftiger noch ein Teil der Bürger Feldafings am Starnberger See, wo Buchheim seit jungen Jahren zu Hause war und gern das »Museum der Phantasie« stiften wollte – mit See- und Alpenblick. Der bayerische Ministerpräsident Edmund Stoiber war auf seiner Seite, eine Villa samt Park war schon dafür bestimmt, in den Museumsbau integriert zu werden, den der Architekt Günter Behnisch entwarf. Jedoch: Im Streit zweier Feldafinger Bürgerbegehren obsiegten jene, die Parkplatznot voraussagten und ohnehin auf die Kunst der Expressionisten samt ihrem Sammler verzichten wollten.

Am Starnberger See ist ein Museum der Vielfalt zu bestaunen: Vielfalt der Kulturen, der Künste, vom Fernöstlichen bis zum Jahrmarktzauber.

Diese doch unschöne Geschichte hat etwas Gutes: ihr Ende nämlich, das heute zwei Dörfer weiter lustvoll in Augenschein zu nehmen ist. So schön in der Landschaft wie am Rande von Bernried hätte das »Museum der Phantasie« keinen Feldafing-Bauplatz gefunden. Weit kann man auf hohem Steg über den See und zu den Bergen schauen – und wieder zurückkehren in eines der schönsten Museen weit und breit, zu Meisterwerken und buntem Spielwerk.

Für das »Buchheim-Museum«, wie fast jeder es nennt, sorgen seit Buchheims Tod zwei Damen mit ihren Helfern und immer neuen Ausstellungsideen: Frau Ditti Buchheim und Frau Clelia Segieth, die unermüdliche Chefin des Museums.

LOTHAR-GÜNTHER BUCHHEIM (1918–2007)

Seine Talente und seine Vitalität zeigten sich früh. Er wurde 1918 als Sohn der Malerin Charlotte Buchheim in Weimar geboren und fiel schon als Halbwüchsiger mit seinem zeichnerischen und malerischen Talent und seinen Linolschnitten auf. Als 20-Jähriger reiste er solo im Faltboot donauabwärts bis ans Schwarze Meer. Im Weltkrieg meldete er sich freiwillig zur Kriegsmarine, war Kriegsberichterstatter und überlebte nur knapp.

Buchheim war sein ganzes Leben lang Maler und Fotograf, Sammler – von Malerei und Grafik der deutschen Expressionisten –, Verfasser von Kunstbüchern, Verleger, Autor selbsterfahrener Romane – *Das Boot* wurde weltbekannt – und Schilderer von gesellschaftlichen Ereignissen (*Staatsgala, Der Luxusliner*).

Lothar-Günther Buchheim war streitbar, besonders im Dienste seiner Sammlungen, ein Verteidiger der Fantasie, die sich nicht nur in hoher Kunst, sondern in den Dingen der Alltagswelt offenbart. Seine Sensibilität hinter rauem Ton wurde oft verkannt, er hatte erbitterte Gegner, aber auch verständnisvolle Freunde und Förderer. Er starb in Starnberg, im Winter 2007.

DIE WIESKIRCHE

85

Juwel im Pfaffenwinkel

Der »Pfaffenwinkel« glänzt von grünen Wiesen und glücklichen Hoteliers, ist an Kleinodien der Architektur ebenso reich wie an allerschönsten Ausblicken auf die Gipfelreihen der Alpen. Hier entstand vor mehr als 250 Jahren die Wieskirche.

Damals waren die Klosteräbte ohne Argwohn, dass ihren Klöstern die Säkularisierung bevorstehen könnte. Das geschah 1803, ein tiefer Einschnitt in der Geschichte des deutschen Katholizismus. Die Mönche wurden vertrieben, goldenes Liturgiegerät und kostbare Bibliotheken beschlagnahmt. Die Kirche »Zum gegeißelten Heiland auf der Wies« gehört aber nicht zu den Klosterkirchen; die Wieskirche, wie sie ländlich-liebevoll genannt wird, war immer und ist bis heute eine Wallfahrtskirche.

Reich an Goldglanz, geschmückt mit Fresken und Stuckaturen, erhebend mit ihrer lichten Raumgestalt, bietet sich diese Rokokokirche dar. So festlich reich, so geschmückt und licht, dass kaum ein Besucher auf den ersten Blick die Christusfigur am Altar wahrnimmt. Und doch war diese eher rau und roh geschnitzte Figur an der Geißelsäule die Ursache dafür, dass die Wieskirche entstand. Um 1730 haben zwei Patres des nahen Prämonstratenserstifts Steingaden den Christus mit der Dornenkrone geschnitzt – keine geschulten Künstler, aber begabt mit Ausdruckskraft.

Wohl für eine Karfreitagsprozession bestimmt, wurde das Schnitzwerk bald beiseite getan und bei einem Steingadener Gastwirt abgelegt. Doch eine Verwandte brachte es der Bäuerin »in der Wies«, so hieß ihr wenige Kilometer entfernter Hof. Dort soll das Außergewöhnliche, Wundersame dann geschehen sein, am 14. Juni 1738. Aus den hölzernen Christusaugen rannen Tränen, versicherten Gläubige. Bald waren es nicht nur Hunderte, sondern Tausende, die vor dem weinenden Heiland beten und bitten wollten.

Blick hinauf zum Kuppelfresko der Wieskirche in der Nähe von Steingaden. Hier vereint sich großartige Rokokokunst mit tiefer Innerlichkeit.

Der Steingadener Abt Hyazinth Gassner schätzte die spontane Wallfahrt richtig als zukunftsträchtig ein. Die besten Architekten der Region, Dominikus Zimmermann (1685–1766) und sein Bruder Johann Baptist (1680–1758), Maler und Stuckateur, bekamen den Auftrag zum Bau der Wallfahrtskirche. Das war 1745. Die Baukosten sprengten den vorgegebenen Rahmen –

VOLKSFRÖMMIGKEIT – BETEN MIT DEN FÜSSEN

In Zeiten vor der Motorisierung waren Wallfahrten Fußreisen, die Anstrengung wurde als ein Teil der frommen Hingabe bewertet. In Bayern »wallen« (= ziehen) schon seit dem Mittelalter die Frommen zu Grabstätten heiligmäßiger Leute – manchmal geht Volksverehrung der Kanonisierung voraus – oder zu »Gnadenbildern«, einem Abbild, dem Wundertätigkeit nachgesagt wird. Im 17. und frühen 18. Jahrhundert galt der Brauch immer mehr der Marienverehrung.

Meist waren Erfüllung von Bitten, Dank für Rettungen, Gelöbnisse oder Buße für Fehlverhalten Anlass zur Wallfahrt. Erinnerungstafeln und Votivgaben – etwa silberne Abbildungen – wurden hinterlassen. Das Wallfahren bedeutete für die bäuerliche Bevölkerung auch eine Unterbrechung im Arbeitsalltag. Deshalb gab es an Wallfahrtsorten meist gutes Essen und Trinken und auch Übermut. In der Zeit der Aufklärung Ende des 18. Jahrhunderts wurden viele Wallfahrten verboten. Heute werden sie wieder gerne begangen, oft ist die Bußfahrt zur Busfahrt geworden, doch meist unter geistlicher Anleitung.

Meister des bayerischen Rokoko – die Brüder Zimmermann

Ganze Himmel statteten sie aus, die der Kircheninnenräume des 18. Jahrhunderts in Altbayern – mit Voluten, Rocaillen, Engelsköpfchen, Girlanden und Blumengebinden, alle in strahlendem Weiß aus Gipsstuck geformt.
Johann Baptist wurde 1680, sein Bruder Dominikus 1685 geboren, in einem Dorf nahe Wessobrunn, der Wiege der Stuckateurskunst. Figürlicher Stuck wurde nicht von der Wandfläche, sondern innen vom stützenden Draht gehalten, als Stuckbildhauerkunst.
An vielen Orten ist Johann Baptists Kunst zu bewundern, beispielsweise in Ottobeuren, im Treppenhaus von Schloss Schleißheim, in Schäftlarn und in der Amalienburg in Münchens Nymphenburger Park. Johann Baptist wurde 1727 Hofstuckateur der bayerischen Kurfürsten. Mit seinem Bruder Dominikus arbeitete er an der Wieskirche zusammen. Dominikus war auch hochbewährter Architekt, in Landsberg amtierte er zwischen 1748 und 1753 als Bürgermeister. Wie tragisch, dass nach 1750 Schlichtheit verlangt wurde, Stuck kam aus der Mode. Die Brüder starben 1758 (J. B.) und 1766 (D.).

Links: Die Wallfahrtskirche festlich beleuchtet bei Nacht. **Unten:** Die Ausstattung im Inneren ist von überwältigender Pracht. **Ganz unten:** Das berühmte Kuppelfresko schuf Johann Baptist Zimmermann.

das kostete Gassners Nachfolger Marianus II. seine Abtswürde. Doch 1757 war das Werk vollendet und fand enormen Zulauf: von Petersburg in Russland, von Gotenburg in Schweden, von Amsterdam in Holland, von Kopenhagen in Dänemark, von Norwegen, von Frankreich und von Cadiz in Spanien, wie der Wallfahrtspriester der Wieskirche schrieb. Heute sind es über eine Million Pilger und andere Besucher im Jahr. Bleibt in der ja mitnichten monumentalen Kirche da noch Zeit zum Beten?
Der Pfarrer der Wieskirche hält nicht viel von Verboten. »Nicht zusperren, sondern aufsperren«, sagt er und lässt nur dafür sorgen, dass leise gesprochen wird und beim Gottesdienst die Menge Abstand hält.

KEMPTEN IM ALLGÄU

86

Geteilt und wieder vereinigt

Günstig für Erkunder des Allgäus liegt Kempten im Dreieck Lindau, Memmingen und Füssen. Über die neue Autobahn ist der Königswinkel mit den Schlössern Hohenschwangau und Neuschwanstein rasch erreicht. Kemptens eigene Vergangenheit reicht freilich viel weiter zurück als Ludwigs II. architektonische Wagner-Huldigungen. Im Namen der Stadt klingt das keltische »Cambodunum« bis heute nach. Dann kamen die Römer. In einem Prachtbau, den sich eine reiche Kaufmannsfamilie um 1800 leistete, findet man die Ausgrabungen der Archäologen ausgestellt. Darunter Münzen und Schmuck aus dem Wiggensbacher Schatzfund, die Eigentümer hatten alles vor einem Alemannenüberfall vergraben. Mehr noch bietet der Archäologische Park Cambodunum mit dem römischen Tempelbereich, einem Forum und Thermen.

Stationen der Geschichte:
Um 750 bauten Mönche aus St. Gallen in Kempten das erste Kloster im Allgäu. Im 13. Jahrhundert kam es zu einer Teilung der Stadt: eine Hälfte regierten die Äbte des Stifts, zu Reichsfürsten erhoben, die andere erhielt den Status einer Freien Reichsstadt. Die Folge: immer wieder aufflammender Streit, bis 1818 die beiden Stadtteile endlich vereinigt wurden. Schon um 1650 hatte Kempten seine Lebenskraft bewiesen: Als erster Kirchenbau nach dem Dreißigjährigen Krieg in Süddeutschland entstand die Lorenzkirche mit ihrer Doppelturmfassade neu. Zugleich auch der Neubau der Residenz der Fürstäbte – mit Prunkräumen, die mit ihrem Stuck, Schnitzwerk und Malerei zu den Hauptwerken des süddeutschen Rokokos gehören. Einen intensiven Besuch lohnen auch die Alpenländische Galerie und das Alpin Museum mit der Ausstellung »Der Mensch und das Gebirge, von der Urzeit bis zur Gegenwart«.

Die Basilika St. Lorenz auf dem Residenzplatz beherrscht das Stadtbild von Kempten. Sie ist Kloster- und Pfarrkirche der einstigen Benediktinerabtei.

NEUSCHWANSTEIN OHNE SCHWANENRITTER

Verklärtes Lächeln unseres Gastes aus China, als wir in Waltenhofen im Allgäu aus dem Auto stiegen. Ja, da ragte vor waldiger Bergkulisse das Schloss auf, ein ersehnter Höhepunkt der Reise! Neuschwanstein ist Ziel für Millionen von Menschen aus aller Welt: diese märchenhafte Erscheinung, hell auf der Höhe, turmreich, in ergreifender Landschaft, wie geträumt.
So war der Bau dem königlichen Bauherrn Ludwig II. nach eigenen Plänen gelungen, mithilfe seines Theatermalers Christian Jank (Baubeginn: 1869). Den Platz hatte Ludwig II. schon als Kind in den Sommern auf dem benachbarten Schloss Hohenschwangau ausgesucht, hatte selbst die Wartburg besichtigt und sich Architekturdetails von einer dreiköpfigen Kommission vermessen lassen. Wartburgstil und Janks Bühnenbilder der Münchner Wagner-Aufführungen prägten den Entwurf, vor allem im Thronsaal und Sängersaal. Der König hat die Vollendung des Schlosses nicht erlebt, doch schon zwei Jahre nach seinem bis heute ungeklärten Tod wurde es für das Publikum geöffnet – die Eintrittsgelder waren willkommen.

ULM – ZWISCHEN SCHWABEN UND BAYERN

87 In Ulm, um Ulm und um Ulm herum

Wie viele Städte Deutschlands hat auch Ulm einen eigenen Feiertag, den sogenannten Schwörmontag. Jeden vorletzten Montag im Juli hält der Oberbürgermeister eine Ansprache vom Balkon des »Schwörhauses«, in der er Rechenschaft für das vergangene Jahr ablegt und seine Pläne für das kommende vorstellt. Danach legt er einen Eid auf den »Großen Schwörbrief« ab, Deutschlands älteste Stadtverfassung (1397). Am Nachmittag findet dann auf der Donau das »Nabada« (Hinunterbaden) statt, eine Art karnevalistischer Umzug zu Wasser mit Themenbooten – statt -wagen.

DAS ULMER MÜNSTER

Über 768 Stufen gelangt man bis auf 143 Meter des mit insgesamt 161,53 Metern höchsten Kirchturms der Welt. Begonnen wurden die Bauarbeiten 1377. Das Ulmer Münster, eine dreischiffige Basilika, ist eine reine Bürgerkirche, die die damals kaum 10 000 Einwohner selbst finanzierten. Ebenso eigenständig entschieden sich die Ulmer 1530 für den Übertritt zum evangelischen Glauben, was das Münster zur größten protestantischen Kirche der Welt machte. 1543 wurde aus Geldmangel und anderweitigen Problemen ein Baustopp beschlossen.

Erst 1844 wurde weitergebaut und das Münster am 31. Mai 1890 vollendet geweiht. Das Portal zeigt als Hauptmotiv nicht wie üblich das Jüngste Gericht, sondern die Erschaffung der Welt. Die Besonderheit dabei ist, dass Gott die Erde hier als Kugel erschafft, die von Planeten umgeben ist. Dieser Verweis auf das antike Weltbild findet man an verschiedenen Stellen innerhalb des Münsters wieder, so beispielsweise am Chorgestühl. Hier kann man Büsten berühmter Männer der Antike – etwa Pythagoras, Cicero und sogar den Komödiendichter Terenz – bewundern. Jörg Syrlin d. Ä. und Michel Erhart schnitzten dieses wohl schönste Chorgestühl der deutschen Gotik zwischen 1468 und 1474 aus Eichenholz. Die Figur des Vergil stellt wahrscheinlich ein Selbstporträt Syrlins dar.

Ulm, das bis 1802 freie Reichsstadt war und nach einer achtjährigen Bayernzugehörigkeit 1810 württembergisch wurde, hat neben dem höchsten Kirchturm der Welt (siehe links) noch weitere Superlative zu bieten. So findet man im Ulmer Museum den »Löwenmenschen«, die älteste Mensch-Tier-Plastik der Welt; sie wurde um 30 000 v. Chr. geschaffen. 1641 wurde das Stadttheater gegründet, das damit das älteste seiner Art in Deutschland ist.

Und noch ein Rekord aus dem Gebiet der Kultur: Alle zwei Jahre findet im Frühjahr der »Württembergische Landesposaunentag« statt, bei dessen Schlusskonzert bis zu 9000 Bläser den größten Posaunenchor der Welt bilden.

Der Zweite Weltkrieg traf Ulm schwer: Weniger als ein Fünftel der historischen Altstadtbebauung blieb erhalten. So ist das meiste, was historisch wirkt, »nur« gekonnter Restaurierungen zu verdanken. Auch das reich geschmückte Rathaus war betroffen. Es entstand 1370 als Kaufhaus und hat seit 1419 seine heutige Funktion. Die astronomische Uhr (1581) ist ein Meisterwerk des Straßburger Uhrenmachers Isaak Habrecht. Mit ihren Zeigern und dem Tierkreisring zeigt sie 15 verschiedene astronomische Daten und Ereignisse an – man muss sie jedoch nur entschlüsseln können.

Die Kaisergruppe mit Figuren von König Sigismund und Karl dem Großen am Ostfenster stammt von Ulms wohl bekanntestem Künstler, Hans Multscher (um 1400–1467), ebenso der »Schmerzensmann« am Mittelpfeiler des Westportals des Münsters (Kopie, Original im Innenraum).

Moderne in der Altstadt

In der Altstadt Ulms findet man neben den historischen auch einige moderne Gebäude, darunter das Stadthaus des New Yorker Architekten Richard Meier

Gotik trifft auf Moderne: das Ulmer Münster und das Stadthaus (1993) des Amerikaners Richard Meier. Hier befindet sich die Touristeninformation.

Der Ulmer Spatz

Eigentlich ist es erstaunlich, dass der »Ulmer Spatz« zum inoffiziellen Wahrzeichen der Stadt geworden ist. Denn die Legende, die sich darum rankt, wirft nicht eben ein allzu gutes Licht auf die Ulmer – zumindest nicht auf diejenigen, die im Mittelalter lebten. Als nämlich die Ulmer die langen Balken für den Dachstuhl des Münsters aus dem Umland holten, auf ihren Wagen geladen hatten und an das Stadttor kamen, standen sie vor einem Problem: Das enge Stadttor war viel zu schmal für die quer auf dem Wagen liegenden Balken. Sie überlegten lange, wie sie das Problem lösen könnten, und kamen zu dem Schluss, dass das Tor eingerissen werden müsste. Glücklicherweise sah jedoch jemand einen Spatz mit einem langen Strohhalm, quer im Schnabel, auf eine Mauernische zufliegen, um dort sein Nest zu bauen. Kurz bevor er ans Nest kam, drehte er den Halm längs und flog ungehindert zu seinem Nest. Da fiel es wohl auch den Ulmern wie Schuppen von den Augen: Sie legten die Balken längs auf ihren Wagen und kamen ungehindert zur Münsterbaustelle.
Zum Dank wurde ein Spatz aus Sandstein auf das südliche Seitendach gesetzt. 1889 wurde er durch einen Kupferspatz ersetzt. Die »Ulmer Spatzen« sind inzwischen nicht nur ein brezenähnliches Gebäck, sondern auch eine Art Spitzname der Ulmer.

und die Kunsthalle Weishaupt (eröffnet 2007). Die mutige Entscheidung der Stadtplaner, die Moderne derart präsent in die Altstadt zu bringen, wurde anfangs durchaus nicht nur positiv aufgenommen. Doch durch den Kontrast aus Alt und Neu und die Qualität der modernen Gebäude wurde das Konzept inzwischen sehr gut angenommen. Das Gesamtprojekt der »Neuen Mitte Ulm« wurde schließlich einer der Preisträger des Deutschen Städtebaupreises 2006.
Nachzutragen bleibt noch der wohl bekannteste Ulmer: Albert Einstein. Er kam am 14. März 1879 in Ulm zur Welt. »Die Stadt der Geburt hängt dem Leben als etwas ebenso Einzigartiges an wie die Herkunft von der leiblichen Mutter. Auch der Geburtsstadt verdanken wir einen Teil unseres Wesens. So gedenke ich Ulms in Dankbarkeit, da es edle künstlerische Tradition mit schlichter und gesunder Wesensart verbindet.« Erstaunlich, welche Verbundenheit Einstein für seine Geburtsstadt empfand, wenn man bedenkt, dass er schon 1880, nur 15 Monate nach seiner Geburt, mit seiner Familie nach München zog.

Das Ulmer Rathaus (1370) mit dem Marktbrunnen. Im Hintergrund die »gläserne Pyramide«, die moderne Stadtbibliothek von Gottfried Böhm.

ROKOKORESIDENZ ANSBACH

88 Eine Markgräfin im Unglück

Zuerst war es eine Wasserburg des Kurfürsten Friedrichs I. von Brandenburg, außerhalb der Stadtmauer um 1400 aus einem Stiftshof entstanden. Daraus machten die Markgrafen von Ansbach im 16. Jahrhundert ein prächtiges Renaissance-Schloss. Und damit nicht genug: Vom Ende des 17. bis zur Mitte des 18. Jahrhunderts war erst der Baumeister Gabriel de Gabrieli aus Graubünden beauftragt, das ererbte Renaissance-Schloss zu barockisieren, dann Leopold Retti damit, die Innenräume im Stil des Rokoko umzubauen. Das gelang so bezaubernd gut, dass seither rühmend vom »Ansbacher Rokoko« die Rede ist. 27 Säle und Salons sind auf einer einstündigen Führung zu besichtigen. Hauptstücke sind der Kachelsaal (2800 bemalte Kacheln!), das grandiose Deckenfresko von Carlo Carlone und das Spiegel- und Porzellankabinett. Dominiert dort das Meißener Porzellan, ist in der »Gotischen Halle« die größte Sammlung Ansbacher Fayencen und Porzellane ausgestellt und zu bewundern.

Neben aller Kunst und Schönheit der Residenz steht eine traurige Lebensgeschichte: Friederike Luise von Preußen (1714–1784), jüngere Schwester des Kronprinzen Friedrich, wurde von ihrem Vater Friedrich Wilhelm I. zur Ehe mit dem »Wilden Markgrafen« bestimmt. »Meine Ansbacher Schwester und ihr Herr Gemahl hassen sich wie das Feuer«, notiert der Bruder Friedrich bald. Friederike Luises Erstgeborener, der Erbprinz, stirbt früh. Friederike Luise wird die Schuld am Tod des Kindes zugeschoben, fortan lebt sie fast 40 Jahre zumeist im Schloss der Hofmark Schwanningen, außerhalb von Ansbach. In der Gumbertuskirche, einst die Stiftskirche des Schwanenritterordens, ist deren Kapelle prächtig ausgestattet.

Blick zur Gumbertuskirche, deren drei Türme Ansbachs Wahrzeichen sind. Die Kirche vereint Baustile aus knapp einem Jahrtausend, angefangen mit der Krypta von 1040.

KASPAR HAUSER – DAS »KIND EUROPAS«

Viel öffentliches Interesse für ein Rätsel ohne Lösung: Der junge Mann Kaspar Hauser – den Namen schrieb er selbst auf – taucht 1812 in Nürnberg auf, scheint verwirrt, unerfahren, kommt in immer wieder wechselnde Obhut, erlebt unterschiedliche Erziehungsversuche auch sehr gebildeter Mentoren. Durch Publikationen wird sein Fall europaweit bekannt und gibt zu Spekulationen Anlass. Hauser wird 1829 das erste Mal attackiert. Er lebt seit 1830 in Ansbach, wo er 1833 im Hofgarten überfallen und tödlich verwundet wird. Zu seinen Lebzeiten haben sich seine Förderer, der Philosoph Ludwig Feuerbach und der britische Lord Stanhope, für ihn eingesetzt. Bis in die Gegenwart erforschen Psychologen, Verhaltensforscher und Historiker das Rätsel Kaspar Hauser, Dichter und Filmemacher stellten seine Geschichte dar. Die These, er sei ein vertauschter Prinz aus dem Hause Baden, ließ sich durch Genanalysen 1996 und 2001 weder ganz ausschließen noch beweisen. Die Stadt Ansbach nimmt sich in den Kaspar-Hauser-Festspielen der Probleme um den Fall an.

DIE WÜRZBURGER RESIDENZ

89 Das Glück großer Aufgaben

Dem Würzburger Fürstbischof Johann Philipp Franz von Schönborn genügte weder die alte Festung Marienberg auf der Höhe über dem Main noch das kleine Greiffenklau-Schlösschen am Rennweg als Residenz. Als Baumeister wählte der Fürstbischof den noch jungen Balthasar Neumann (1687–1753), der bald schon unentbehrlich war.

Balthasar Neumann, ein Hoch- und Vielbegabter, war schon in Europa herumgekommen, hatte dem Prinzen Eugen als Ingenieur bei der Belagerung Belgrads gegen das osmanische Heer gedient. In Wien hatte er die Barockbauten von Johann Bernhard Fischer von Erlach und Johann Lukas von Hildebrandt kennengelernt. In Würzburg wurde ihm das Glück großer Aufgaben zuteil. Hier wuchs er zum Städte-, Stifts- und Residenz-Erbauer. Und wurde zum begehrtesten Baumeister im Reich.

Er war gerade 33 Jahre alt, als der Grundstein der Würzburger Residenz gelegt wurde. Das war am 22. Mai 1720, und Fürstbischof Johann Philipp Franz von Schönborn nahm die Zeremonie persönlich vor. Wie fast alle seine Verwandten war Schönborn ein Bauherr von Rang, ein Mitplaner, kein geltungssüchtiger Geldverschwender. Baugeld war ihm aus einem Unterschlagungsprozess gegen den Kammerdirektor seines Vorgängers zugeflossen. Die vergleichsweise riesige Summe von 600 000 Gulden reichte bei Weitem nicht aus.

Balthasar Neumann durfte planen und bauen. An anderen Schlössern wurde jahrhundertelang gearbeitet – der Rohbau der Würzburger Residenz entstand in gut zwei Jahrzehnten.

Neumann reiste nach Mainz zum Onkel des Fürstbischofs. Er reiste nach Paris und Versailles und legte dort seine Risse Robert de Cotte und Germain Boffrand vor. Auch Lukas von Hildebrandt (1668–1745) hatte Anteil an der Planung. Und der Erfolg bestätigte die Planer: »[…] ein Gesamtkunstwerk von erstaunlicher Universalität. Kein anderes Schloss […] übertrifft die Würzburger Residenz an abendländischer Weite und synthetischer Kraft.« (Erich Bachmann) Bis der Bau samt der goldprangenden Hofkirche nach dem frühen Tod des Fürstbischofs Johann Philipp Franz von Schönborn so weit gediehen war, hatte Balthasar Neumann noch vier Nachfolger als Bauherren, Eingriffe ins Baukonzept, leere Kassen und die zeitweilige Entlassung zu verkraften.

Die Kunst der stützenlosen Decke

Triumphale Höhepunkte der Würzburger Raumkunst sind das Treppenhaus und der Kaisersaal. Robert de Cotte schlug den Verzicht auf die Doppelanlage und die Vergrößerung der verbleibenden Treppe vor. Balthasar Neumann gab ihr Weiträumigkeit mit der damals kühnen stützenlosen Überwölbung. Und erklärte, man könne auch Kanonen darunter abfeuern, sie werde standhalten. 1945 wurde seine Aussage in der Bombennacht des 16. März bestätigt: Die freitragende

ZUM GLÜCK NICHT BEIM MILITÄR GEBLIEBEN

Balthasar Neumann (geb. 1687) kam 1711 aus Eger nach Würzburg. Sein Handwerk war anfangs die Gießerei, auch von Kanonen. Vom Ingenieur entwickelte er sich zum Festungsbaumeister. 1719 war er, technisch wie künstlerisch gleichermaßen genial, schon fürstbischöflicher Baudirektor. Ein Glück für die baufreudigen Fürstbischöfe Johann Philipp Franz und Friedrich Karl von Schönborn – Balthasar Neumann erschuf ihnen den herrlichsten Palastbau seiner Zeit als Residenz. Als ausgezeichneter Organisator holte er sich bedeutende Künstler als Mitwirkende, auch Giovanni Battista Tiepolo, der den Architekten am Rand des Deckengemäldes über dem berühmten Treppenhaus verewigt hat. Balthasar Neumann schuf viele Bauten in Franken und am Rhein: Schlösser in Bruchsal und Brühl, Kirchen u. a. in Würzburg (Hofkirche), Vierzehnheiligen und Neresheim. Beim Kirchenbau erreichte Balthasar Neumann herrliche Wirkungen durch Innenraumgestaltungen, beispielsweise in Neresheim. Balthasar Neumann starb 1753 in Würzburg.

Links: Die Würzburger Residenz im goldenen Abendlicht. **Links unten:** Über die Alte Mainbrücke – bis 1886 der einzige Flussübergang in der Stadt – gelangt man zum romanischen Kiliansdom. **Unten:** Ein später, herrlicher Höhepunkt des Barock: Das riesige Deckenfresko von Giovanni Battista Tiepolo und seinem Sohn über dem Treppenhaus Balthasar Neumanns.

Steindecke hielt der Hitze, den Erschütterungen und dem auf sie gestürzten Bauschutt stand.
Auch das Deckengemälde des Giovanni Battista Tiepolo blieb darum erhalten. Es gilt als eines der größten je gemalten einteiligen Fresken und huldigt dem Fürstbischof. Mehr noch als das superlative Maß von 30 x 18 Metern ist es der Kontrast vom Säulenwalddämmer im Untergeschoss zu der Licht- und Farbenfülle der oberen Treppenhalle, der bei jedem Besuch wieder zum Erlebnis wird. Eine irdisch-himmlische Lichterfahrung, wie sie so kaum je in der Weltarchitektur erreicht worden ist.
Südlich und nördlich schließen die Kaiserzimmer an. Nach den schweren Zerstörungen nur knapp zwei Monate vor Kriegsende konnten diese Räume und ihre Ausstattungen später wiederhergestellt werden. Gerettete Einrichtungsteile, vor allem aber detailgenau dokumentierende Fotos aus dem Jahr 1942 machten es

Schönborn – Fürstbischöfe, Erzbischöfe

Sie waren Fürstbischöfe und Erzbischöfe, setzten sich für den katholischen Glauben ein und sprachen in der europäischen Politik mit, engagierten sich auch für die Wirtschaft – wie jener Johann Philipp Franz von Schönborn (1673–1724), der 1719 zum Würzburger Fürstbischof gewählt wurde.

Die Protektion seines Onkels, des Mainzer Kurfürst-Erzbischofs Lothar Franz von Schönborn, war hilfreich. Schon im folgenden Jahr legte Johann Philipp Franz den Grundstein zur Würzburger Residenz. Er engagierte sich auch für eine neue Handwerksordnung, für die Mainschifffahrt, für den Obstanbau und für die Seidenraupenzucht. Seine Steuererhöhungen und die enormern Ausgaben für die Würzburger Residenz brachten ihm viele Gegner ein. Bei einem Jagdausflug erlitt Johann Philipp Franz 1724 einen Schwächeanfall, kaum 52-jährig starb er.

Der Stammbaum der Schönborn-Familie reicht bis tief ins Mittelalter zurück, sie kommen aus dem Rheingau und dem Taunus, avancierten später zu Mainzer Erzbischöfen und Kurfürsten. Zugleich festigten sie ihre Position in Franken und wurden Fürstbischöfe in Bamberg und Würzburg.

möglich. Nicht vergessen sollte man den jungen US-Offizier namens John D. Skilton, der von Mai bis Oktober 1945 dafür sorgte, dass Tiepolos Fresken nicht durch Nässe ruiniert wurden.

Unten links: Das Deckenfresko *Apollo und die Kontinente* schuf Tiepolo zwischen 1750 und 1753. Darin verewigte er sich auch selbst sowie seinen Sohn Giovanni Domenico. **Unten rechts:** Blick in das prachtvolle Innere.

GLÜCKSFALL BAMBERG

90 Deutschlands größtes Altstadtensemble

Die gesamte Bamberger Altstadt auf den sieben Hügeln über der Regnitz, Deutschlands größtes Altstadtensemble, wurde 1994 in die UNESCO-Liste des Weltkulturerbes aufgenommen.

Sehr zu Recht - wie schön doch Straßen und Gassen sich zwischen den Häusern zum Dom und zur fürstbischöflichen Residenz entfalten! Wie weit der Ausblick von der Höhe ins fränkische Land! Welcher architektonische Reichtum der Kirchen, vom Dom St. Peter bis hin zu St. Michael auf dem Michaelsberg! Welch stattliche Bürgerhäuser und bischöfliche Bauten aus dem 17. und 18. Jahrhundert! Wie schmal dagegen das Haus, in dem der Kapellmeister E. T. A. Hoffmann eine Reihe von Jahren und eine unglückliche Liebe erlebte! Und rundum so viele Weinstuben, Bierkeller und Cafés …

Die Studenten der 1979 wieder begründeten Universität sind nicht auf einen Campus außerhalb der Stadt geschickt worden, sondern nutzen dasselbe Areal, ja teils dieselben barocken Gebäude wie im 17. Jahrhundert die »Academia Ottoniana«.

Ein wenig gilt noch immer der Satz des Dichters Karl Immermann von anno 1837: »Das ist eine Stadt, die steckt voller Raritäten, wie die Commode einer alten Großmama, die viel zusammenscharrte.« Zugleich ist Bamberg industriell produktiv, der Moderne aufgeschlossen und hat bedeutende museale Sammlungen vorzuweisen.

Da sind beispielsweise die sakralen Goldschmiedepreziosen und kostbarsten mittelalterlichen Gewänder im Diözesanmuseum. Das Naturkundemuseum bewahrt das original erhaltene fürstbischöfliche Naturalienkabinett von 1791. Der Skulpturenweg Bamberg: Zeitgenössische Großskulpturen von Botero, Luginbühl und anderen kommen nicht ins Museum, sondern stehen frei im Stadtbild. In der Neuen Residenz auf dem Domberg findet man die Altdeutsche Galerie und die Barockgalerie. Erhalten sind auch die Wohnräume König Ottos I. von Griechenland, der 1863 abdanken musste. In den Straßen der Stadt wurde zudem der »Skulpturenweg Bamberg« geschaffen.

Blick auf die Altstadt von Bamberg, in deren mittelalterlichem Grundriss man sich auch heute noch mühelos zurechtfindet. Vom Bombenkrieg blieb Bamberg zum Glück verschont.

E. T. A. HOFFMANN (1766–1822)

Er wurde zwar 1766 in Königsberg/Ostpreußen geboren; sein Lebenslauf ist jedoch gar nicht preußisch. Seine juristische Laufbahn führte ihn trotz hervorragender Examina in die Provinz, seine musikalische hatte keine Resonanz. Der Amtsstelle machten die Napoleonischen Kriege 1806 ein Ende; Hoffmann, der sich zu Ehren Mozarts Amadeus nannte, musste als Künstler weiterleben. 1808 bekam er in Bamberg die Stelle als Musikdirektor. Er scheiterte und musste sich nun durch musikkritische und literarische Arbeiten sowie Musikunterricht am Leben halten.

Die unglückliche, aber heftige Liebe zu »Julia«, die sich in späteren Werken widerspiegelt, fällt in die Bamberger Zeit, in der Hoffmann auch als Dramaturg am Theater arbeitete. Nach einer Zwischenzeit in Dresden und Leipzig brachte ihn der Wiederbeginn juristischer Tätigkeit nach Berlin. Nun kam der literarische Erfolg, es erschienen u. a. *Die Lebens-Ansichten des Katers Murr, Die Serapionsbrüder, die Oper Undine* kam zur Aufführung. Seine Satire *Meister Floh* brachte ihn in politische Schwierigkeiten. E. T. A. Hoffmann starb 1822 in Berlin.

Kaiser Heinrich und Kunigunde

1499 wurde Tilman Riemenschneider beauftragt, ein repräsentatives Hochgrab für Kaiser Heinrich II., den Gründer des Bistums Bamberg, und seine Gattin im Bamberger Dom zu schaffen. Die Arbeit daran zog sich über 14 Jahre hin. Das Hochgrab aus Solnhofener Marmor ist an verschiedenen Stellen des Doms aufgestellt worden, zuletzt wurde es 1971 von der Mitte des Doms zwischen die neuen Aufgänge zum Ostchor versetzt. So ist es gut von oben zu betrachten. Die beiden kaiserlichen Heiligen – Heinrich mit ernsten Zügen, Kunigunde schön, wie schlafend – liegen in prachtvoll gemeißelten Gewändern nebeneinander, ohne verbindende Beziehung von Geste oder Blick, doch in der spiegelbildlichen Komposition der beiden Gestalten – bis hin zu den Mantelsäumen – verbunden. An den Seitenwänden des Grabmals, das ja auch seit je Pilgerziel ist, zeigen Relieftafeln Legendenszenen aus dem Leben des Kaiserpaars. Man hat ihn den »Mönch auf dem Thron« genannt. Nicht offiziell heiliggesprochen, »vertritt er [...] die Millionen heiliger Laien, [...] deren die Kirche aber am Allerheiligenfest gedenkt.« (Erna und Heinz Melchers)

Mittelpunkt der Stadt – der Dom

Bambergs Mitte bleibt der Dom, gestiftet von Kaiser Heinrich II., der auf seiner Pfalz in Bamberg zu residieren liebte und dessen unschätzbar kostbarer blauer Damast-Sternenmantel im Diözesanmuseum zu sehen ist. Den Bischöfen gab er mehr Rechte, machte sie nach dem Beispiel seines Vorfahren Kaiser Ottos I. mehr und mehr zu Territorialfürsten, um Unterstützer seiner Reichspolitik zu gewinnen. Mit der 1007 vollzogenen Gründung des Bistums Bamberg führte Heinrich II. die Stadt zu Größe und Glanz. Seine Frau, Kunigunde von Lützelburg (Luxemburg), unterstützte ihn und wurde nach seinem Tod Regentin. Das Kaiserpaar fand seine Grabstätte im Dom.

Ist der berühmte »Bamberger Reiter«, der so elegant von seinem Dompfeiler in eine ungewisse Ferne blickt, ein Abbild St. Stephans, des Apostels der Ungarn und ihres ersten Königs? Möglicherweise, muss man sagen, es fehlt an Schriftzeugnissen. Doch mehrere Indizien machen das Mögliche zum Wahrscheinlichen, darunter auch Stephans Ehe mit Gisela, einer Schwester von Heinrich II. Der gekrönte Reiter wurde im frühen 13. Jahrhundert im Dom aufgestellt. Er stammt wohl aus einer Werkstatt, die von der Gotik der Kathedrale von Reims geschult war und für den Bamberger Dom noch andere kostbare Hauptwerke schuf, so die Statuen Marias und Elisabeths.

Bambergs Kunstreichtum in Kirchen, Palästen und Museen ist wahrhaftig ein Welterbe. 1995 zog die Porzellansammlung des Mäzens Peter Ludwig – wohl die größte private in Europa – in das Alte Rathaus auf der Regnitzinsel ein. Ein stimmig gewählter Platz: Der im Mittelalter errichtete, dann schmuck barockisierte Bau über dem Fluss mutet selbst so fragil an wie eine Porzellanschöpfung.

Der »Bamberger Reiter« im Dom entstand vor der Mitte des 13. Jahrhunderts und ist das erste Reiterstandbild seit der Antike. Seine Deutung ist umstritten.

Links: Das barockisierte Wasserschloss Concordia liegt direkt an der Regnitz. **Links unten:** Das alte Rathaus auf der Regnitz-Brücke. **Unten:** »Fischerstechen« während der »Sandkerwa«. **Unten Mitte:** Rosengarten der Neuen Residenz. **Ganz unten:** Der sogenannte Sternenmantel (1020) Kaiser Heinrichs II.

FESTSPIEL- UND UNIVERSITÄTSSTADT BAYREUTH

91 Eine Stadt, die verwöhnt

Parks und Paläste, Theater und in Vielzahl Museen, dazu noch die grüne Landschaft Oberfrankens – schon bevor Richard Wagner Bayreuth weltberühmt machte, zog dieser Ort Menschen an, die schöne Architektur zu schätzen wussten und den Einklang mit der Natur suchten. Heute gut in alle Himmelsrichtungen vernetzt, wurde Bayreuth doch deutlich später gegründet als der westliche Nachbar Bamberg, der bereits im Jahr 1002 Bistum wurde. Die früheste Urkunde Bayreuths stammt von 1194 und nennt keinen fränkischen Namen, sondern »Baierrute«, auf Hochdeutsch: ein Bayer rodete. Auch die folgende Herrschaft der Grafen von Dießen und Andechs prägte bayerische, nicht fränkische Züge. Von der Mitte des 13. Jahrhunderts an bis zum frühen 19. Jahrhundert regierten Hohenzollern als Markgrafen, ebenso wie in Ansbach. 1810 konnte das frisch gegründete Königreich der Wittelsbacher ganz Franken unter die weißblauen bayerischen Rauten bringen.

Festspiel- und Universitätsstadt Bayreuth

Bayreuths Glück blühte im 19. Jahrhundert auf, als Markgraf Friedrich regierte und bei seinen Bayreuther Untertanen so beliebt wurde, dass sie ihn den »Vielgeliebten« nannten. Glück auch für Wilhelmine, die preußische Prinzessin. Zur Ehe mit dem Markgrafen genötigt (siehe linke Spalte), blieben ihr doch die Leiden ihrer Schwester in Ansbach erspart. Was die Markgräfin Wilhelmine schuf, ist größtenteils noch erhalten, gibt dem Stadtbild und seinen Grünzonen einen festlichen Grundton. Um die Eremitage mit ihren Grotten und Wasserspielen und das Sommerschloss ließ Wilhelmine einen damals modernen, bis heute geschätzten Landschaftsgarten anlegen. Nach dem Brand des Stadtschlosses wurde der Neubau aus fünf Einzelbauten zusammengefügt (Architekt: Joseph Saint-Pierre). Gleich mehrere Theater wurden gebraucht, Wilhelmine war Theater- und Opernfan. Bis heute ist das Markgräfliche Opernhaus unbestritten das schönste in seinem Rokokoglanz. Die Architekten Giuseppe Galli-Bibiena und sein Sohn erbauten es zwischen 1744 und 1748 mit dreistöckigem Zuschauerraum – prächtig, aber nicht überprächtig. Jüngst wurde der Antrag zur Aufnahme in die Welterbeliste vorbereitet.

Wagners Bau seines Festspielhauses auf dem »Grünen Hügel« gab Bayreuth eine neue Dimension. Trotz Wagners Empfang bei Bismarck wurden die notwendigen Mittel zwar nicht aus den Kassen des jungen Kaiserreichs, doch aus Spenden im ganzen Lande und entscheidend zuletzt noch von Wagners lebenslangem Verehrer, dem bayerischen König Ludwig II., aufgebracht. 1875 konnte mit den ersten Proben begonnen werden. Die von Wagner gewünschten Akustikspezialitäten – Holzbau ohne Logen, Sitze ohne Polster, Orchestergraben zum Publikum hin abgeschirmt – ergaben eine hervorragende Klangqualität. Bayreuth bleibt mit seinen Wagner-Festspielen ein einzigartiges Zentrum der Weltmusik.

TALENTIERTE MARKGRÄFIN WILHELMINE

Wilhelmine kam 1709 als Tochter des Preußenkönigs Friedrich Wilhelm I., des Soldatenkönigs, zur Welt. Friedrich II. war ihr Bruder, mit ihm verband sie eine enge Freundschaft. Beide Königskinder wuchsen unter der Fuchtel des rohen Vaters auf. Die Hinwendung der beiden Kinder zur Musik war dem König zuwider, außerdem verfolgte er andere Heiratspläne mit Wilhelmine als die Königin. Wilhelmine wurde der Unterstützung beim Fluchtversuch ihres Bruders verdächtigt, sie musste 1731 unter Androhung von Haft die Zwangsehe mit dem zukünftigen Markgrafen Friedrich von Brandenburg-Bayreuth eingehen. In Bayreuth traf sie es nicht schlecht, als Markgräfin hatte sie viel Gelegenheit zu musischer Tätigkeit. Hervorzuheben ist ihre Förderung der Musik, der Bau des Markgräflichen Opernhauses, die Gründung der Friedrichs-Universität, ihr fortwährendes Bemühen um die Architektur des Bayreuther Rokoko und den Neubau des Schlosses, ihre Liebe zur Gartengestaltung. Sie hinterließ lesenswerte Memoiren, starb aber 1758 bereits 49-jährig.

Jean-Paul-Kuriosität am Stadtrand

Nicht weltberühmt wie Wagner, aber auch nicht vergessen ist der Dichter Jean Paul (1763–1825), der die letzten beiden Jahrzehnte seines Lebens in Bayreuth verbrachte. Fast täglich besuchte er das ehemalige Zollhäuschen an der Königsallee, damals eine Einkehr, nach dem Wirt Rollwenzel »Rollwenzelei« genannt. Dort hatte Jean Paul eine »Dichterstube«, die bis heute unverändert erhalten blieb, ein Stück biedermeierlicher Bescheidenheit. Leider ist eine Restaurierung überfällig, doch fehlt den gegenwärtigen Eigentümern das nötige Kapital. Was geschah? 2006 gründeten Jean-Paul-Freunde einen gemeinnützigen »Verein zur Erhaltung von Jean Pauls Einkehr- und Dichterstube in der Rollwenzelei«.
Die Hoffnung besteht, dass 2013 zum 250-jährigen Geburtstag Jean Pauls die Dichterstube gerettet ist.
Mal tragikomisch, mal hochfliegend romantisch entführen seine Bücher in ein sehr deutsches »Es war einmal«, beispielsweise *Hesperus oder 45 Hundsposttage, Titan, Flegeljahre* oder *Doktor Katzenbergers Badereise*.

Oben: Pausenfanfaren am Festspielhaus in Bayreuth. **Rechts:** Die Eremitage, eine historische Parkanlage vor den Toren der Stadt, mit Altem Schloss und Sonnentempel. **Unten:** Das festlich beleuchtete Markgräfliche Opernhaus, eines der schönsten Barocktheater Europas. Bayreuth verdankt es der Markgräfin Wilhelmine.

GESCHICHTSTRÄCHTIGES NÜRNBERG

92 Zwischen Kaiserburg und Dürerhaus

Nürnberg wurde 1050 als »nuorenberc« (felsiger Berg) erstmals urkundlich erwähnt. Die Stadt wurde zur Sicherung des Grenzgebietes zwischen Sachsen, Bayern, Ostfranken und Böhmen gegründet und stieg schnell zu hohem Ansehen auf. In der Kaiserburg, dem ab 1050 erbauten Wahrzeichen der Stadt, residierten, zumindest zeitweise, sämtliche Kaiser des Heiligen Römischen Reichs; die Reichskleinodien wurden von 1424 bis 1796 in der Kirche des Hl.-Geist-Spitals aufbewahrt (heute in der Schatzkammer der Wiener Hofburg). Auch wirtschaftlich entwickelte sich die junge Stadt rasch. Der Ratsherr Peter Stromer (1315–1388) begann beispielsweise 1368 mit der planmäßigen Aufforstung des Nürnberger Reichswalds und schuf damit die erste nachhaltige Holzproduktion Deutschlands. Sein Halbbruder Ulman Stromer (1329–1407) baute 1390 die erste Papiermühle nördlich der Alpen.

nuernberg.de

Ihre Blütezeit erlebte die Stadt zu Beginn des 16. Jahrhunderts. Durch den wirtschaftlichen Wohlstand und die außergewöhnlichen Begabungen, die hier lebten und arbeiteten, mauserte sich Nürnberg zu einer der bedeutendsten Städte des Heiligen Römischen Reichs. Die zentrale Lage in Europa und der rege internationale Austausch in Wirtschaft, Wissenschaft und Kunst ermöglichte ein kreatives Klima, das die hiesigen Künstler und Wissenschaftler zu besonderen Leistungen antrieb. Albrecht Dürer (siehe Seite 173), der erste Star der deutschen Kunstgeschichte, arbeitete in Nürnberg und war schon früh an so bedeutenden Unternehmungen wie der *Schedelschen Weltchronik* beteiligt. Diese wurde 1493 von Anton Koberger (1440–1513) gedruckt, der eine der weltweit größten Druckereien betrieb. Peter Henlein (1479/80–1542) erfand die Taschenuhr, und Martin Behaim (1459–1507) schuf den ersten Globus (Germanisches Nationalmuseum).

Veit Stoß (1447–1533) (siehe linke Spalte) schnitzte für die südlich der Pegnitz gelegene St.-Lorenz-Kirche mit dem *Englischen Gruß* ein Meisterwerk der spätgotischen Skulptur. Der Bau der Stadtpfarrkirche wurde 1250 begonnen und mit dem spätgotischen Hallenchor 1477 vollendet.

St. Lorenz ist das Pendant zur älteren der beiden Stadtpfarrkirchen, St. Sebald (1225–73). Letztere wurde 1525 zur ersten evangelisch-lutherischen Kirche Nürnbergs. Wegen der Nähe zum Alten Rathaus wird sie auch Ratskirche genannt. Peter Vischer (1460–1529) gestaltete in St. Sebald das Grabmal des gleichnamigen Nürnberger Schutzpatrons, ein frühes Beispiel für die Übernahme italienischer Renaissanceformen. Ein weiteres Beispiel für italienische Einflüsse stellt die Fleischbrücke (1596–98) über die Pegnitz dar, die nach dem Vorbild der venezianischen Rialtobrücke errichtet

VON SPIELZEUG UND FOLTER – IN NÜRNBERG

Neben den allseits bekannten Museen – etwa dem Germanischen Nationalmuseum, dem größten kulturhistorischen Museum Deutschlands, und dem Albrecht-Dürer-Haus – finden sich in Nürnberg einige kleinere Museen, die einen Besuch lohnen. Natürlich darf in der Stadt der weltweit größten Spielzeugmesse ein entsprechendes Museum nicht fehlen. Im »Hallerschen Haus« aus dem 16. Jahrhundert wird die Kulturgeschichte des Spielzeugs von der Antike bis heute gezeigt. Im Mohrenturm beim Westtor erfährt man im »turmdersinne« alles zum Thema Wahrnehmung. Interaktiv kann man hier den Irrungen und Wirrungen unserer Sinne auf den Grund gehen. Im »Henkerhaus« am Henkersteg, das bis 1806 als Dienstwohnung des Henkers diente, bekommt man einen faszinierenden Einblick in Nürnbergs Kriminalgeschichte um 1600. Ein wahrer Meister seines Fachs war wohl Franz Schmidt, der von 1578 bis 1617 amtierte und in dieser Zeit in seinem Diensttagebuch 361 Exekutionen und 345 Leibstrafen verzeichnete. Unter dem Alten Rathaus schließlich kann man sich in den mittelalterlichen Lochgefängnissen gruseln. Der bekannteste Häftling war Veit Stoß. Er wurde hier wegen Fälschung eines Schuldscheins gebrandmarkt. In dem einzigen Raum mit Tageslicht bekamen die Delinquenten die üppige Henkersmahlzeit serviert: 1 Eiergerste, 2 eingemachte Hühner, 1 gebratener Kalbsschlegel, 1½ Maß Wein und 6 Semmeln – sie starben wenigstens nicht hungrig.

Albrecht Dürer (1471–1528)

Dürer war nicht nur der Zeichner der *Betenden Hände*, sondern auch einer der innovativsten Künstler seiner Zeit. Nach seiner Wanderschaft zwischen 1490 und 1494, die ihn nach Basel, Colmar und vielleicht auch bis in die Niederlande führte, heiratete er die Patriziertochter Agnes Frey. Er malte verschiedene Aquarelle von Nürnberg und Umgebung und nutzte diese Technik auch auf seiner ersten Italienreise (1494/95). Damit schuf er die ersten Landschaftsaquarelle der Kunstgeschichte. In Nürnberg gründete er 1495 seine eigene Werkstatt und arbeitete hauptsächlich als Grafiker und Porträtmaler.

1498 brachte Dürer als erster Künstler ein Buch im Selbstverlag heraus, *Die Apokalypse*.

1505 unternahm Dürer seine zweite Venedigreise, während der seine Frau die Werkstatt führte und den Verkauf der Grafiken leitete. Nach seiner Rückkehr nach Nürnberg malte er 1507 die ersten lebensgroßen Akte Deutschlands (*Adam und Eva*, Madrid, Prado).

Von einer weiteren Reise in die Niederlande 1521 abgesehen, verbrachte Dürer sein Leben in Nürnberg. 1509 kaufte er sich ein Haus (»Albrecht-Dürer-Haus«) und wurde in den Großen Rat der Stadt berufen. Er strengte in Venedig den ersten Urheberrechtsprozess gegen einen italienischen Kupferstecher an, der sein Logo AD verwendete – und gewann. 1525 erscheint sein Buch *Unterweysung der Messung*, das erste deutschsprachige Buch über angewandte Geometrie. Im selben Jahr malte er die erste bildliche Darstellung eines Traumes. Dürer starb am 6. April 1528.

wurde – allerdings in deutlich schlichterer Version. Im Dritten Reich spielte Nürnberg eine weniger schöne Rolle. Hier fanden die Reichsparteitage statt, zu deren Zweck das Reichsparteitagsgelände errichtet wurde.

Das von Albert Speer geplante Gelände umfasste unglaubliche 16,5 Quadratkilometer; glücklicherweise wurde nur ein Teil dessen, was geplant war, gebaut. Nicht errichtet wurde beispielsweise das größenwahnsinnige »Deutsche Stadion«, das mit über 400 000 Zuschauern das weitaus größte der Welt geworden wäre. Seit 2001 befindet sich in der ehemaligen Kongresshalle ein Dokumentationszentrum, in dem die nationalsozialistische Diktatur behandelt wird.

Unten links: Hauptmarkt mit dem »schönen Brunnen« und den Türmen von St. Sebald. **Unten Mitte:** Der *Englische Gruß* von Veit Stoß. **Unten rechts:** Das Wahrzeichen der Stadt, die Kaiserburg.

REGENSBURG – ALTSTADT VOM SCHÖNSTEN

93

Erste Hauptstadt Bayerns

Hauptstadt Bayerns und Herzogsresidenz der bayerischen Agilolfinger war Regensburg schon im 6. Jahrhundert. Im 8. Jahrhundert stiftete der heilige Bonifatius das Bistum Regensburg, und schon im Mittelalter wuchs die römische Gründung »Castra Regina« dank des Fernhandels zu einem der reichsten Handelszentren heran.

Bis heute blieb das wohl eindruckvollste Mittelalterambiente einer großen deutschen Altstadt erhalten. Und auch zum wohl schönsten Fluss- und Domblick aller deutschen Städte lädt Regensburg ein. Da spannen sich die 16 tonnengewölbten Bögen der Steinernen Brücke, die bis ins 19. Jahrhundert Regensburgs einziger Donauübergang waren, über den Strom und seine beiden Inseln. Darüber steht auf der Altstadtseite zwischen zwei mittelalterlichen Salzspeichern der vierkantige Torturm, gekrönt von einer barocken Laterne – und über den Dachschrägen der Altstadt strebt das reich gegliederte Turmpaar des gotischen Doms himmelwärts.

Die Steinerne Brücke, erbaut zwischen 1135 und 1146, gehört heute und schon seit Jahren per Bürgerentscheid fast ausschließlich den Fußgängern. Weil sie eine stolze Länge von 336 Metern hat, wurde sie als ein Weltwunder der Baukunst bestaunt und war auch Vorbild, als im 14. Jahrhundert die Prager Karlsbrücke erbaut wurde.

Kein Wunder, dass Regensburg nach dem Status einer Welterbestadt strebte. Im Zweiten Weltkrieg hatten Bombenangriffe Hunderte von Menschenleben gefordert, doch die Altstadt überdauerte größtenteils. Unter beträchtlichen Anstrengungen retteten die Regensburger das in den 1960er-Jahren zusehends baufälliger gewordene Altstadtzentrum vor dem Verfall. Die staatliche Städtebauförderung half, schätzungsweise wurde eine halbe Milliarde Euro aufgewendet, auch wurde die ganze Altstadt unter den Schutz der Denkmalpfleger gestellt.

JOHANNES KEPLER – HARTE ZEIT FÜR EIN GENIE

Johannes Kepler (1571–1630) erforschte, was andere prominente Astronomen und Mathematiker seiner Zeit nicht gefunden hatten. Ein Beispiel: die Bewegung der Planeten und ihre drei Gesetze – darunter die Entdeckung ihrer nicht kreis-, sondern ellipsenförmigen Bahnen. Johannes Keplers Geburtshaus steht im baden-württembergischen Weil der Stadt, sein Sterbehaus ist in Regensburg zu besichtigen. Er war nur wenig jünger als sein italienischer Kollege Galileo Galilei, der Kepler um acht Jahre überlebte. Kepler bekannte sich wie Galilei zum heliozentrischen Weltbild des Kopernikus: Nicht die Sonne umkreist die Erde, sondern die Erde und die anderen Planeten bewegen sich um die Sonne. Galilei wurde 1633 vor einem Inquisitionstribunal als Ketzer zum Widerruf genötigt. Davon erfuhr Kepler nichts mehr, er war seit drei Jahren tot. Vergeblich hatte er versucht, ausstehendes Honorar für seine Dienste als kaiserlicher Mathematiker einzutreiben, ritt darum zum Reichstag in Regensburg. Vom wochenlangen Ritt bei schlimmem Wetter erschöpft, starb er wenige Tage nach seiner Ankunft.

Streben nach Welterberang

In den 1980er-Jahren ersuchte der damalige Oberbürgermeister die zuständige bayerische Landesregierung, Regensburgs Aufnahme in die Weltkulturerbeliste in die Wege zu leiten. Vorerst reichte es nur zu einem Platz auf der »Tentativliste«, das bedeutet, Regensburg wurde versuchsweise aufgenommen. Der Versuch dauerte über die 1990er-Jahre hinaus an. In Regensburg blieb man am Ball, die Welterbebewerbungsschrift schwoll auf rund 1500 Seiten an. Dann setzten die Denkmalsreferenten der deutschen Kultusminister Regensburg vor Heidelberg auf den vordersten Platz, und im Sommer 2006 fiel die Entscheidung der UNESCO für Regensburgs Altstadtensemble.

Regensburg ist heute die viertgrößte Stadt Bayerns mit über 150 000 Einwohnern. Seit Mitte der 1960er-Jahre besitzt die Stadt die vierte bayerische Landesuniversität. Die Wirtschaft ist mit Schwerpunkten in

Oben: Die berühmte Steinerne Brücke (im 12. Jh. erbaut) – das Wahrzeichen von Regensburg – und der Dom St. Peter. **Links unten:** Die Neupfarrpfalz mit der Neupfarrkirche und dem Dom St. Peter im Hintergrund. **Unten:** Der Bischofshof. **Rechts unten:** Der »grüne Tisch«, an dem der damalige Bundestagspräsident Wolfgang Thierse (links) und der Regensburger Bürgermeister Hans Schaidinger 2003 saßen, stammt aus dem Alten Rathaus in Regensburg; an ihm wurde vor 200 Jahren das Ende des Heiligen Römischen Reiches Deutscher Nation besiegelt. **Rechts:** Die Steinerne Brücke und der Dom von oben.

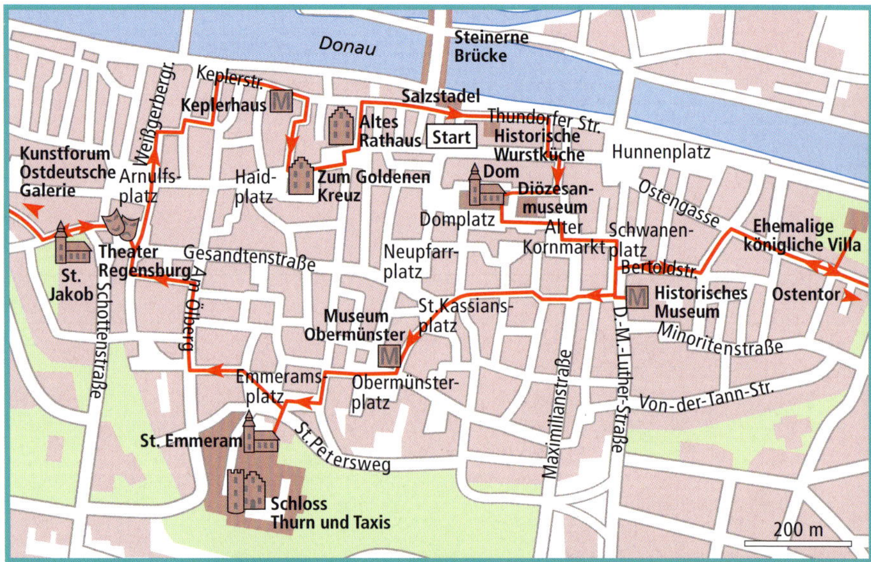

Stadtrundgang durch Regensburg

An der Donau, d.h. an der *Steinernen Brücke* beginnend, die *Altstadt* erwandern! Ob man der legendär mittelalterlichen *Wurstküche* zustrebt oder doch gleich dem freistehenden großartigen *Dom* – gleichviel. Die Altstadt lockt mit vielen Seitengassen. Der Römerturm am *Alten Kornmarkt,* auch Heidenturm genannt, gehörte ursprünglich vermutlich zum Herzogshof der Agilolfinger, der ältesten Bayern-Herrscher. Auch der Karolingerkönig Ludwig der Deutsche baute hier eine Pfalz, und Kaiser Heinrich II. – der Gleiche, der in Bamberg Dom und Pfalz erbauen ließ – hat sie um 1002 erneuert. Nicht zu vergessen: westlich der Altstadt das Stadttheater und das Kunstforum Ostdeutsche Galerie, mit seinen wieder bundesweit beachteten Ausstellungen. Von dort ist es ein kurzer Weg zur Donau und zum *Keplerhaus,* zurück dann in die Altstadt, zum Haid-Platz mit Patrizierhäusern noch aus dem 13. und 14. Jahrhundert. Im *Alten Rathaus,* wo im *Reichssaal* jahrhundertelang die Reichstage stattfanden, findet man das Reichstagsmuseum.

Ein Abstecher zum pittoresken Ostentor führt zu der Königlichen Villa Maximilians II. aus der Mitte des 19. Jahrhunderts. Die ehemals Freie Reichsstadt hatte sich nach dem Ende des Heiligen Römischen Reiches an die Herrschaft der Wittelsbacher zu gewöhnen.

Ein Rundgangabschnitt, südwärts: Richtung Bahnhof und dann westwärts in die Parklandschaft kommt man zur *Abtei St. Emmeram* mit der Kirche des Märtyrers aus dem 8. Jahrhundert. Als 1806 die Klöster säkularisiert wurden, ließen die Fürsten von Thurn und Taxis Teile des Reichsstifts zu einem geräumigen Schloss umbauen – sie waren als »Generalpostmeister« richtig reich geworden. Einen Teil ihrer Schätze verkaufte die Fürstin 1992, um nach dem Tod ihres Gatten Fürst Johannes die Erbschaftssteuer von 65 Millionen Mark zahlen zu können. Das Land Bayern kaufte die Pretiosen, seit 1998 im Schlossmuseum.

Informationstechnik, Verkehrssteuerung und Maschinenbau aktiv. Altstadtwohnungen sind begehrt, selbst aus München sind schon etliche Neubürger nach Regensburg umgesiedelt, weil sie das dynamische und lebensfrohe, doch nicht gerade hektische Klima der Stadt schätzen.

Eher wächst in einer Stadt wie Regensburg der Modernisierungs- und Neubaudruck auf die begehrten Altstadtquartiere und ihre Randzonen. Viele Ladenbesitzer verlangen Glasfronten, Kaufhaus- und Supermarktketten wollen Baugrund, der Autoverkehr Parkplätze und Parkhäuser.

Wer Regensburg kennt oder erstmals kennenlernt, hat seine Freude an den pittoresken turmreichen Altstadtvierteln mit den schmalen Gässchen. Schöne, idyllische Plätze öffnen sich zum Umschauen, Caféhaustische oder Bierbänke laden zum Verweilen ein. In den schönen Jahreszeiten sind die Regensburger Abende lang.

Blick durch das Mittelschiff in den Chor des Doms St. Peter in Regensburg.

KLOSTER WELTENBURG

94

An der schönsten Donauschleife

Hochromantisch, wie das Gemälde eines alten Meisters, mutet diese Flusslandschaft an, mit ihren scheinbar weglosen Steilfelsen aus hellem Kalkstein und dichtem Waldgrün über der Donau. Schon König Ludwig I. ließ die gut fünf Kilometer lange Strecke des Donaudurchbruchs südwestlich von Kelheim als Naturdenkmal schützen. Ludwig I. war es auch, der die Benediktinerabtei Weltenburg 1842 wieder zu geistlichem Leben erweckte. 1803 war in der Säkularisierung diese älteste erhaltene Klosteranlage Bayerns geräumt, war der Besitz – von der Klosterbibliothek bis zur Klosterbrauerei – versteigert worden. Die kostbare Barockkirche St. Georg und St. Martin und die Klostergebäude blieben mangels Interessenten dem Verfall überlassen.

Umso stärker rührt heute der Innenraum an, wie er fromm und voller Bildbegeisterung von den Asam-Brüdern (siehe linke Spalte) geschaffen wurde. Pflanzen und Blüten, Girlanden und Figuren erfüllen die Wandungen der ovalen Halle, bis hinauf zum Bild Christi. Festlich steigern weißer Stuck, teils goldüberzogen, auch Säulen und Lichtakzente – vom Hochaltar her und aus der Kuppel – den beispielhaft wohlproportionierten Raum. Zu danken ist diese vom Barock schon zum Rokoko neigende Pracht auch dem Sohn eines Schmieds, Maurus Bächel (1668 bis 1749), der in Prag Philosophie studierte, Priester wurde und Abt des Weltenburg-Klosters. Das noch vom Dreißigjährigen Krieg geschädigte Kloster samt Kirche konnte er abreißen lassen und den Neubau bei den Brüdern Asam in Auftrag geben – über 30 Jahre wurde an der Ausstattung gearbeitet.

Die Benediktinerabtei des Klosters Weltenburg bei Kelheim gilt als das älteste Kloster Bayerns. Sie wurde von iro-schottischen Mönchen gegründet.

Heute dient die Benediktinerabtei Weltenburg der Pfarrhilfe im Umland und der Erwachsenenbildung. Brauerei und Wirtschaftsbetriebe sind verpachtet – und sorgen für die Scharen von Weltenburg-Touristen. Viele kommen zu Schiff von Kelheim, und Erstbesu-

DIE BRÜDER ASAM – HÖHEPUNKT DES BAROCK

Ihre feierlichen Vornamen Cosmas Damian und Egid Quirin wirken wie ein barockes Versprechen. Sie waren von Kindheit an als Söhne eines Kirchenmalers von Kunst umgeben, lernten in München und Rom und gingen mit christlichem und antikem Figurenschatz, mit den Formen und dem Raumgefühl des Barock ans Werk. Sie erreichten ein unübertroffenes Zusammenspiel aller denkbaren Komponenten. Cosmas Damian Asam (1686 bis 1739) war Bildhauer und hervorragender Maler, Egid Quirin (1692–1750) war Architekt, Stuckateur und Bildhauer; beide Brüder wirkten meist in ergänzender Eintracht zusammen. So war es auch im Kloster Weltenburg, einem ihrer Hauptwerke, wo ihre Meisterschaft der bildnerischen Gestaltung des Raums einhergeht mit großartigem Einsatz der Lichtwirkung. Ihr Weg führte vom »Nischenbild« zur »Bühne«, zum barocken *theatrum sacrum*. Beide Brüder beschlossen nach Tätigkeit an vielen Orten ihr Leben in München, wo die Kirche St. Johann Nepomuk, kurz Asam-Kirche genannt, in der Sendlinger Straße neben Egids Wohnhaus steht.

Ludwig I. – der König, der bayerische Antike baute (1786–1868)

Ludwig I. kam 1786 in Straßburg zur Welt, als Kind erlebte er während der Französischen Revolution und unter Napoleon raschen und krassen Wandel. Seine Hinneigung zur deutsch-nationalen Politik reagierte auf die Zeitläufe. Als Kronprinz besuchte er Rom und begeisterte sich für die Kunst der Antike. Als König (seit 1825) führte er eine reaktionäre Regierung mit Pressezensur. Er unterstützte den griechischen Befreiungskampf, 1832 wurde sein Sohn als Otto I. Griechenlands König.

Ludwig hatte schon als Kronprinz begonnen, München in klassischem Stil zu prägen (Ludwigstraße, Königsplatz mit Glyptothek, Propyläen). Seine Architekten waren Leo von Klenze und Friedrich von Gärtner. Auch die Befreiungshalle bei Kelheim hoch über der Donau schufen beide Architekten nach klassischen Vorbildern.
Ludwig I., unter dessen Regierung die erste deutsche Eisenbahn in Bayern fuhr und der den Kanalbau vom Main zur Donau begann, dankte 1848 wegen der Skandalaffäre um Lola Montez ab. Er baute weiter, mit seinem Privatvermögen, und starb 1868.

cher blicken oft erstaunt auf die schlichten Fassaden der Klostergebäude. Aller Glanz von Architektur und Kunstwerk befindet sich im Kirchenraum – draußen leuchtet an jedem Sonnentag die Landschaft.

Die Befreiungshalle

Die Ruhmeshalle »Walhalla« (1830–42) bei Regensburg kennen viele, noch viel mehr die Ruhmeshalle (1835–53) bei der Bavaria an der Münchner Theresienhöhe. Beide wurden von Leo von Klenze geschaffen, drittens aber auch die »Befreiungshalle« zum Gedenken an die Kämpfe des bayerischen Heers gegen Napoleon. Den antikisierenden Rundbau begann Friedrich von Gärtner 1842 nach byzantinischen Vorbildern, doch nach seinem Tod 1847 schuf Klenze eine vom römischen Pantheon inspirierte Kuppelhalle. Kühl erhaben stehen 34 Siegesgöttinnen paarweise im Rund, dessen Nischen mit den Namen der Schlachten zwischen 1813 und 1815 bezeichnet sind. Rechtzeitig zum 50. Jahrestag der Schlacht von Leipzig war Ludwigs I. »Geschenk an die Deutschen« vollendet.

Unten links: Im Inneren der Klosterkirche. **Unten rechts:** Der kunstvolle Marmorboden in der von Ludwig I. erbauten Befreiungshalle in Kelheim.

RÖMERSCHATZ STRAUBING

95 Ein Kupferkessel und das Gäubodenfest

Als der Straubinger Ulrich Schmidl (um 1510 bis 1580/81) sich 1534 mit Pedro da Mendoza nach Südamerika einschiffte, war die Glanzzeit von Straubing schon vorüber. Schmidl wurde 1535 zum Mitbegründer von Buenos Aires und Asunción und mit seinem 1567 verfassten Bericht »Wahrhaftige Historien einer wunderbaren Schifffahrt« zum ersten Geschichtsschreiber von Argentinien und Paraguay. Wie anders muss diese Welt im Gegensatz zu Straubing gewesen sein, in das er 1554 zurückkehrte.

Die keltische Großsiedlung Sorviodurum wurde um die Zeitenwende von den Römern erobert, die jedoch den Namen beibehielten. Sie erbauten Kastelle, einen Hafen und ein Lagerdorf. Eine Besonderheit war die sogenannte Canathener-Kohorte, eine Spezialeinheit von rund tausend Bogenschützen, die aus dem heutigen Syrien stammten. Seit 1898 fanden regelmäßige Grabungen statt, um das Erbe der Römer zu erforschen und zu erhalten.

Obwohl man zum Großteil auf einheimische Besucher trifft, feiern alljährlich etwa 1,2 Millionen Menschen auf dem Festplatz Am Hagen das Gäubodenfest.

Der größte Erfolg stellte sich 1950 ein, als bei Aushubarbeiten ein großer Kupferkessel gefunden wurde, der einen Schatz barg: Paraderüstungen wie Gesichtsmasken, Beinschienen und Rossstirnen sowie Statuetten, Werkzeuge und Waffen. All das ist heute im Gäubodenmuseum zu sehen und gilt als der bedeutendste römische Schatzfund nördlich der Alpen.

Nach dem Ende des Römischen Reiches wurde aus Sorviodurum die bajuwarische Siedlung Strupinga. In den folgenden Jahrhunderten wurde das 897 erstmals urkundlich erwähnte Straubing von verschiedenen Fürsten und Bistümern regiert, bis es 1218 unter Ludwig dem Kelheimer zum Wittelsbacher Herrschaftsbereich gelangte. Schnell wurde Straubing zu einem poli-

TRAGÖDIE AM HOF – AGNES BERNAUER

Agnes Bernauer, die Tochter eines Augsburger Baders, muss wohl eine attraktive und interessante Frau gewesen sein. Warum sonst sollte der Thronfolger Albrecht III. sein Erbe aufs Spiel setzen, um gegen den Willen seines Vaters mit dieser Frau zusammen zu sein? Angeblich lernte Albrecht sie 1428 während eines Turniers in Augsburg kennen und holt sie sogleich nach München. Um ihr nahe zu sein, kaufte Albrecht 1433 Agnes zwei Höfe in München. Albrechts Vater Herzog Ernst sah in dieser unstandesgemäßen Verbindung allerdings eine Gefährdung der Erbfolge. Während eines Jagdausflugs seines Sohnes ließ Ernst Agnes wegen angeblicher Mordpläne verhaften und am 12. Oktober 1435 in der Nähe von Straubing ertränken. Herzog Ernst bekam jedoch bald ein schlechtes Gewissen und stiftete 1436 eine Agnes-Bernauer-Kapelle im Friedhof von St. Peter in Straubing. Im gleichen Jahr ehelichte Albrecht standesgemäß Anna von Braunschweig.

Diese ergreifende Geschichte von Liebe und Klassenunterschieden reizte schon bald die Dichter – von Hans Sachs über Friedrich Hebbel bis Franz Xaver Kroetz. Seit 1790 werden in Straubing Agnes-Bernauer-Spiele veranstaltet, die heute alle vier Jahre stattfinden. 1961 wurde die Geschichte sogar in Frankreich verfilmt: Den Herzog Albrecht gab Alain Delon und die Bernauerin spielte keine Geringere als Brigitte Bardot.

Emanuel Schikaneder (1751–1812)
Was wäre wohl die Operngeschichte ohne den gebürtigen Straubinger Schauspieler, Sänger, Dichter, Regisseur und Theaterdirektor Emanuel Schikaneder? Sie wäre um eine der schönsten und meistgespielten Opern ärmer.
Seit 1773 war Schikaneder (geb. 1751) Mitglied einer Schauspieltruppe, mit der er 1780 nach Salzburg kam, wo er die Bekanntschaft mit Leopold Mozart und seinem Sohn Wolfgang Amadeus (1756 bis 1791) machte. Nach einigem Hin- und Herreisen ließ sich Schi-kaneder 1789 schließlich in Wien nieder, wo er im selben Jahr das Theater im Freihaus an der Wieden mit seinem eigenen Stück *Der dumme Anton im Gebirge* eröffnete. Am 30. September 1791 fand dort die Uraufführung seines bekanntesten Stückes statt: *Die Zauberflöte*, zu der Mozart die Musik komponierte. Wie der Theaterzettel zur Uraufführung erläutert, dirigierte Mozart »aus Freundschaft gegen den Verfasser des Stücks das Orchester heute selbst«. Schikaneder spielte und sang die Rolle des Papageno. Mozart starb nur wenige Wochen nach der Uraufführung. Der große Erfolg der Oper versetzte Schikaneder in die Lage, 1801 ein eigenes Theater zu bauen: das heute noch bestehende Theater an der Wien, an dem Beethoven 1808 seine 5. und 6. Symphonie uraufführte. Schikaneder starb 1812 verarmt und geistig verwirrt in Wien-Alsergrund.

tischen Zentrum, was durch verschiedene Baumaßnahmen wie dem Stadtturm (ab 1316) und dem Stadtplatz (heute Ludwigs- und Theresienplatz) unterstrichen wurde.
Ihre Glanzzeit erlebte die Stadt, als sie 1353 durch die niederbayerische Landesteilung zu einer der beiden Residenzen des Teilherzogtums Straubing-Holland wurde. Durch die niederländischen Lehen, die unter Kaiser Ludwig dem Bayern den Wittelsbachern zufielen, kamen die niederländischen Provinzen Hennegau, Holland, Friesland und Seeland dazu, weswegen der zweite Regierungssitz Den Haag war. Diese Phase dauerte wegen fehlender männlicher Erben seitens der Wittelsbacher nur bis 1425, wirkte sich jedoch wie keine andere Zeit auf das Stadtbild aus: Das Herzogschloss (1356) und das Karmelitenkloster (ab 1368) wurden gebaut und ab 1395 die spätgotische Hallenkirche St. Jakob. Kurz danach machte eine unstandesgemäße Liebesgeschichte zwischen Herzog Albrecht III. und einer gewissen Agnes Bernauer von sich reden (siehe Seite 179).
Straubing war bis ins 16. Jahrhundert ein Zentrum der Reformation in Bayern, musste sich jedoch bald dem Katholizismus des Herzogtums Bayerns beugen. Als Ulrich Schmidl 1554 von Südamerika wieder in seine Heimatstadt kam, wurde er als bekennender Lutheraner sofort ausgewiesen. Zur besseren Kontrolle des rechten Glaubens siedelten sich ab 1614 Kapuziner, Jesuiten, Ursulinen und schließlich 1702 Jesuiten in der Stadt an. Die Münchner Brüder Asam erbauten ab 1741 das Kloster der Ursulinen; es war ihr letztes gemeinsames Werk.

Nach der Säkularisation 1803 verlor Straubing an politischer Bedeutung, jedoch nicht als wichtiger Handelsplatz an der Donau – und nicht zu vergessen, als Veranstaltungsort des Gäubodenfestes, das seit 1812 gefeiert wird und nach dem Münchner Oktoberfest das zweitgrößte Volksfest in Bayern ist, zumindest was den Bierkonsum betrifft.

Die ab 1741 erbaute Ursulinenkirche ist das letzte gemeinsame Werk der Brüder Asam. Darstellungen aus der Geschichte des Ursulinenordens bilden die fantasievolle Ausschmückung der spätbarocken Architektur.

KLOSTERBIBLIOTHEK DER ABTEI METTEN

96 »Himmel der Wissenschaften«

Seit Umberto Ecos Mönchskrimi *Der Name der Rose* haftet Klosterbibliotheken das Image eines düsteren, ja fast mythischen Horts des (geheimen) Wissens an. Das mag für Ecos labyrinthische Vision einer Klosterbibliothek gelten, für die Bibliothek des Klosters Metten trifft dies jedoch gar nicht zu. Und obwohl sowohl Ecos Kloster als auch das in Metten zum Orden der Benediktiner gehören, ist der Charakter ein ganz anderer. Hier in Metten herrscht die feierliche Stimmung spätbarocker Leichtigkeit. Schon das Eingangsportal wirkt festlich und gibt den Weg zu dem »Himmel der Wissenschaften« frei. Die Stuckarbeiten stammen von Franz Josef Holzinger (1691 bis 1775) und zeigen – dem Ort angemessen – die Allegorien von Glauben und Wissenschaft, womit die Bibliothek als Tempel der (göttlichen) Weisheit ausgezeichnet wird.

Das Kloster, das nach seiner Gründung 766 zunächst die Aufgabe hatte, den Bayerischen Wald zu kolonisieren, hatte schon 1265 eine Bibliothek und seit dem 15. Jahrhundert auch eine Schreibstube. Die heutigen Räume stammen von 1624 und wurden zwischen 1722 und 1726 zeitgleich mit der Klosterkirche barockisiert. Die Gewölbe des Haupt- und der beiden Nebenräume werden von Atlanten bzw. Engeln getragen. Das Bildprogramm an der Decke (Innozenz Warāthi, 1694–1758) lässt keinen Zweifel daran, dass wahre Erkenntnis nicht allein in Büchern zu finden ist, sondern in der göttlichen Gnade der Offenbarung. Selbstverständlich allerdings nur mit dem rechten Glauben: In einem Deckenfresko ist die Kirche in Gestalt einer Frau mit päpstlicher Tiara zu sehen, die sich gegen die großen Reformatoren Luther, Zwingli, Calvin und Melanchton zur Wehr setzt. Der Gesamtbestand der barocken Bibliothek beläuft sich auf rund 45 000 Bücher, von denen das »Mettener Antiphonar« von 1437 mit Texten und Melodien aller Gesänge des Stundengebets das wertvollste ist.

Die barocke Bibliothek mit einem Gesamtbestand von 200 000 Bänden gehört zu den größten in Bayern.

BENEDIKTINERKLOSTER METTEN

Nach der Klosterauflösung im Zuge der Säkularisation in Bayern 1803 gelang es Johann von Pronath (1757 bis 1839), große Teile des Klosters zu erwerben und König Ludwig I. davon zu überzeugen, das Kloster wieder aufzubauen. 1830 wurde es als erstes Benediktinerkloster nach der Säkularisation wiedererrichtet; von hier aus wurden viele andere Klöster in Bayern wieder aufgebaut, beispielsweise Weltenburg (1842), Andechs (1846) und St. Bonifaz in München (1850).
1846 machte sich der Mönch Bonifaz Wimmer nach Amerika auf, um sich dort um die Seelsorge der katholischen deutschen Einwanderer zu kümmern. In Latrobe, Pennsylvania, etwa 40 Meilen westlich von Pittsburgh, gründete er die Abtei St. Vincent, deren Erzabt er wurde. Es war die erste Benediktinerabtei in den USA.
Wer selbst überlegen sollte, sein Leben als Mönch weiterzuführen, kann das hier in Metten ausprobieren. Solange der betreffende ein Mann ist – wobei es keine Rolle spielt, ob katholisch oder protestantisch –, kann er als Gast am Klosterleben teilnehmen. Dazu bietet das Kloster Metten regelmäßig »Schnupperwochenenden« an, während derer der interessierte Laie das Gefühl und den Rhythmus des Klosterlebens kennenlernen kann.

KULTURBRÜCKE PASSAU

97 Wo die Flüsse zusammenströmen

Woher kommt es, dass Passau einen so heiter stimmen kann? Ist es das Strömen von Donau, Inn und Ilz? Ist es das dreigeteilte Stadtbild mit seinen hohen Türmen, schmalen Gassen, hell sich öffnenden Plätzen? Oder doch die Freude an italienischer Barockarchitektur? Die entstand nach zwei verheerenden Stadtbränden im 17. Jahrhundert, unter Leitung Carlo Luragos, mit dem zweitürmig großartig aufstrebenden Dom St. Stephan als Hauptwerk.

Kelten, Römer und Germanen haben anfangs in der Dreiflüssestadt gelebt, im 6. Jahrhundert dominierten die Bajuwaren – und Passau, damals noch Bavazza genannt, wurde eine Residenz der Agilolfinger, der ältesten bayerischen Dynastie, dann ein karolingischer Königshof. Im 8. Jahrhundert gründete der unermüdliche Missionar Bonifatius das Bistum Passau. Es wuchs zur größten Diözese des Heiligen Römischen Reiches heran. Über rund ein Jahrtausend herrschten die Bischöfe, denen Kaiser Otto III. das Markt-, Münz- und Zollrecht übergab, nicht zur Freude aller Bürger. Auch zum Schutz vor ihnen ließen die geistlichen Herren die beiden Festungen – Veste Oberhaus und Veste Niederhaus – erbauen.

Passau, eine Stadt mit 50 000 Einwohnern (vor 20 Jahren waren es noch etwas mehr), versteht sich heute im deutsch-böhmisch-österreichischen Dreieck als eine europäische Kulturstadt und Kulturbrücke. Die Stadtverwaltung und die kulturell Kreativen wollen zusammenarbeiten, Synergien nutzen – es gibt den seit 2006 geschaffenen Kulturentwicklungsplan »Passau 2014«: Theater, Musik, Museen, Film, die Universität: insgesamt 163 Institutionen sind daran beteiligt. Man darf gespannt sein.

Die alte Bischofsstadt Passau liegt einzigartig schön am Zusammenfluss von Donau, Inn und Ilz. Die malerische Altstadt mit dem Dom St. Stephan hat ihren Platz zwischen den Flüssen auf einer schmalen Landzunge.

DAS NIBELUNGENLIED – DAS DEUTSCHE VERSEPOS

Das deutsche Versepos des Nibelungenliedes wurde um das Jahr 1200 in Passau auf Mittelhochdeutsch aufgezeichnet. Es ist in drei Hauptfassungen und über 30 teils bruchstückhaften Handschriften überliefert, die in der Bayerischen Staatsbibliothek, im Kloster St. Gallen und in der Badischen Landesbibliothek aufbewahrt werden. Die UNESCO nimmt das Nibelungenlied in das Dokumentenwelterbe auf, um es der Weltöffentlichkeit zugänglich zu machen.

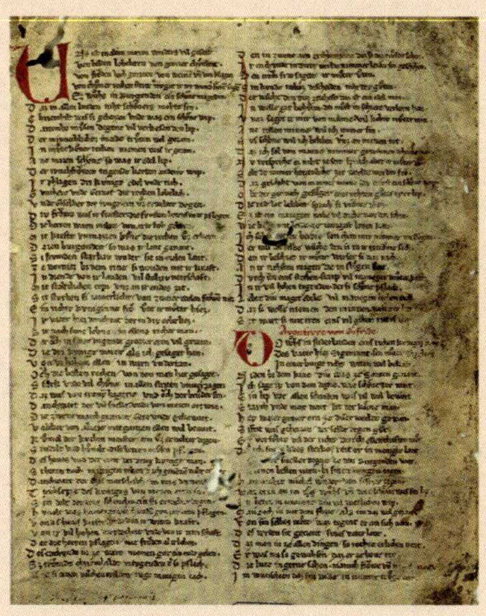

Aus der Pressemitteilung der UNESCO heißt es: »Das Nibelungenlied erzählt von der Liebe des Drachentöters Siegfried zur burgundischen Königstochter Kriemhild und ihrer Heirat, von Siegfrieds Tod durch Hagen und Kriemhilds Rache mithilfe des Hunnenkönigs Etzel, die zum Untergang des Burgunderreiches führt. Das Nibelungenlied wurde um 1200 von einem unbekannten Dichter im Auftrag des Passauer Bischofs Wolfger von Erla niedergeschrieben. Die Sage besteht aus etwa 2400 Strophen und basiert auf vorwiegend mündlichen Überlieferungen. Historischer Hintergrund ist der Sieg der Hunnen über die Burgunder im Jahr 436 n. Chr.«

DIE GOTISCHE STADT LANDSHUT

98 Landshuata – Hut und Schutz des Landes

Landshut ist eine Stadt der Gotik. Obwohl im Laufe der Jahrhunderte immer wieder neue Gebäude im Stil der Renaissance, des Barock und des Klassizismus hinzugekommen sind, haben diese jedoch stets mit sicherem Gespür die Maßstäbe der Gotik respektiert und die Geschlossenheit des gotischen Stadtbilds nicht beeinträchtigt. So können wir heute noch eine Stadt erleben, die in ihrem Kern die Strukturen ihrer Glanzzeit im ausgehenden Mittelalter bewahrt hat.

Schon bald nach ihrer Gründung im Jahr 1204 nahmen die Wittelsbacher Landshut als ihren Hauptsitz und machten sie so zur Hauptstadt Bayerns. Das jedoch währte nur die Stadt 1253. Bayern wurde in Ober- und Niederbayern geteilt und 1340 unter Ludwig dem Bayern wiedervereint – allerdings mit München als Hauptstadt.

Als Kern Landshuts gilt die über allem aufragende Burg Trausnitz, deren Vorläufer die Stadt auch ihren Namen verdankt. Die Burg wurde 1150 als »Hut und Schutz des Landes« (= Landshuata) erstmals erwähnt und ist heute noch in Teilen der Wehranlage aus der Zeit der Stadtgründung erhalten. Die Burg Trausnitz wurde über die Jahrhunderte hinweg ständig aus- und umgebaut. Ab 1573 ließ der spätere Herzog Wilhelm V. die Burg im Stil der italienischen Renaissance umgestalten. Eine künstlerische Besonderheit stellt dabei die sogenannte Narrentreppe dar, die sich im südlichen Treppenturm befindet. Prinz Wilhelm ließ sie von 1573 bis 1575 von dem italienischen Maler Alessandro Padovano ausmalen; sie ist die einzige lebensgroße Darstellung der Commedia-dell'arte-Figuren ihrer Zeit. Der Entwurf stammte von dem deutsch-niederländischen Architekten Friedrich Sustris (1524–1599), der mit St. Michael in München die größte Renaissance-Kirche nördlich der Alpen erbaute.

Stadt mit drei Siedlungskernen

Landshut entwickelte sich im Mittelalter in drei Siedlungskernen. Unterhalb der Burg Trausnitz entstanden die Alt- und die Neustadt. Dazu kam später noch die sogenannte Freyung, die sich östlich der Alt- und Neustadt anschließt und mit der Jodokskirche von 1369 die älteste Pfarrkirche der Stadt beherbergt. Ihre drei ältesten Glocken läuteten schon 1475 zur »Landshuter Hochzeit« (siehe Seite 184). Um den damaligen Bürgern dieses etwas entferntere Siedlungsgebiet schmackhaft zu machen, wurden den sich dort ansiedelnden Bürgern die Steuern für zehn Jahre erlassen – ein fiskalischer Anreiz und geschickter Schachzug, der heute leider keinen Bestand mehr hat.

Ganz oben: Blick von der Burg Trausnitz auf St. Martin und die Altstadt von Landshut. – **Oben:** Der »Italienische Saal« in der Stadtresidenz in der Altstadt.

Die Altstadt unterhalb der Burg war lange Zeit einer der breitesten Straßenzüge ganz Deutschlands und ist

Politische Traumhochzeit

Über die Stadtgrenzen hinaus ist Landshut vor allem wegen der historischen »Landshuter Hochzeit« bekannt. Alle vier Jahre findet hier ein großes Mittelalterspektakel statt, bei dem die Hochzeit des bayerischen Herzogs Georg des Reichen mit Hedwig Jagiellonica, der Tochter des polnischen Königs Kasimir IV., die 1475 gefeiert wurde, originalgetreu nachgestellt wird.

Es war nicht nur eines der größten Hochzeitsfeste der damaligen Zeit; durch diese Heirat verband der polnische König sein Reich mit dem Heiligen Römischen Reich Deutscher Nation. Die große Bedeutung lässt sich auch daran erkennen, dass sogar Kaiser Friedrich III. anwesend war und die Braut zum Hochzeitsreigen führte.

Chronisten berichten, dass neben den Hunderten von herrschaftlichen Gästen auch über 10 000 Bürger an den Feierlichkeiten teilnahmen und über mehrere Tage feierten. Allein 146 Köche sorgten für das leibliche Wohl, wobei es den ortsansässigen Wirten und Händlern verboten war, Geld zu verlangen, da das gesamte Fest ausschließlich aus der herzoglichen Schatulle bezahlt wurde.

Auch heute wird die Hochzeit unter großer Teilnahme der Bevölkerung gefeiert. Über 2000 Landshuter nehmen daran teil und kleiden sich in historische Kostüme. Die nächste Aufführung findet im Jahr 2013 statt.

in seiner Grundstruktur mit den flankierenden Bürgerhäusern bis heute weitgehend unverändert. An ihrem südlichen Ende erhebt sich ein weiteres Wahrzeichen der Stadt in zur damaligen Zeit ungeahnte Höhen: die Kirche St. Martin von Hans von Burghausen (um 1360–1432), deren Bauzeit sich von 1380 bis 1500 hinzog. Der 130 Meter hohe Kirchturm ist der höchste Backsteinturm der Welt. St. Martin ist eine Gründung des reichen Bürgertums. Die Legende besagt, dass die Landshuter Bürger den Turm deswegen so hoch bauen ließen, damit sie den Herzögen auf der Burg in die Suppenschüssel sehen konnten. Im übertragenen Sinne bedeutete dies, dass das selbstbewusste Bürgertum dem Adel auf Augenhöhe gegenübertrat, sich ihm also als ebenbürtig fühlte.

Am südlichen Ende der Altstadt befindet sich eine weitere Kirche von Hans von Burghausen, die Heilig-Geist-Kirche, die zwischen 1407 und 1461 entstand. Die dreischiffige Hallenkirche gehört heute zu den Museen der Stadt und bietet einen Ausstellungsraum für zeitgenössische und sakrale Kunst.

Zwischen diesen beiden gotischen Kirchen befindet sich mit der Residenz eine weitere Besonderheit der Landshuter Architekturgeschichte. Ludwig X. ließ sich für seine Stadtresidenz Baumeister aus Italien kommen, die ihm von 1536 bis 1543 den ersten Renaissance-Palast nördlich der Alpen errichteten, wobei der Palazzo del Té in Mantua als Vorbild diente. Doch mehr noch als die herausragenden Baudenkmäler vermitteln die vielen Bürgerhäuser und die engen Gassen einen Eindruck, wie das gotische Landshut einst ausgesehen haben mag.

Innenansicht von St. Martin. Die Pfeiler haben bei einer Höhe von 22 Metern einen Durchmesser von nur einem Meter. Der Chor wird vom Mittelschiff von einem einspringenden Triumphbogen getrennt.

DOMBERG FREISING

99 »Stammesheiligtum in bayerischen Landen«

Nachdem Heinrich der Löwe 1158 die Freisinger Zollbrücke abreißen ließ und damit Münchens Aufstieg einleitete, geriet Freising, die älteste Stadt Oberbayerns, in den Schatten der heutigen Landeshauptstadt. Das galt allerdings nicht für die kulturellen und religiösen Belange. Denn Freising war und ist ein Zentrum des Wissens und der Gelehrsamkeit, weshalb der Domberg auch »mons doctus« (Gelehrtenberg) genannt wurde. Hier entstand der »Codex Abrogans« (8. Jh.), dessen in St. Gallen aufbewahrte Abschrift als das älteste erhaltene Buch Deutschlands gilt. Das erste deutsche Kirchenlied wurde in Freising geschrieben (10. Jh.), und hier findet sich auch die erste urkundliche Erwähnung Österreichs im Zusammenhang mit einer Schenkung Kaiser Ottos III. an Bischof Gottschalk von Freising. 1697 wurde das »Lyzeum«, die Freisinger Hochschule, gegründet, deren bekanntester Absolvent Papst Benedikt XVI. ist (siehe linke Spalte). Und – nicht zu unterschätzen – es entstand im Freisinger Kloster Weihenstephan 1040 die erste Brauerei der Welt.

Der Domberg wird vom Dom selbst beherrscht, dessen offizielles Gründungsjahr 724 ist, denn zu dieser Zeit kam der Hl. Korbinian, der erste Bischof und »Gründungsheilige«, von Frankreich nach Freising. Der heutige Dom entstand in seinen Grundzügen als fünfschiffige Basilika zwischen 1159 und 1205 und erfuhr über die Jahrhunderte immer wieder Umbauten. So wurde im 15. Jahrhundert die romanische Flachdecke durch das gotische Gewölbe ersetzt, im 17. Jahrhundert fand die erste Barockisierung statt, zu der kein Geringerer als Peter Paul Rubens das Altarbild lieferte (heute in der Alten Pinakothek, München). Zum 1000-jährigen Jubiläum 1724 erhielt der Dom die heutige Rokokoform durch die Gebrüder Asam. Trotz der Verlegung des Bischofssitzes nach München (1821) gelten Freising und der Dom auch heute noch als ein wichtiges religiöses Zentrum in Bayern, was Johann Pezzl schon 1784 zu der Aussage veranlasste: »Wer in Freysing keinen Pfaffen gesehen hat, der darf nicht sagen, dass er dort gewesen.«

Papst Benedikt XVI. bei seinem Besuch des Freisinger Doms 2006 neben dem Schrein des Hl. Korbinian. Im Hintergrund die Kopie von Rubens' Altarbild.

DER »FREISINGER« PAPST

Als Papst Benedikt XVI. im September 2006 auf seiner Reise nach Bayern nach Freising kam, kehrte er damit zu seinen theologischen Wurzeln zurück. Joseph Alois Ratzinger (geb. 1927) studierte hier nicht nur von 1946 bis 1951 an der Philosophisch-Theologischen Hochschule Theologie und Philosophie, sondern erhielt auch im Freisinger Dom am 29. Juni 1951 seine Priesterweihe. In den folgenden Jahren blieb er Freising treu und lehrte Dogmatik und Fundamentaltheologie an seiner Alma Mater. Nach verschiedenen Stationen, die ihn durch ganz Deutschland führten, kehrte er 1977 abermals nach Freising zurück: Papst Paul VI. ernannte ihn zum Erzbischof von München und Freising. Das blieb er, bis er 1982 von Papst Johannes Paul II. zum Präfekten der Glaubenskongregation in Rom berufen wurde und dort nach dessen Ableben am 19. April 2005 zum neuen Papst gewählt wurde. Von seiner tiefen Verbundenheit zu seiner ehemaligen geistigen Heimat Freising zeugt sein päpstliches Wappen: Neben der päpstlichen Mitra, der Jakobsmuschel und den gekreuzten Schlüsseln übernahm Benedikt XVI. aus dem Freisinger Wappen den gekrönten Mohr und den Bären des Hl. Korbinian, des Patrons seiner ehemaligen Wirkungsstätte. Im Januar 2010 wurde Benedikt XVI. mit der Ehrenbürgerschaft der Stadt Freising geehrt.

DIE DEUTSCHE MÄRCHENSTRASSE

100

Von Hanau nach Bremen

Glück haben wir gehabt, wir Deutschen, mit den Märchen aus lang vergangenen Jahrhunderten. Gerade noch rechtzeitig, als die Märchenerzählerinnen immer seltener wurden, kamen die Brüder Grimm. Entschlossen, die authentischen, möglichst ursprünglichen Fassungen vor dem Vergessenwerden zu retten, suchten sie die Märchenerzählerinnen auf – Märchenerzähler fanden sie übrigens kaum. Sie ließen sich Märchen erzählen und schrieben diese nieder. Die erste Sammlung erschien 1812, die letzte Fassung der *Kinder- und Hausmärchen* zu ihren Lebzeiten 1857. Ein doppelt geleistetes Lebenswerk von Jacob (1785–1863) und Wilhelm Grimm (1786–1859), nicht umsonst spricht man von »Grimms Märchen«.

Viele dieser Märchen sind mit bestimmten Orten und Landschaften verbunden. Darum wurde auch die 600 Kilometer lange »Deutsche Märchenstraße« erfunden.

Sie beginnt in Hanau, dem Geburtsort von Jacob und Wilhelm Grimm, und endet bei den Bremer Stadtmusikanten und in Bremerhaven. Es gibt auch Zweigstrecken, die so klangvolle Namen wie »Frau-Holle-Route« oder »Dornröschen-Route« tragen. Folgen Sie dem Symbol der Märchenstraße: dem herzförmigen Kopf einer Märchenfee!

In den rund 50 Orten an der Hauptstrecke finden sich allerdings mitnichten überall Märchenbezüge oder Erinnerungen an die Brüder Grimm. In ziemlicher Vielzahl aber doch Märchenwochen und Marionettentheater, Puppenspieler und Freilichtbühnen. Dazu Naturparks: der Hohe Vogelsberg, Kellerwald-Edersee, Meißner-Kaufunger-Wald, Habichtswald und Weserbergland. Der Hohe Meißner wird gern als Hausberg der Frau Holle, die Sababurg im Reinhardswald als Dornröschenschloss angepriesen.

Besser gesichert sind die Hinweise auf die Lebensorte der Brüder Grimm. In Hanau wurden sie geboren, sind früh nach Steinau an der Straße umgezogen, wo der Vater als hoher Beamter wirkte. Ihr Wohnhaus dort war das Renaissance-Amtshaus, seit 1998 ist es als »Brüder-Grimm-Haus« ein Museum. In Marburg studierten sie (»Brüder-Grimm-Stube«), in Kassel begannen sie die Märchenforschung, wechselten mit ihrer Schwester öfter die Wohnung, publizierten. Ein glücklicher Zufall, so nannten sie es, war in Kassel ihre Begegnung mit der »Märchenfrau« Dorothea Viehmann, eine Bäuerin und Nachkommin von Hugenotten. Mehr als 40 Märchen konnte sie ihnen erzählen, immer im gleichen Wortlaut.

Die UNESCO erkannte den außerordentlichen Wert der *Kinder- und Hausmärchen.* Vielen Kindern und Heranwachsenden sind sie wie Fenster, die sich in frühere Zeiten öffnen. Im Jahr 2005 wurde die in Kassel bewahrte Erstausgabe von 1812 zum Weltdokumentenerbe erklärt.

Als Professoren in Göttingen traten die Brüder Grimm für die deutsche Einigung und für die Menschenrechte ein. Als sie gegen die Aufhebung der Hannoverschen Verfassung protestierten, wurden sie von König Ernst August II. abgesetzt und mit fünf anderen Professoren des Landes verwiesen (»Göttinger Sieben«).

Rechts oben: Bei den Rattenfänger-Freilichtspielen in der Altstadt von Hameln. **Rechts Mitte:** Die Rattenfängerstadt Hameln im Weserbergland am Deiste. **Rechts unten:** Max und Moritz vor der Wilhelm-Busch-Mühle in Ebergötzen – auch in den Ausstellungsräumen gibt es von den »bösen Buben«.

Linke Seite oben: Verwunschen im Reinhardswald bei Kassel gelegen: Das »Dornröschenschloss« Sababurg. **Linke Seite unten:** Die Germanisten Jacob Grimm (1785–1863) und sein Bruder Wilhelm Grimm (1786–1859) in einem Gemälde von Elisabeth Jerichau-Baumann (1855).

Sachregister

Aachen, Kaiserdom 104, 105
Ablasshandel 76
Abtei Metten 181
Agilolfinger 182
Am Oberen Mittelrheintal 108
Ansbach, Rokokoresidenz 163
Antike 118, 161
Appingedam 13
Augsburg 153
Bacharach 109
Bad Segeberg 24
Bamberg 168, 170
Bauhaus-Architektur 73, 74
Bayerisches Rokoko 159
Bayreuth 170
Berlin 47
Bernried 157
Bodensee 137, 140
Bonn 106
Bövinghausen, Zeche Zollern 97
Braunschweig 88
Bremen 14, 37
Brücke (Künstlergemeinschaft) 21
Brühl 120
Bürgel 61
Castellum Biriciana 144
Celle 91
Chorin 45
Citeaux 45
DDR 7, 37, 38, 44, 47, 65, 68
Deidesheim 115
Delfzijl 13
Dessau 75
Deutsche Weinstraße 114
Deutsches Reich 19
Die Deutsche Märchenstraße 186
Doberan 32
Dornburg, Schlachtfeld 61
Dornfelder 142
Dreißigjähriger Krieg 28, 36, 40, 44, 91, 177
Dresden 54
Drittes Reich 173
Düsseldorf, Rheinuferpromenade 98
Eberbach 110
Eisenzeit 22
Eisleben 69
Emden 10, 13
Erfurt 65
Erster Weltkrieg 24, 46,103
Essen 96
Expressionismus 106
Fehngebiet 12
Fehrbellin 41
Frankfurt am Main 112
Freiburg 135
Freising 185
Gadebusch 41
Germanen 182
Goslar 37, 85
Großer Nordischer Krieg 36
Grundgesetz 156
Güstrow 36
Haithabu 22
Halle an der Saale 70
Hamburg 18
Hansestadt 34, 37
Heidelberg 123
Heiligendamm 32, 33
Heiliges Römisches Reich Deutscher Nation 126, 175
Herrenchiemsee, Schloss 155
Herrenhausen 90
Hildesheim 37, 92
Hitler-Regime 36
Hochschwarzwald 134
Hohenzollern 170
Horb 140
Hoyerswerda 44
Hugenotten 186
Insel Reichenau 137
Kaiserkrönung 128
Kaiserpfalz 85, 86, 87
Kaiserstuhl 133, 134
Karolinger 124
Karolingerreich 124
Kassel-Wihelmshöhe 84
Kelten 182
Kempten 160
Klassik 142
Klassizismus 62
Kloster Weltenburg 177
Köln 7, 37,100
Kyffhäuser 68
Landshut 183
Leer 12,13
Lehde 52
Leipzig 58
Limburg 107
Limes 144
Loireregion, Schloss Chambord 30
Lorsch, Kloster Lorsch 124, 125
Lübbenau 52
Lübeck 26, 37
Ludwigslust 30
Mansfeld 69
Marbach 142
Markgräflerland 134
Maulbronn 131
Mecklenburg-Vorpommern 7
Meißen 57
Meißner Porzellan 163
München 148, 151
Münster 95
Municipium Area Flaviae 138
Muskau 53
Napoleonische Kriege 33, 100
Naumburg 60, 81
Neubrandenburg 44
Nibelungenlied 182
Nibelungen 121
Nolde 21
Nürnberg 172
Obergermanisch-raetischer Limes 144
Ostfrankenreich 124
Palladianismus 75
Passat 10
Passau 182
Pfaffenwinkel 158
Pfälzischer Erbfolgekrieg 126
Planwirtschaft 7
Polderlandschaft 13
Porta Westfalica 94
Potsdam 77
Preußischer Klassizismus 78
Quedlinburg 7, 71
Raetischer Limes 144
Rammelsberg 85, 86
Reformation 65
Reformation in Bayern 180
Regensburg 174
Rokokokunst 158
Römer 7, 160, 182
Römisches Reich 34
Rostock 34
Rothenburg an der Wümme 29
Rottweil 138
Russlandfeldzug 33
Sachsen-Anhalt 80
Santiago de Compostela 121
Sassnitz 40
Schlacht von Jena 89
Schleswig-Holstein 7
Schönborn 166
Schwäbisch Hall 143
Schwäbische Alb 138
Schwarzwald 138
Schwedenstraße 40
Schwerin 30
Seebüll 21
Sezession 21
Speyer, Dom 128, 129
Spreewald 52
Stauferzeit 95
Stralsund 7, 28, 37, 38, 39
Straße der Romantik 80
Straubing 179
Strelasund 37
Stuck 159
Sturm und Drang 142
Stuttgart 141
Suhrkamp Verlag 142
Sylt 21
Trier 6
Trier, Porta Nigra 6,118
Trollinger 142
Tübingen 140
Tudorstil 31
Uckermark 45
Ulbricht-Honecker-Staat 7
Ulm 161
UNESCO 7, 14, 25, 28, 52, 72, 109, 119, 144, 145, 167, 174, 182, 186
Verden, Bistum 40
Verfassung 156
Versailles 155, 156
Via Publica 107
Völklingen, Völklinger Hütte 120
VW Käfer 10
Walhalla 178
Warnemünde, Seebad 34
Warnow 34
Wartburg 56
Weimar 62, 63, 73
Westfälischer Friede 40, 95
Wiedervereinigung 37, 47, 156
Wiener Kongress 33
Wirtschaftswunder 7
Wismar 28, 37, 40
Wittelsbacher 170, 180
Wittenberg 76
Wittstock 41
Wörlitz, Schloss Wörlitz 75
Worms 121
Worpswede 17
Würzburg, Würzburger Residenz 165
Zarenfamilie, russische 32
Zweiter Weltkrieg 28, 37, 44,100, 105, 106, 132, 142, 151

Personenregister

Albert II., Herzog 30
Albert von Sachsen-Coburg, Prinz 121
Albrecht III. 179
Albrecht, Karl 148
Altdorfer, Albrecht 152
Anna Amalia, Herzogin 62, 64
Apollinaire, Guillaume 103
Arnim, Bettina von 53
Arp, Hans 103
Asam, Brüder 150, 177, 180, 185
August der Starke, Kurfürst 36, 54
August, Clemens Kurfürst 102
Bach, Johann Sebastian 58
Baedeker, Karl 108
Barelli, Agostino 148
Barlach, Ernst 36
Bartning, Otto 49
Becker, Paula 17
Beethoven, Ludwig van 106
Behaim, Martin 172
Behnisch, Günter 157
Benz, Carl Friedrich 123
Bernauer, Agnes 179
Beuys, Joseph 99
Bismarck, Otto von 46, 170
Blücher, Marschall Leberecht von 35
Böhm, Gottfried 161
Bonaparte, Napoleon 33, 61, 152
Bonifatius 182
Böttger, Johann Friedrich 57
Branca, Alexander von 152
Brandin, Philipp 29
Brentano, Clemens 108, 126
Breuer, Marcel 74
Brunelleschi, Filippo 141
Brüning, Reichskanzler Heinrich 49
Buchheim, Lothar-Günther 157
Burckhardt, Jacob 135
Burghausen, Hans von 184
Calvin, Johannes 181
Canaletto 54
Carl August 62
Carlone, Carlo 163
Caroline Mathilde, Königin 91
Cézanne, Paul 123
Charbonnier, Martin 90
Chipperfield, David 48
Christine, Königin 40
Cicero 161

Cornelius, Peter 99
Cotta, Friedrich 140
Cranach, Lucas 76
Cuvilliés, François 102, 148, 149
d'Barbari, Jacobo 151
David, Jacques-Louis 151
Demmler, Georg Adolph 30, 31, 32
Dollmann, Georg 155
Drais, Karl F. 123, 130
Droste-Hülshoff, Anette von 138
Dürer, Albrecht 151, 172
Düringer, Meister 34
Eco, Umberto 181
Edzard der Große 12
Effner, Joseph 148
Eichendorff, Joseph von 126
Einstein, Albert 162
Eleonore Solms-Hohensolms-Lich, Prinzessin 111
Erdmannsdorff, Friedrich Wilhelm von 75
Ernst August II., König 186
Ernst, Max 103
Feininger, Lyonel 63, 73, 74
Ferdinand Maria, Kurfürst 148
Fischer von Erlach, Johann Bernhard 164
Fischer, Johann Michael 149, 150
Fontane, Theodor 45, 52, 76, 85
Forster, Georg 100
Foster, Norman 46
Franz von Anhalt-Dessau, Fürst 63
Friedrich August I. 54
Friedrich Barbarossa, Kaiser 94, 104
Friedrich der Große 45
Friedrich Franz I. von Mecklenburg, Herzog 33
Friedrich Franz I., Großherzog 30
Friedrich Franz II., Großherzog 30
Friedrich II., König 123
Friedrich II., Stauferkaiser 27
Friedrich III., Herzog 23
Friedrich III., Kurfürst 78
Friedrich Wilhelm I. 170
Friedrich Wilhelm II. 77, 78
Friedrich Wilhelm III., König 46
Friedrich Wilhelm IV. 46, 78
Friedrich, Kurfürst 55
Fugger »der Reiche«, Jakob 153, 154
Galli-Bibiena, Giuseppe 170
Gärtner, Friedrich von 178
Gauß, Johann Carl Friedrich 89
Gehry, Frank 99
Giotto 151
Girard, Dominique 102
Gmünd, Hans von 135
Goethe, Johann Wolfgang von 56, 59, 61, 62, 64, 86, 112, 126, 127, 140
Gorbatschow, Michail Sergejewitsch 7
Goya, Francisco de 123, 151
Grass, Günter 26
Graupner, Christoph 58
Grien Baldung, Hans 135, 136
Grimm, Jacob und Wilhelm 14, 186
Gropius, Walter 49, 63
Grupello, Gabriel de 98
Guggenheim, Peggy 103
Gutenberg, Johannes 66
Habrecht, Isaak 161
Händel, Georg Friedrich 70
Haniel, Franz 96
Hansen, Emil 21
Häring, Hugo 49
Hasak, Max 46
Hauff, Wilhelm 126
Hauser, Kaspar 163
Hebbel, Friedrich 179
Heer, Friedrich 50
Heine, Heinrich 108
Heinrich der Löwe 27, 30, 31, 88, 185
Heinrich I., König 71
Heinrich IV., Kaiser 128
Heinz, Karl 134
Henlein, Peter 172
Henrici, Karl 12
Henriette Adelaide, Prinzessin von Savoyen 148
Hesse, Hermann 140
Hildebrandt, Johann Lukas von 164
Hitler, Adolf 7
Hoetger, Bernhard 16, 17
Hoffmann, E.T.A 167
Holbein d. Ä., Hans 153
Hölderlin, Friedrich 140
Holl, Elias 153
Holzinger, Franz Josef 181
Hugo, Victor 121
Humboldt, Wilhelm von 46, 51
Ihne, Ernst von 46
Immermann, Karl 167
Johann I. von Brandenburg, Markgraf 44
Johann Philipp Franz von Schönborn, Fürstbischof 164
Johner, Patrick 134
Kandinsky, Wassily 73, 74
Karl der Große 10, 12, 14, 95, 104, 105, 124, 137, 162
Karl VII., Kaiser 102
Karlstadt, Liesl 150
Karstadt, Rudolph 28
Kehlmann, Daniel 89
Keller, Fritz 133
Kepler, Johann 174
Kessler, Graf Harry von 63
Kirchner, Ernst Ludwig 11
Klee, Paul 73, 74, 99
Klenze, Leo von 152, 178
Klimt, Gustav 128
Klopstock, Friedrich Gottlieb 72
Knapp, Gottfried 143
Knoblauch, Eduard 51
Konrad II., königlicher Bauherr 128
Konstantin der Große 6, 118
Kremmer, Martin 96
Kroetz, Franz Xaver 179
Kronberger, Anton 172
Krupp, Alfred 96
Langhals, Carl Gotthard 47
Laski, Jan 10
Laurens van Steenwinckel 10
Leibl, Wilhelm 151
Lenbach, Franz von 151
Lenné, Peter Joseph 78
Leonardo da Vinci 151
Libeskind, Daniel 51
Liszt, Franz 63
Liudger 95
Ludwig der Deutsche, König 125
Ludwig der Fromme 107, 124
Ludwig I. von Bayern, König 128,151, 178, 181
Ludwig II. von Bayern, König 155, 160, 170
Ludwig III. von Hessen, Großherzog 111
Ludwig XIV von Frankreich., König 102, 126, 155
Ludwig, Peter 101
Luther, Martin 56, 65, 66, 69, 77, 181
Macke, August 103
Mann, Heinrich 26
Mann, Thomas 26
Maria Theresa, Kaiserin 77
Max Emanuel, Kurfürst 148
May, Karl 24
Meier, Richard 111
Melanchthon, Philipp 76, 181
Meyer, Hannes 73
Mies van der Rohe, Ludwig 74, 141
Modersohn, Otto 17
Modersohn-Becker, Paula 17
Moholy-Nagy, Laszlo 73
Mörike, Eduard 143
Mozart, Wolfgang Amadeus 102, 180
Muche, Georg 73, 74
Multscher, Hans 162
Munch, Edvard 11
Nannen, Henri 10
Neumann, Balthasar 102,103,164
Nietzsche, Friedrich 63
Nolde, Emil 11, 21
Notke, Bernt 25
Olbrich, Joseph Maria 111
Otto der Große 80
Otto I., Kaiser 71, 168
Otto III., Kaiser 92, 182
Padova, Alessandro 183
Palladio, Andrea 141
Papst Gregor 128
Paul, Jean 171
Pechstein, Max 11
Peter der Große, Zar 36
Pippin, König 104
Pückler, Fürst Hermann 53
Pythagoras 161
Queins, Tilman 122
Raffael 151
Rembrandt 151
Riemenschneider, Tilman 168
Ries, Adam 66
Roselius, Ludwig 16
Rossetti, Dante Gabriel 17
Rubens, Peter Paul 151, 185
Rudolf I. von Habsburg, Herzog 154
Sachs, Hans 179
Saint Phalle, Niki de 90
Saint-Pierre, Joseph 170
Salvisberg, Otto Rudolf 49
Salwey, Konrad 134
Salwey, Wolf-Dietrich 134
Schadow, Wilhelm von 99
Scharoun, Hans 49
Schikaneder, Emanuel 180
Schiller, Friedrich von 123, 140, 142
Schinkel, Karl Friedrich 46, 55
Schlemmer, Oskar 73
Schmidl, Ulrich 179
Schneider, Cornelia 134
Schneider, Reinhold 134
Schröder, Martha 17
Schumacher, Fritz 20
Schupp, Fritz 96
Semper, Gottfried 30
Severin, Carl Theodor 32
Seydwitz, Johann Christoph Heinrich 32
Speer, Albert 173
Städel, Johann Friedrich 111
Stamitz, Johann W. A. 123
Störtebeker 29
Stoß, Veit 140, 172, 173
Strabo, Walahfried 137
Stühler, Friedrich August 51
Sustris, Friedrich 183
Taut, Bruno 49
Telemann, Georg Philipp 58
Thierse, Wolfgang 175
Tieck, Ludwig 54
Tiepolo 165, 166
Tizian 151
Tübke, Werner 68
Twain, Mark 126
Valckenberg, Peter Joseph 121
Valentin, Karl 150
van de Velde, Henry 63, 74
van Gogh, Vincent 123
Velazquez, Diego 151
Verdun, Nikolaus von 100, 101
Vergil 161
Victoria, Queen 121
Vilstrup, Ada 21
Viscardi, Giovanni Antonio 150
Vogeler, Heinrich 16, 17
Vulpius, Christiane 63, 64
Wagner, Richard 155
Wallenstein, Albrecht Wenzel Eusebius von 36
Walter, Fritz 133
Weinbrenner, Friedrich 130
Westhoff, Clara 17
Wieland, Christoph Martin 62, 66
Wilhelm I., Kaiser 68, 85, 94
Wilhelm II., Kaiser 6
Willemer, Marianne von 127
Winckelmann, Johann J. 54
Wislicenus, Herman 85
Wrangel, Carl Gustav 40
Zeppelin, Graf 137
Zille, Heinrich 50
Zimmermann, Dominikus 158, 159
Zimmermann, Johann Baptist 158, 159
Zumbusch, Kaspar von 94
Zwingli, Ulrich 181

Bildnachweis

DPA/Picture-Alliance, Frankfurt am Main: S. 7 Gräf, 10, 11 l.g.o. Wagner, 11 r.u. Weißer, 13 r. (2) M.O. Schulz, 14, 15 l.o. und r.u. Wagner, 15.l.u., 16 l.u. Marzok, 17 l.u., 19 l.u., 20 l.u., 21 r.u. (2) Herzog&Meuron, 21 r.o. Raach, 20 l.u., 22 l. Hager, 23 r.o. Pfeiffer, 23 r.u. Hager, 25 l., 26 Bimmer, 27 l.u. Ino, 27 u.M. und r. Kreder, 28 u. Büttner, 29 o., 32 l.u. Wöstneck, 33 l.u. Nietfeld, 33 r.o. Euroluftbild, 33 r.u. Wöstneck, 37 l. Sauer, 38 u. Bäsemann, 39 l.u. Sauer (2), 44 l.u. und r.u. (2), 45 (3), 48 Jensen, 49 r. Schindler, 50 (5), 51 l. Specht, 52 l. Pleul, 53 l., 53 r.o. Helbig, 53 r.u. Hiekel, 55 l.o. Loesel, 57 Hiekel (3), 58 l. The British Library, 59 u.M. Schmidt, 59 r.u. Ending, 61 l. Kasper, 62 l., 63 r.u. Schmitt, 64 Schmitt, 65 Schutt (2), 67 r. und u.M. Schutt (4), 68 l.u. Ihlow, 68 r. (2), 69 r. Wolf, 70 r.o. Ending, 70 r.u. Rodemann, 71 r. Engelhardt, 72 r.u. Graf, 72 r.u. Bein, 73 o.r. Chromorange, 74 l.u. Rodemann, 74 r.u. Wolf, 76 l. u. Ending, 77 r. Settnik, 79 r.M. Lade, 79 u.M. Silvestris, 81 l.o. und r.o. Grubitsch, 81 r.u. Schulz, 84 Zucchi (2), 85 l., 86 o. Jensen, 86 u. Johaentges, 87 l.o. Wolf, 87 l.M. und r.o. Hurek (2), 87 l.u. Steffen, 87 r.u. Bildfunk, 89 l.o. und r.u., 90 r.u. Kirmes, 91 l.u., 91. R.o. Ini, 93 M.u. Lübke, 93 r.u., 97 r.o. und l.u. Lade, 97 u.M. Weihrauch, 97 u.r. Gilbert, 98 l.u. Vennenbrand, 98 r. Ossinger, 99 l.u. und r.u., 101 Hellgoth, 101, 102 Vennenbrand, 103 l.o. Vaccaro, 103 l.u. Scheidemann, 103 r.o. Wöstmann, 103 r.u. Heyder, 104 r. Erichsen, 105 l. Rodtke, 106 l.u., 108 Huber, 109 l.o. Kosecki, 109 l.M. Krämer, 109 r.u. Moog, 110 l.u. Roessler, 103 r. Anspach, 111 r.l., Anspach, 111 r.r. Graudins, 112 l., 113 u. und r. (2), 118 l. Tittel, 120 o., 121 l. Thelen, 122 l.o. Thelen, 123 r., Wittek, 124, 125 r.o. Roessler, 125 l.u. und r.u. Dedert, 126 r., 127 o. Juettner (2), 129 l.o., 129 l.u. Haltner, 129 r.u. Wittek, 134 l.o. Haid, 135 r.u., 138 l., 138 r., 139 l.u. Seeger, 139 r. Fieselmann, 141 r. Försterling, 142 l., 142 r. Gerig, 144/145 (4), 149 l.o. Heddergott, 149 r.M. Schrader, 151 o. Minkoff, 151 u. Kneffel, 154 o. Düren, 157 u.l. Mächler, 158 l., 159 u.r. Maeyert, 168 o., 168 l.u. Gräf, 173 u.M. Schnürrer, 175 u.r. Settnik, 178 l.u. Heine, 179 r.u., 179 l. u. Weigel, 182 r. Euroluftbild, 184 o. Weigel, 184 u. Heine, 185 l., 185 r. Schrader. Picture-Alliance / AKG: S. 2/3, 23 o.l., 24 l.u., 30 r., 31 l.o., 31 r.o., 33 o., 36 l., 49 l., 50 l.o., 54, 56, 59 l.u., 69 l.u., 70 l., 71 l.u., 72 o., 73 l.u., 74, 75 l.u., 77 l.u., 80 Rodemann (2), 88, 89 l.o.o., 89 l.o.M Rodemann, 89 l.u.M., 90 l., 92 Lessing, 93 l.l.u., 95 l.u., 96 l., 100 l.u. Monheim, 100 r. Bock, 111 l.u., 123 l.u., 126 l., 128 l.u., 130 (2), 131 (2), 132 l.o. Wittek, 135 l.u., 136 u., 137 l., 138 o., 140 l.u., 141 l., 143 l., 149 l.u., 150 o., 152 Lessing, 153 l., 154 u.r., 158 r. Monheim, 163 l., 164, 166 o., 166 l.u., 167 l.u., 170, 171 o., 172 o. Lessing, 174, 177 l., 178 l.o. Lessing, 180 o., 183 u. Lessing.

Bildagentur Huber, Garmisch-Partenkirchen: S. 6 Lawrence, 11 r.o und 15 r.M. Damm, 18 l.u., 20 o. Simeone, 27 o. Kreder, 29 l.u. Szyska, 29 M. und r.u. Schmid, 29 r.o. Lubenow, 31 l.u. Dachsberg, 31 r.u. Krammisch, 32 r.u., 34 l.u. Schmid, 35 l.u. und r.u. Schmid, 33 r.o. Lubenow, 36 r.u. Schmid, 39 o. Schmid, 39 r.u. (2) Lubenow, 44 r.M. Szyszka, 46 Lawrence, 47 (5), 51 r. Ripani, 52 r. Schmid, 55 l.u. Mehlig, 56 r.o. Schmid, 56 r.u. Lubenow, 59 r.o. Schmid, 60 l. Krammisch, 60 r. Schmid, 61 r. Schmid (2), 62 r. Szyszka, 63 r.o. Szyszka, 63 r.o. Lubenow, 66 Szyszka, 67 l.u.l. Szyszka, 67 l.o. Lubenow, 72 r.o. Lubenow, 75 r. Simeone, 76 r.o. Schmid, 78 Schmid, 79 l.u. Schmid, 79 u.r. Mehlig, 89 l.l.u. Simeone, 91 r.u. Mader, 93 r.o. Mehlig, 95 r. Schmid, 99 l.o. Potschka, 99 M., 99 o.r. Schmid, 104 l.u. Damm,

105 r.o. Klaes, 106 r. Lubenow, 107, 108 r. Kaos2, 113 l. Lubenow, 114 l., 118 r. Klaes, 119 r. Bleyl, 120 u. l. Schmid, 120 u.r. Carassale, 121 r. Paran, 120 u. Schmid (2), 125 l.o. Schmidt, 127 r.u. Schmid, 129 r.o. v. Dachsberg, 132 l.u. Schmid, 132 r.u. ba-online, 133 r.u., 133 r. von Dachsberg, 134 l.u. Schmid, 137 Stadler, 140 r. Stadler, 143 r. Schmid, 149 r.o. Schmid, 149 r.u. Römmelt, 152 u. Schmid (2), 153 r. Schmid, 155 Schmid (2), 156 u.r., 157 r. Schmid, 159 o.l. Schmid, 159 o.r., 160 l., 160 r. Schmid, 161 Schmid (2), 162 u.r. Schmid, 163 r. Schmid, 165 Schmid (3), 166 u.r., 167 r., 169 (5), 171 u.r., 172 l., 173 l. und r. u. Schmid, 175 o. und l.u. (2) Schmid, 175 r.M. Hallberg, 176 Schmid, 177 r. Schmidt, 179 r. Schmid, 180 u.r. Schmid, 181 l. Schmid, 181 r. Alfeld, 183 o. Friedel. Bildagentur Huber/Gräfenhain, Garmisch-Partenkirchen: 11 l.u. / 12 / 13 l.o. / 13 l.u. / 15 r.o. / 17 r.u. / 18 r.u. / 19 r.M. / 24 r. / 25 r. / 79 l.o und r.o., 85 r., r.o., 92 r., 94 r., 101 u.l., 109 r.o., 112 r., 156 l.u., 171 M. l. und r.

Weiterhin: Florian Heine, München: S. 148, 150 l.u.; Mirko Milovanovic, München: S. 114 r., 115 r. (2); Kurt Erbeldinger / Ch. Bernhard, S. 115 o.l.; Pixelio: S. 11 l.M.; 94 l.u. Th.-M.-Müller_pixelio.de; Schloss Gottorf, Schleswig: S. 22 u.r.; 23l.;

Bildnachweis Routenübersichtskarten:
Route1, S. 8/9: Creative Commons: Bild 4 (Till F. Teenck), 7 (Wolfgang Meinhart, Hamburg); Fotolia: Bild 1 (Otmar Smit), 2 (Petermh), 6 (ArnimSchulz), 8 (Emeraldphoto), 9 (Thomas Reimer), 10 (Jürgen Effner), 11 (Klaus Rose), 12 (Ilja Biletski), 13 (Angelika Bentin), 14 (Anweber), 15 (Silke G.), 16 (Anweber); Picture Allicance/dpa, Frankfurt a. M.: 3; **Route 2**, S. 42/43: Berliner Bau- und Wohnungsgenossenschaft: Bild 21; Manfred Brückels: Bild 22; Creative Commons: Bild 33 (Martin Zeise); Fotolia: Bild 18 (KlausRose), 19 (Makuba), 20 (Sliver), 23 (KMPhoto), 24 (Imken), 25 (LianeM), 26 (Manfred Steinbach), 27 (Maximilian Krä), 28 (AnitaE), 29 (Madame Carcas), 30 (ArtHdesign), 31 (Herb), 32 (Andrea Seemann), 35 (Udo Kruse), 36 (Stefan Baum), 38 (Thomas Maiwald), 39 (Ralf Gosch), 40 (Jacy); Mewes: Bild 37; Ernst Wrba: Bild 34; **Route 3**, S. 82/83: Fotolia: Bild 42 (Otobeam), 43 (Birgit Mundt Osterwiec), 44 (Frank), 45 (Guentermanaus), 46 (R.-Andreas Klein), 47 (Patrick Poendl), 49 (Martina Berg), 50 (Rainer Schmittchen), 51 (Ernst P.), 52 (Jens Hilberger), 53 (Jürgen Fischer), 54 (Heinz Waldukat), 55 (Kica Henk), 56 (Eve), 57 (Anweber), 58 (Clearlens), 59 (kleine-@nja), 60 (Eisenhans); Pixelio: 48 (Rainer Klinke); **Route 4**, S. 116/117: Fotolia: Bild 62 (Bofotolux), 63 (Thorsten Schuh), 64 (Marco Brin), 65 (Thomas Leiss), 66 (Irish), 67 (Ingo Steckhan), 68 (Thomas Leiss), 69 (Willi Wilhelm), 70 (Willi Wilhelm), 71 (Focus Finder), 72 (Marco Birn), 73 (Yuriy Davats), 74 (Ulrike Steinbrenner), 75 (Reises), 76 (U.A.), 77 (Micha), 78 (Werner Hilpert); **Route 5**, S. 146/147: Creative Commons: Bild 84 (Bernhard J. Scheuvens); Fotolia: 80 (L.L.), 81 (Daniel Etzold), 82 (Christoph Fiolka), 83 (Bergfee), 85 (Christa Eder), 86 (Lakeemotion), 87 (Karin Schöneberger), 89 (Vom), 90 (Felix Horstmann), 91 (Fotobi), 92 (Willi), 93 (WIC), 94 (Vieraugen), 95 (Ramona Ortiz), 96 (Christian Tessmer), 97 (PeJo), 98 (Clearlens), 99 (Manfred Steinbach); Picture Allicance/dpa, Frankfurt a. M.: Bild 88.

Bildnachweis Touristische Hinweisschilder:
1 Stadt Emden; 3 Wirtschaftsförderung Bremen GmbH; 7,8 Internetbild wolkenmond; 9 Stadt Bad Segeberg; 23 DESIGN-ATELIER-LASS; 27 kittel+partner, Dresden; 28 kittel+partner, Dresden; 29 Landesbetrieb Bau Sachsen-Anhalt, Untere Verkehrsbehörde Autobahnen; 30 Thüringer Ministerium für Bau, Landesentwicklung und Verkehr; 31 Weimar GmbH; 32 Hans-Joachim Schüler, Erfurt; 33 Panoramamuseum Frankenhausen; 34 Stadtverwaltung Lutherstadt Eisleben; 35 Landesbetrieb BauSachsen-Anhalt, Untere Verkehrsbehörde Autobahnen; 40 Ministerium für Wirtschaft und Europa; 41 IMG Investitions- und Marketinggesellschaft Sachsen-Anhalt; 42 Hessisches Landesamt für Straßen- und Verkehrswesen; 43 Fa. Fritz Lange in Springe; 44 Braunschweig Stadtmarketing GmbH/Steffen und Bach; 45 Fa. Fritz Lange in Springe; 48 Wiese Foto + Film GmbH & Co. KG; 49 Landesbetrieb Straßenbau NRW; 51 Landeshauptstadt Düsseldorf; 53 © Berufskolleg für Technik Moers, Repelener Str. 101, 47441 Moers, www.bk-technik-moers.de, Schülerinnen: Katharina Beckmann u.a. ; 57 © Digital Design Mara Menzel-Adel www.dd-info.de; 61 Arbeitsgemeinschaft Nibelungen-Siegfried-Straße; 62 © Digital Design Mara Menzel-Adel www.dd-info.de; 64 Stadt Worms; 65 Stadtmarketing Mannheim GmbH; 66 Magistrat der Stadt Lorsch; 69 Stadt Karlsruhe; 73 Kur und Touristik Überlingen GmbH; 75 ©werthdesign; 77 Stadt Marbach am Neckar; 83 Nicole Üblacker; 84 Buchheim Museum der Phantasie am Starnberger See, Entwurf: Johannes Segieth; 87 heinzmann design; 88 Grafikdesign Klaus Selz; 90 Foto: Herbert Hellmuth; 93, 93,95,97 Barbara Dimanski; 96 Schnabel Architekten GmbH; 98 Autobahndirektion Südbayern – Verkehrsbehörde; 99 MASELL Agentur für Werbung; 100 Deutsche Märchenstraße e. V.

Standorte der touristischen Hinweisschilder

	Touristische Hinweisschilder	Autobahn, Richtung: Kilometer
	Route 1: Norddeutschland	
1	Seehafenstadt Emden	A31
2	Leer – Historische Altstadt	A31
3	Bremen Weltkulturerbe Rathaus und Roland	A1, Süd: 103; A27, Süd: 80,5; A27, Nord: 56,5
4	Künstlerort Worpswede	A27, Nord: 74
7	Nolde Museum Nordseeküste	A7, Süd: km1,5
8	Schloss Gottdorf Landesmuseen Schleswig	A7, Süd: km 31,5
9	Kalkberg Bad Segeberg	A21, Süd: 43,5; A21, Nord: 48,0
10	Hansestadt Lübeck	A1, A20
11	Hansestadt Wismar UNESCO-Welterbe	A20, Ost: 86,5; A20, West: 74,5
12	Residenzstadt Schwerin	A14, Nordwest: 18; A24, Ost: 79, A24, West: 104,5
13	Heiligendamm – Erstes Deutsches Seebad	A20, Ost: 103,5; A20, West: 119,5
14	Hansestadt Rostock	A19, Nord: 112, A20, Ost: 117,5, A20, West: 134,5
15	Renaissance-Schloß Güstrow	A19, Süd: 84,5
16	Hansestadt Stralsund UNESCO Welterbe	A20, Ost: 193,5; A20, West: 198,5
	Route 2: Mittel- und Ostdeutschland	
18	Neubrandenburg – Stadt der vier Tore	A20, West: 264,5
19	Kloster Chorin	A11, Nord: 38; A11, Süd: 48
23	Lübbenau/Spreewald Freilandmuseum Lehde/Ledy	A13, Nord: 67; A15, Ost: 2; A15, West: 7,5
24	UNESCO-Welterbe Fürst-Pückler-Park Muskau	A4, Ost: 52,5
26	Weltkulturerbe Wartburg	A4, West: 265,5; A4, Ost: 279
27	Meißen	A13, Süd: 139; A14, Südost: 4,5
28	Bach in Leipzig	A14, Südost: 91
29	Naumburger Dom	A9, Süd: 156; A9, Nord: 163
30	Dornburger Schlösser	A9, Süd: 172,5; A9, Nord: 181
31	Weimar UNESCO-Weltkulturerbe	A4, West: 193,5; A4, Ost: 199
32	Erfurt – Augustinerkloster	A71, Süd: 66
33	Panorama-Museum Bad Frankenhausen	A38, Ost: 94,5
34	Lutherstadt Eisleben UNESCO-Welterbe	A38, Ost: 127
35	Händel-Haus Halle (Saale)	A14, Nordwest: —; A14, Süd-ost: 113
37	UNESCO-Welterbe Bauhaus Dessau	A9, Süd: 69, A9, Nord: 83
38	UNESCO-Welterbe Gartenreich Dessau-Wörlitz	A9, Süd: 62; A9, Nord: 73,5
39	UNESCO-Welterbe Lutherstadt Wittenberg	A9, Süd: 57; A9, Nord: 63
40	Potsdam	A115, Nord: 5,5; A115, Süd: 13,5
	Route 3: Westdeutschland	
42	Bergpark Wilhelmshöhe	A44, Ost: 12
43	Goslar und Rammelsberg Weltkulturerbe	A7, Nord: 215,5
44	Braunschweig – Die Löwenstadt	A2, West: 162
45	Königliche Gärten Hannover-Herrenhausen	A2, West: 230
46	Residenzstadt Celle	A7, Süd: 70 und 141, A7, Nord: 141,5
48	Porta Westfalica– Kaiser-Wilhelm-Denkmal	A2, West: 293
49	Münsterland	A1, Süd: 242,5; A2, Ost: 383,5, A43, Nord: 63
50	Zollverein UNESCO-Welterbe	A42, Ost: 33,5; A42, West: 38,5
51	Düsseldorfer Altstadt	A46, Ost: —
53	Schlösser und Gärten von Brühl	A1, Süd: 438,5, A61, Nord: 152,5
54	Kaiserdom zu Aachen	A4, Ost: 4,8, A4, West: 8,8
55	Museumsmeile Bonn	A565, Nord: —
56	Limburger Dom	A3, Süd: 101,5; A3, Nord: 113
57	Tal der Loreley	A61, Süd: 250; A61, Nord: 265
58	Weinland Rheingau	B 42
59	Mathildenhöhe Darmstadt	A5, Süd: 517, A5, Nord: 523,5, A67, Süd: 20,5, A67, Nord: 28
60	Europastadt Frankfurt am Main	A5, Nord: 484,5
61	Die deutsche Weinstraße	A6, West: 581, A6, Ost: 587
	Route 4: Südwestdeutschland	
62	Porta Nigra Trier – Weltkulturerbe	A1
63	Weltkulturerbe Völklinger Hütte	A8, Ost: 40; A8, West: 33,5
64	Dom zu Worms	A61, Süd: 335; A61, Nord: 364,5
65	Barockschloss Mannheim	A6, West: 570 und 560,5; A6, Ost: 565,5; A656, West: 8,5
66	Weltkulturerbe Kloster Lorsch	A5, Süd: 541,5; A5, Nord: 548,5; A67, Süd: 45; A67, Nord: 51
67	Schloss Heidelberg	A5, Süd: 573; A5, Nord: 585; A656, Ost: 8,5
69	Fächerstadt Karlsruhe	A5, Süd: 619,5; A5, Nord: 640; A8, West: 263
70	Weltkulturerbe Kloster Maulbronn	A8, Ost: 245,5; A8, West: 242
71	Kaiserstuhl	A5, Süd: 730,5; A5, Nord: 769
72	Freiburger Münster	A5, Süd: 751,5; A5, Nord: 758
73	Bodensee	A98, West
74	Rottweil – Historische Stadt	A81, Süd: 660; A81, Nord: 669,5
75	Historische Altstadt – Horb am Neckar	A81, Süd: 630,5; A81, Nord: 634,5
77	Schillerstadt Marbach	A81, Süd: 553,5; A81,Nord: 562
78	Schwäbisch Hall	A6, West: 680; A6, Ost: 670,5
79	Weltkulturerbe Römischer Limes	A9, Süd: 437,5; A9, Nord: 447
	Route 5: Südostdeutschland	
82	Augsburg – Stadt der Renaissance	A8, Ost: 60,5; A8, West: 46,5
83	Schloss Herrenchiemsee	A8, Ost: 75; A8, West: 83,5
84	Buchheim-Museum	A95, Süd: 33
86	Kempten (Allgäu)	A7, Süd: 919; A7, Nord: 929
87	Ulmer Münster	A7, Süd: 838; A7, Nord: 844; A8, Ost: 127; A8m West: 117
88	Ansbach – Hohenzollernresidenz	A6, West: 747,5; A6, Ost: 740
89	Residenz Würzburg – UNESCO-Weltkulturerbe	A3, Süd: 284; A3, Nord: 289
90	Altstadt Bamberg – Weltkulturerbe	A70, West: 70,5; A70, Ost: 55; A73, Süd: 94,1; A73, Nord: 109,1
91	Festspiel- und Universitätsstadt Bayreuth	A9, Süd: 298,5; A9, Nord: 310
92	Nürnberg.de	A9
93	Regensburg	A3, Süd: —; A3, Nord: 500,5; A93, Süd: 198,5
94	Kloster Weltenburg Donaudurchbruch	A93, Süd: 217
95	Römerschatz Straubing	A3
96	Abtei Metten – Barockbibliothek	A3
97	Passau	A3
98	Die gotische Stadt Landshut	A92
99	Domberg Freising	A92

Anmerkung: Zu fehlenden Schildern lagen bei Redaktionsschluss keine genauen Angaben vor.

Die Autoren

Edda und Michael Neumann-Adrian, Historiker und Publizisten mit zahlreichen Veröffentlichungen über Reiseländer Europas und Asiens. Nach Jahren des Schulunterrichts (E.N.) und in der Chefredaktion der Zeitschrift »Westermanns Monatshefte« (M.N.) schreiben sie seit Beginn der 1980er-Jahre über Länder und Reisen, Kultur und Natur. Bei Bruckmann erschienen u.a. »So schön ist Deutschland«, »Deutschlands Weltkulturerbe« sowie »Türkei« und »Zeit für Indien«. Das Paar lebt am Starnberger See.

Florian Heine, geboren 1965, hat in München Kunstgeschichte, Kommunikationswissenschaft und Psychologie studiert. Er ist freier Fotograf in den Bereichen Kunst, Theater, Werbung und Industrie, hat mehrere Ausstellungen gemacht. Im Bucher Verlag sind von ihm die Bände »Das erste Mal – wie Neues in die Kunst kam« und »Mit den Augen der Maler –Wo große Kunst entstand« erschienen. Er lebt in München.

Thomas Bickelhaupt, 1952 in Südthüringen geboren, ist seit über drei Jahrzehnten als Diplom-Journalist tätig, unter anderem seit 1994 für die Nachrichtenagentur Evangelischer Pressedienst (epd). Daneben gilt sein besonderes Interesse kultur- und geistesgeschichtlichen Themen sowie der jüngeren deutschen Geschichte. Im C.J. Bucher Verlag erschien von ihm der Bildband »DDR – ein fernes Land 1949–1990«, im Bruckmann Verlag erschien »Wunderschönes Weimar«. Thomas Bickelhaupt lebt in Weimar.

Ulrike Ammermann, Journalistin, schreibt für Zeitschriften, Online-Medien und Buchverlage über alles, was sie interessiert: Reise, Kultur und Unterhaltung Gesellschaft, Sport, Ernährung und Gesundheit. Geboren 1970, hat sie in den 90er Jahren Geschichte und Germanistik in Münster und Lyon studiert. Heute lebt sie in Hamburg. Im Bruckmann-Verlag erschien von ihr der Band »Bildschönes Hamburg«.

Ingo Swoboda veröffentlichte nach mehrjährigen Tätigkeiten als Redakteur und stellvertretender Chefredakteur einige mit Preisen ausgezeichnete Bücher. Seit 2000 ist er als freier Journalist u.a. für die Zeitschrift »Der Feinschmecker« in Hamburg tätig. Swoboda ist Mitglied in nationalen und internationalen Verkostungsjurys. Er lebt in Eltville am Rhein.

Jürgen Zichnowitz, geboren 1951, studierte Volkswirtschaftslehre, begann 1994 als Redakteur beim Magazin »Der Feinschmecker« und ist dort als Wein-Redakteur tätig. Er veröffentlichte einen Reiseführer über Südfrankreich, bevorzugt Rote von der Rhone und aus dem Languedoc, lebt in Hamburg.

Textnachweis

Edda und Michael Neumann verfassten den Einführungstext sowie die Kapitel 1, 3, 4, 10, 11, 14, 15, 16, 17, 20, 21, 22, 24, 25, 26, 31, 34, 36, 37, 38, 39, 40, 42, 43, 44 bis 55, 57, 62, 63, 65, 66, 67, 68, 70, 73, 74, 77, 78, 79, 83, 84, 85, 86, 89, 90, 91, 93, 94, 97, 100.

Florian Heine verfasste die Kapitel 19, 29, 56, 59, 60, 61, 69, 72, 74, 76, 80, 81, 82, 87, 88, 92, 95, 96, 98, 99.

Thomas Bickelhaupt verfasste die Kapitel 18, 23, 27, 28, 30, 32, 33, 35, 41.

Ulrike Ammermann verfasste die Kapitel 2, 5,6, 7, 8, 9, 12, 13.

Ingo Swoboda verfasste das Kapitel 58.

Jürgen Zichnowitz verfasste die Kapitel 64 u. 71.

Martinus Luther

Jo. Keplerus

Johann Sebastian Bach

Händel

Heinrich Heine.

A v Humboldt

Schiller

Beethoven

Hoffmann.

Albert Einstein.

Thomas Mann.

H. Zille.
192

H Hesse